外交案例 II

CASE STUDIES IN DIPLOMACY II

吴建民 著

中国人民大学出版社
·北京·

站在沟通的桥上

白岩松（中央电视台主持人）

编者按　惊闻吴建民先生意外辞世，我社上下深感悲痛。自2005年以来，吴大使在我社出版作品十余部，深受读者欢迎，产生了巨大的社会影响。经研究，我社决定择其五部代表作品，修订出版纪念版。2009年底，我社出版《吴建民外交作品》（6卷本）的时候，应吴建民先生邀请，中央电视台主持人白岩松同志撰写了这篇文章，用作作品集的序言。大使去世，作为忘年好友的白岩松先生亦深感痛惜，并重新发表此文，以作悼念。

一

同样一个吴建民，在我心中却有三个角色，一是代表中国与世界沟通的吴建民，二是用知识、责任与公众沟通的吴建民，三是用心以及儒雅与人沟通的吴建民。第三个吴建民常常让人如沐春风，相处的时间总是过得太快；第二个吴建民则是这几年的进行时状态，“出口”多年，终转“内销”，与大学生、知识界、观众、读者的沟通，让人入心入耳。看得出来，未来相当长的时间，这是吴建民行程表上不可或缺的内容，因为公众需要这样的讲解者，让人们对世界及中国的了解在喜闻乐见中前行。

毫无疑问，第一个吴建民更让人好奇，更可以对应得上“传记”这个厚度。虽然我认为：这依然只是吴建民“前传”，还有第二个、第三个吴建民没有被写完整，还有未来大段精彩的日子与精彩的思考会伴随着吴建民先生，不过，先用“前传”把最精彩的吴建民复原，于你于我于他都是好事。

二

对于一个名字叫“中国”的大国来说，外交似乎是一门很西方的学问，如同新闻发言人一样，也是舶来品，上来就穿着西装。但有趣的是，吴建民恰恰是用东方的方式与性格，为“外交”与“新闻发言人”添加了独创而非模仿的色彩。说来也像是一个现象，一个特殊年代里的外交家——周恩来，不也正是用东方的言谈举止征服了世界吗？不知这之间有什么关联，但当我在他的书里经常看到周恩来这个名字的时候，就总是看到一种跨越年代的相似。虽然职位不同，年代不同，使命却是一样的——让中国更好地屹立在世界民族之林。

吴建民总是温和的，并在该强硬的时候强硬，但这种强硬不是用拔高语调或拍桌子之类的动作来体现，这有些太外在。吴建民的强硬，在于说理，在于说服力，在于温和之中近乎透明地捍卫，于是，就更难反驳。这种难以反驳还在于：吴建民已经让几乎所有的人都相信，如果这个温和并儒雅的人强硬起来，一定是别人做错了什么。

三

但吴建民真正的魅力与成就，却并不仅仅在于强硬，而恰恰在于让中国与世界更理性地沟通，在中国与世界之间搭起越发牢固的桥，并因此推动中国自身的前进与进步。而这，在我看来，才是一个外交家或是沟通者，最可以让自己骄傲的地方。

谈判是一个双方妥协的艺术，国与国之间同样如此，吴建民对此一定感同身受。既然这样，有理有利有节加上有梦想，就变得分外重要，而在这方面做得如何，也是考验一个外交家水平是高是低的试金石，因为拍桌子是最容易的一种方式，不太容易犯错，甚至可以讨好一些人，但后果却可能是：一个国家原地踏步甚至退步。

于是，在书中，当我看到，20 世纪 90 年代初，吴建民在日内瓦给江泽民写信，详谈对中国加入 WTO 的看法，并力陈中国应当加入 WTO 的时候，我的内心有一种深深的感动。如果没有一种对国家的梦想在心里，这样的事是不必做的。但吴建民做了，就做出了价值，做出了自己的不同，也做出了别人对他的尊重。正如《道德经》中所说：无私为大私。

四

有幸经常与吴建民先生面对面沟通，才有胆量写下这些文字，厚重的几本书不是一两千字所能概括，甚至评价都谈不上，只希望扮演导游一个，帮您打开书的第一页，因为之后，您就不再需要别人的导引，而是一气呵成。

于是，我也就有了些心安，为自己从吴先生身上学到那么多东西，为今后还有更多的机会去聆听。

当然，也是在众多为吴建民鼓起的掌声中，加上自己的一个，书中的内容证明：一个好的沟通者，如同历史上伟大的建筑师，理应得到喝彩。

目录

案例一

朝鲜停战谈判

朝鲜停战谈判是新中国成立后，外交上经历的第一次重要的国际谈判，对于后来的中国外交以及国际关系有着深刻的影响。朝鲜停战谈判错综复杂，瞬息万变，是与战场形势密切相关的。研究这个案例，对如何根据形势和条件的变化，审时度势，来制订正确的谈判方针，从而做到进退有节，达到谈判的最终目标，会有很大的教益。

落在汉江口南侧，与韩国首都首尔相距40公里，是首尔的外港。仁川外有小岛屏障，潮差大，同时，仁川航道狭窄，另外筑有4.5米高的防波堤。从军事上看，这些条件均不利于美国军队登陆。然而，麦克阿瑟看重的是，朝鲜人民军大部分兵力都已投入到南部釜山前线的战斗之中，北部的防守明显空虚，美军有机可乘。仁川距离首尔不远，一旦登陆成功，不但首尔唾手可得，而且可以切断朝鲜人民军的后路，形成南北夹击之势，给予致命一击。

对于美军可能在仁川登陆的战略意图，中国方面是有所察觉的。1950年8月23日，周恩来总理的军事秘书雷英夫经过缜密的研究，向总理报告说："我们对于朝鲜西海岸9月至11月的海潮作了考察研究，发现有三个最佳日期可供选择：9月15日、10月11日和11月3日。围绕三个最佳日期，各有2至3日的好时机。仁川海岸可供靠岸利用的时间，每12小时内只有3个小时。假设登陆时间选择在9月15日，这天最高涨潮时间有两次，一次是在上午6时59分，另一次是在下午日落35分钟后的19时19分。9月15日较另外两次时间相对说更为可能，故美军登陆极大可能选定这天。"

周总理认为雷英夫的报告极为重要，立即电话报告了毛主席，毛主席当即召见了周恩来和雷英夫。毛主席听完雷英夫的报告后，说了六个字："有道理，很重要。"中国方面把上述情况通报给朝鲜方面，提醒他们预作准备。可惜的是，朝鲜方面没有对这一情况予以足够重视。

形势的发展，果不出雷英夫所料，9月14日夜，一支有着261艘舰艇的美军舰队抵达了仁川外港。第二天，麦克阿瑟登上旗舰"麦金利山"号亲自督战，在美英两国三百多艘军舰和五百多架飞机的掩护下，美军第十军团成功登陆仁川，从朝鲜军队后方突袭，切断朝鲜半岛的蜂腰部一线，迅速夺回了仁川港和附近岛屿。9 月 22 日，撤退到釜山环形防御圈的“联合国军”乘势反击，以南北夹击之势，使朝鲜人民军遭受重创，处境险恶。9 月 27 日，仁川登陆部队与釜山部队在水原附近会合，一日之后重新夺回首尔。美国领导的“联合国军”至此一往无前，10 月 7 日跨过三八线，10 月 19 日占领平壤，继续向北推进，战火已经烧到鸭绿江边。战场局势突变，金日成紧急向苏联、中国求援。斯大林要求中国出兵参战，中国经过缜密的考虑，决定参战。

（三）中国人民志愿军参战，迅速扭转战局

1950 年 10 月 19 日晚，中国人民志愿军从安东（今丹东）、河口（即宽甸县长甸镇河口）、辑安（今集安）等多处地点秘密渡过中朝界河鸭绿江。中国人民军志愿军入朝后，从 1950 年 10 月 25 日至 1951 年 6 月 10 日，先后同美国为首的“联合国军”打了五次战役。

第一次战役从 1950 年 10 月 25 日至 11 月 5 日，历时 12 天。当时，对方集中了 30 万兵力，美国第七军和第八军分别从东西两线向鸭绿江逼近，计划在 11 月 23 日感恩节前占领整个朝鲜。中国人民志愿军司令彭德怀抓住了对方骄横轻敌、分兵冒进的弱点，以一部分兵力钳制东线之敌，而集中主力于西线采取诱敌深入、大胆迂回、包围穿插的战术，有力地打击了敌人。经过 12 天的激战，志愿军首战告捷，歼敌 1.5 万多人，粉碎了对方企图在感恩节前占领整个朝鲜的计划，并将战线迅速从鸭绿江推回到清川江以南、德川以北地区。

第二次战役从 1950 年 11 月 25 日至 12 月 24 日，历时一个月。麦克阿瑟集结 20 万兵力，凭借空军优势，并在坦克和大炮的配合下，分东西两路，实施所谓的“老虎钳计划”，打算在圣

诞节前结束朝鲜战争。针对上述情况，彭德怀采取了诱敌深入的办法，部署了六个军在西线，在清川江南北分别有三个军。当敌军进入到宁远、新兴洞、云山、泰川、定州等地时，出其不意地发动了强大的攻势，歼敌 3.6 万多人。这次战役的胜利，将美军赶回到三八线以南，从根本上扭转了朝鲜战争的局势。

第三次战役从 1950 年 12 月 31 日至 1951 年 1 月 7 日，历时 8 天。第二次战役后，敌人退到三八线以南，利用原有工事，在东西 200 公里长、纵深 70 公里宽的地带建立了三道防线，企图进行阻击。彭德怀根据毛主席的指示，趁敌人在三八线立足未稳、援兵未到之际，在敌人的正面防线上，发起全线攻击，强渡临津江，突破了敌人苦心经营的三道防线。1 月 4 日攻占首尔，8 日占领了仁川。这次战役，歼敌 1.9 万多人。

第四次战役从 1951 年 1 月 27 日至 4 月 21 日，历时近三个月。敌人退至三八线后，纠集了 23 万兵力，倚仗火力优势，于 1 月 27 日发动了全线反扑。在这次战役中，彭德怀采取了“西顶东放”的作战方针，在西线将敌人顶住，在东线将敌人放进来，然后集中优势兵力打击对方最薄弱的环节。敌人虽然推进了 100 多公里，占领了三八线以北的地区，但却付出了 7.8 万人被歼的代价。

1951 年 4 月 10 日，美国总统杜鲁门下令将麦克阿瑟撤职，由美军第八军军长李奇微接任。

第五次战役从 1951 年 4 月 22 日至 6 月 10 日，历时 50 天。第五次战役共歼敌 8.2 万多人，粉碎了敌人建立所谓“朝鲜蜂腰部”防线的阴谋，并把敌人赶回到三八线附近。

二、面临的选择

经过五次战役，朝鲜战场出现了僵持局面。美方意识到，要改变这一局面，十分困难，随即提出了谈判的要求。这时，我们面临着两个选择：

（一）不谈，继续打下去。

（二）谈，争取达成一个我方可以接受的停战协定。

我方在经过慎重研究后，决定采取第二方案。

三、操作过程

在战场上出现僵持局面的形势下，美方释放出准备谈判的信号。时任美国驻苏大使乔治·凯南受命造访苏联驻联合国代表马立克，希望苏联能向中朝施加影响以促成停战谈判。这个消息很快经莫斯科传到了北京和平壤。

1951 年 7 月 1 日，朝鲜人民军最高司令官金日成和中国人民志愿军司令彭德怀答复李奇微，赞成举行停战谈判。此后，双方经过多次电文往返，确定了谈判地点和日期。

（一）首轮谈判未果

7 月 10 日，双方在开城举行了第一次谈判。朝中代表为南日（朝）、李相朝（朝）、邓华（中）、解方（中）和张平山（朝）五位将军；韩美为特纳·乔埃（美）、克雷奇（美）、霍治（美）、勃克（美）和白善烨（韩）五位将军。

在首轮谈判中，美方要价很高。美方称，“联合国军”的海空优势必须在地面得到补偿，划分军事分界线时，中朝方面应当退出所控制的 1.2 万平方公里区域。我方断然拒绝了这一无理要求。

中朝方面对实现停火提出了三个条件：1. 尽快停止一切敌对军事行动；2. 以三八线为界停火，双方各后撤 10 公里建立非军事区，并尽快遣返所有战俘；3. 尽快从朝鲜撤出一切外国军队。美方也表示无法接受，首轮谈判无果而终。

（二）边打边谈

美方随即先后发动了“夏季攻势”和“秋季攻势”，企图用战场上的进展，迫使中朝在谈判中让步。在这样的情况下，8 月 23 日，中朝方面宣布中断谈判。美军发动的两次攻势收效不大，战线向北平均推进不足两公里，且伤亡惨重。美国认识到无法依靠军事力量打破僵局，不得不回到谈判桌。

10 月 25 日，中朝美在板门店恢复了中断 63 天的谈判。在这一回合谈判中，双方解决了停战监督和战后限制朝鲜韩国境内军事设施等问题。然而双方在战俘问题上立场迥异，美国不同意强制遣返战俘，即坚持所谓的“自愿遣返”原则。而中朝方面依据 1949 年《日内瓦公约》第 118 条的规定，要求战事停止后，全部遣返双方战俘。双方坚持各自的立场，谈判陷入了僵局。

1952 年 10 月 14 日至 11 月下旬，在板门店谈判期间，“联合国军”于 10 月 14 日发起了“金化攻势”，出动 6 万多兵力和 18 个炮兵营、176 辆坦克，并出动 3000 架次飞机对志愿军五圣山附近两个重要阵地进行攻击。这就是众所周知的上甘岭战役。经过 43 昼夜的顽强抗击，尽管敌人倾泻炮弹 190 万发，志愿军的阵地不仅岿然不动，而且还歼敌两万余人。同时，志愿军也发起局部反击战，占领了 280 平方公里土地，并巩固了开城地区的防御。

（三）美苏首脑易人，双方都想结束朝鲜战争

朝鲜战争爆发后，美方开始以为，有联合国的支持，美军的海空优势突出，而苏联又未直接参战，朝鲜战争可以速战速决。所以，美方先后提出了“感恩节前结束战争”和“圣诞节前结束战争”的方案。出乎意料的是，美国所领导的“联合国军”不断遭受惨败，而中国人民志愿军和朝鲜人民军联合作战，节节得手，把战线从鸭绿江边推回到三八线附近，美国速战速决的幻想破灭。

随着战争旷日持久地进行下去，美军伤亡人数越来越多，美国国内反战情绪高涨。1952 年美国举行总统大选，美共和党候选人艾森豪威尔利用人民的反战情绪，提出了结束朝鲜战争的目标，颇得民心。共和党在大选中获胜，1953 年 1 月 20 日，艾森豪威尔就任美国总统。他上台后，当然要兑现自己竞选时所说的：“将亲自去朝鲜，并结束这场战争。”

1953 年 3 月 5 日，斯大林突然去世，苏共缺乏准备，党内在确定接班人的问题上斗争激烈。在 1953 年 3 月 9 日莫斯科为斯大林举行的追悼会上，有三个人讲话：马林科夫、贝利亚、莫洛托夫。当时的马林科夫任苏联部长会议主席和党中央书记，是第一把手。3 月 14 日，马林科夫辞去苏共中央书记职务，由赫鲁晓夫等五人组成书记处。6 月 26 日，处决贝利亚。9 月 13 日，赫鲁晓夫任苏共中央第一书记。苏共中央忙于稳定内部，也想早日结束朝鲜战争。

（四）毛主席审时度势，也想结束战争

毛主席决定中国参战时，曾经想把美国完全赶出朝鲜半岛。第一、二次战役打得比较顺利，更加坚定了他这一想法。但是，随着时间的推移，双方在战场上各有优势，在三八线附近，出现

了僵持局面，毛主席认识到，要通过战争把美国赶出朝鲜半岛，看来难以实现。1953 年 2 月初，毛泽东、周恩来根据朝鲜半岛战局的发展变化，分析美国有可能再次回到板门店谈判桌上来，于是电告李克农、乔冠华，要他们就“是否可以再给他（指美国）一个台阶下，是否由我方主动提出复会”的问题，要乔冠华研究并提出建议。2 月 19 日，乔冠华复电毛泽东、周恩来，陈述自己的看法，他的结论是：“一动不如一静，让现状拖下去，拖到美国愿意妥协并由他来采取行动为止。”毛、周同意了乔的看法。

1953 年 1 月 20 日，艾森豪威尔就任美国总统。果然不出乔冠华的预料，在艾森豪威尔的授意下，2 月 22 日，“联合国军”新任总司令克拉克致函中朝方面，建议在板门店先就交换战俘问题进行谈判。3 月 28 日，金日成、彭德怀复信克拉克，建议“谈判双方应保证在停战后立即遣返其所收容的一切坚持遣返的战俘，而将其余的战俘转交中立国，以保证对他们的遣返问题的公正解决”。这是中朝方面所作出的实质性让步。

1953 年 4 月 26 日，中断 6 个月零 18 天的谈判在板门店重新举行。经过一个多月的交涉，6 月 8 日，双方终于达成交换战俘的协议。至此，朝鲜停战谈判的全部议程都已经达成，朝鲜半岛和平指日可待。

然而，声称被“美国人和联合国背叛”的李承晚当局，以“就地释放”为名，于 6 月 18 日劫走了 27 000 名战俘，其中绝大多数战俘后来被胁迫至台湾。这一严重事件立即引起了中朝方面的极大愤慨和国际舆论的一致谴责，中方立即决定推迟停战协定签字的时间。7 月 13 日夜，中国人民志愿军发动突然袭击，一小时内全部突破金城地区李承晚军队前沿阵地。“联合国军”总司令克拉克匆忙赶到金城前线企图夺回阵地。19—20 日，志愿军坚守阵地，歼敌 78 000 余人，重创李承晚军队，胜利结束了金城战役。“联合国军”司令克拉克建议双方立即在停战协定上签字。

1953 年 7 月 27 日上午 10 时，朝鲜停战协定的签字仪式在板门店隆重举行。朝中方首席代表南日大将，“联合国军”首席代表哈里逊中将步入签字大厅就座后，便在双方参谋的协助下，先在本方准备的 9 个文本上签字，然后进行交换，再在对方的文本上签字。这一过程共历时 10 分钟。签字后，两人几乎同时站了起来，没有寒暄，没有握手，没有讲话，离座扬长而去。

当天下午 1 时和晚上 10 时，“联合国军”总司令马克 · 克拉克于汶山、朝鲜人民军最高司令官金日成于平壤，在《关于朝鲜军事停战的协定》和《关于停战协定的临时补充协议》上签字。28 日上午 9 时 30 分，中国人民志愿军司令员兼政治委员彭德怀于开城，在《关于朝鲜军事停战的协定》和《关于停战协定的临时补充协议》上签字。①

停战协定在板门店签字时，双方的炮击并没有停止。这是因为根据停战协定，正式停火须在协定生效后 12 小时实行。双方充分利用停火前的 12 小时进行了激烈的炮战，像是为了给战争送别。

“联合国军”总司令、美国陆军上将克拉克在停战协定上签字后对记者说：“我成了美国历史上第一个在没有取得胜利的停战协定上签字的陆军司令。”“我感到一种失望的痛苦。”

---

① 中国人民解放军军事科学院军事历史研究部：《抗美援朝战争史》第三卷，459 页，北京，军事科学出版社，2000。

四、启　示

（一）军事斗争和外交谈判相辅相成

朝鲜停战谈判最突出的特点是边打边谈，朝鲜战争历时 3 年 1 个月零 2 天，停战谈判谈了 2 年零 17 天。军事斗争与外交谈判应运伴生，战场上得不到的东西，谈判桌上也拿不到；外交谈判提出的主张，必须以军事力量为后盾，才能站得住。同时必须看到，停战谈判是外交谈判，必须由外交当局来主导。尽管谈判双方公布的代表名单都是军人，但中国政府派出了外交部副部长李克农和乔冠华参加了谈判，他们在谈判中发挥了关键作用。

商业文明是美国文明的重要组成部分，give and take（予与取）是商业文明的核心。这种商业文明渗透到美国社会的各个领域，包括外交谈判。1951 年 7 月 10 日，美国就提出，要停战，就要以自己的海空优势来换取我方 1.2 万平方公里的领土。这种漫天要价遭到我方的断然拒绝，是理所当然的。随即美方发动了“夏季攻势”和“秋季攻势”，企图通过战争获取谈判桌上拿不到的东西。这两次攻势，美国都没有捞到很大的便宜。在这种情况下，美国才回到了谈判桌。恢复谈判后，双方虽然取得了一些进展，但由于双方在遣返战俘问题上立场迥异，谈判又陷入了僵局。美国又发动了“金化攻势”，然而，志愿军在前线构筑了庞大的坑道网，不仅有效地制约了美国的火力优势，而且不失时机地进行反攻。美国发动的“金化攻势”不仅没有什么收获，反而丢失了部分土地。在战场上的僵持局面逐渐固化的情况下，双方最后才在谈判桌上达成协议。

（二）朝鲜战争有无可能提前结束，值得反思

在沈志华撰写的《毛泽东、斯大林与朝鲜战争》一书的最

后，提出了朝鲜战争早就可以结束的观点。

沈先生认为，1950 年 12 月 7 日，印度大使潘尼迦向中方通报了联合国十三个成员国提出的关于朝鲜停战的建议。其主要内容是：举行一个与朝鲜问题有直接关系的各大国参加的会议，中国当然为全权参加者。大国会议的先决条件是，双方以三八线为界实行停战，然后进行商谈，讨论外国军队撤离朝鲜半岛及建立独立统一朝鲜的问题，同时解决台湾的归属问题、美军撤出台湾的问题、中国在联合国及安理会的席位问题。潘尼迦最后说，这一建议是所有非欧洲国家第一次联合提出来的，不能被认为是支持美国的。这是一个对中国有利的举动，如果中国能宣布不越过三八线的话，则将受到这些国家的欢迎，并获得道义上的支持。

上述十三国的建议，在 1950 年 12 月 12 日被分解为两个提案。第一个提案（十三国）的主要内容是："切望立即采取步骤，防止朝鲜的冲突扩及其他地区，并终止朝鲜半岛的战事，然后采取进一步步骤，依照联合国的宗旨和原则，求得现存问题的和平解决"；委托联合国大会主席组织一个三人小组，"确定可以在朝鲜半岛议定满意的停火的基础，并尽快向大会提出建议"。

第二提案（十二国，菲律宾退出），要求由联合国大会建议美、苏、英、中、法、印度和埃及七国政府代表尽早举行会议，拟定建议案，以便根据联合国的宗旨和原则，和平解决远东现存的问题。

提案于 12 月 14 日被联合国大会以 52 票赞成、5 票反对（苏联及东欧国家）、1 票弃权（"中华民国"）所通过。根据上述提案，成立三人停战委员会，由联大主席安迪让、印度代表劳和加拿大代表皮尔逊组成。中国拒绝了此提案。

1951 年 1 月 11 日，联大政治委员会审议了皮尔逊代表三人委员会提出的、关于解决朝鲜半岛问题基本原则的"补充报告"。

该报告包括以下五项原则性建议：立即实现停火；举行一次政治会议以恢复和平；外国部队分阶段撤出朝鲜半岛，并安排朝鲜半岛人民进行选举；为统一和管理朝鲜半岛做出安排；停火之后召开一次由英、美、苏和中国参加的会议，以解决远东问题，其中包括台湾的地位和中国在联合国的代表权问题。会议经过讨论后，进行表决。结果是：50 票赞成（包括美国），7 票反对（苏联、乌克兰、白俄罗斯、波兰、捷克斯洛伐克、萨尔瓦多及“中华民国”代表），1 票（菲律宾）弃权，通过了五点建议。

显然，五点建议对中国是十分有利的，美国投票支持这个建议是走了一步险棋。正如美国国务卿艾奇逊所说：“任何一种选择都具有危险性”，同意这个议案将使韩国人失去信心，“并引起国会和舆论界的愤怒”；不同意则会“失去我们在联合国中的多数支持”。就在杜鲁门总统左右为难之时，艾奇逊出了个主意，他估计中国政府拒绝了十三国提案，对五点建议也会拒绝。果然，中国政府拒绝了五点建议，为美国政府解了套，从而也失去了早日结束朝鲜战争的一次绝好机会。

沈志华先生曾经问我：为什么像毛主席、周总理这样有雄才大略的领导人没有顺水推舟，接受十三国提案，从而使朝鲜战争提前结束呢？

沈老师这个问题令人深思。我的看法是：按照十三国提案和五点建议，在 1950 年底就结束朝鲜战争，这是一个理想主义的方案。然而，现实情况是复杂的。外交上最理想的方案、对我最有利的方案，有时候不一定能够被接受。这是由三个因素所决定的：

1. 大气候。1950 年冷战已经开始，美苏两国都处在权力和威信的顶峰，都很气盛，斗争、对抗和较量的气氛很浓。双方都有很强的意识形态色彩，美国出现了“麦卡锡主义”，强烈地反苏、反共；以苏联为首的社会主义阵营内部，也有强烈的反美、仇美、反西方的情绪。这种大气候不利于朝鲜战争的早日结束。

2. 决策者的思想状态。当机遇来临的时候，能否抓住，与决策者的思想状态密切相关。人总是生活在惯性之中。毛主席领导的三年解放战争，把蒋介石赶到了台湾。与美国人在朝鲜交手，第一二次战役也打得很出色。在胜利的情况下，人们往往会过高估计自己的力量，这是一种惯性思维，最高统帅也不例外。1950年12月13日，毛泽东主席在致彭德怀的电报中指出："目前美英各国正要求我军停止于三八线以北，以利其整军再战。因此，我军必须超过三八线。如到三八线以北即停止，将给政治上以很大的不利。"

此时，处在一线的指挥员往往比较客观和现实。彭德怀清醒地认识到，尽管志愿军连续取得两次战役的胜利，但付出的代价是巨大的。到第二次战役结束时，志愿军减员已达10万多人，其中冻伤5万多人。特别是在战场上，美国掌握制空权，志愿军的后勤补给线面临着极大的威胁和困难。1950年12月19日，彭德怀在致电毛泽东分析战场形势时说："两次大胜后，速胜论和盲目乐观情绪有所增长，苏联大使和朝鲜方面均要求速进。据我看，朝鲜战争仍是相当长期的、艰苦的。"

毛主席虽然也意识到志愿军的困难，但是，彭德怀对战场形势的客观、冷静的分析，也很难完全传导到毛主席那里，惯性思维仍在起作用。毛主席是最高统帅，决策还是由他来定。

3. 决策者已有的知识和掌握的信息。当机遇来临的时候，决策者能否看清机遇，这与决策者已有的知识和掌握的信息密切相关。毛主席、周总理都是非常杰出的领导人，然而，再杰出的领导人也有其局限性。联合国是1945年建立的一个新生事物，联合国是如何运作的？安理会五个常任理事国与安理会是什么样的关系？联合国大会政治委员会通过的决议究竟有多大的影响？他们并不了解。

1950 年 6 月 25 日至 7 月 7 日，联合国安理会就朝鲜问题，在苏联代表缺席的情况下，连续通过了第 82、83、84 号三项决议，授权美国组建“联合国军”参加朝鲜战争。如果苏联代表在场，使用否决权，这个决议根本就无法通过，美国就不可能打着联合国的旗号进行朝鲜战争。

苏联代表马立克从 1950 年 1 月至 7 月底，拒绝出席安理会，这件事苏联是与中国商量过的。1950 年 1 月 6 日，就在毛泽东主席访问苏联期间，苏联外长维辛斯基拜会毛主席，希望中国“向联合国安理会提交一个声明，说明国民党代表留在安理会是不合法的，应该排除在安理会之外”。同时表示，苏联方面也将发表声明支持中国的主张，并宣称“只要有国民党分子在安理会中，苏联代表就不参加安理会的工作”。毛泽东当即表示“对这个措施百分之百地赞成”，并认为这个声明的副本可以发给安理会各成员国。

1 月 8 日，根据毛泽东的指示，周恩来致电联合国大会主席罗慕洛、秘书长赖伊并转安理会成员国：国民党代表留在安全理事会是非法的，应将其从安理会开除。1 月 10 日苏联代表马立克提出了把国民党代表开除出安理会的提案。当 1 月 13 日苏联提案遭到否决后，马立克宣布苏联退出安理会，以实行抵制，同时指出：在苏联缺席的情况下，安理会通过的任何决议都是非法的，对苏联不具有约束力。

毛主席、周总理都没有想到，在苏联代表缺席的情况下，安理会依然是可以作出决定的。根据联合国宪章，联合国大会通过的决议只是建议性的，如果有的国家不执行联大的决议，那仅承担道义上的责任。而安理会通过的决议，则具有强制性；不执行，是要受到制裁的。

（三）重大的外交谈判，都是最好的培养外交干部的过程

一个人的能力与其经历密切相关。朝鲜停战谈判是新中国成立后第一次重大的外交谈判，外交部派出了以李克农副部长为首的一大批干部参加了停战谈判。朝鲜停战谈判错综复杂，与战场形势密切相关，瞬息万变。这样的经历对于外交干部来讲，是极好的锻炼。外交部的一批优秀干部，如乔冠华、浦寿昌、周南等，都是经过朝鲜停战谈判锻炼涌现出来的。

案例二

中国恢复在联合国的合法席位

1949年新中国成立后，经过了22年的斗争，终于恢复了中国在联合国的合法席位，这标志着新中国外交进入了一个崭新的阶段。本文从1949年以后的外交背景、谈判的操作过程及成功的经验启示等方面研究这一重要外交案例，评述新中国的外交战略和方针，展现以周恩来总理为代表的老一辈外交家是如何顺应时代潮流，利用国际形势变化，为新中国争取良好的国际环境的。

1945 年，联合国成立。中国作为发起旧金山制宪会议四大国之一，成为联合国创始会员国与安理会常任理事国。1949 年，中华人民共和国成立后，按照国际惯例和国际法准则，中国在联合国的合法席位理应由中华人民共和国取代，这也是新中国外交上追求的目标。但是，由于美国等的蓄意阻挠，这一目标长期未能实现。经过 22 年的斗争，中国终于恢复了在联合国的合法席位。这场斗争是在毛主席、周总理亲自指导下进行的。斗争的胜利，标志着中国外交进入了一个崭新的阶段，对中国后来的发展和国际形势均有深远的影响。

一、背　景

（一）对我国恢复联合国合法席位前外交的回顾

1949 年 10 月 1 日，中华人民共和国宣告成立。这是中国人民经过一百多年的奋斗取得的成果，也是在世界东方出现的新生事物，它的成长必定会经历许多艰难险阻。

人民共和国成立之初，首先同苏联、波兰、捷克斯洛伐克、南斯拉夫、蒙古等 17 个国家建立了正式外交关系。1950 年，冲破了美国等西方国家对中国实施的封锁、禁运、孤立政策，又同印度、印度尼西亚、缅甸、瑞典、瑞士、丹麦等国建立了外交关系。

1950 年 6 月，朝鲜战争爆发。10 月，战火烧到中朝边境，我国被迫参战，与朝鲜人民一道，与以美国为首的“联合国军”进行了激烈的较量，双方都付出了沉重的代价。1953 年，交战各方达成了停战协议。这十分有利于新中国国际地位的确立。

朝鲜战争结束后，中央政府十分重视国内经济建设，通过实施第一个五年计划，初步建立了国家的工业基础，推动了国民经济的发展，人民生活获得初步改善。

1954 年，中国、印度、缅甸等联合提出了《和平共处五项原则》，得到许多亚非国家的接受和支持，成为处理国与国之间关系的基本准则。同年，周恩来总理率团出席了日内瓦会议，积极开展外交活动。经过各方共同努力，会议终于就印度支那问题达成了协议。

在 1955 年的万隆会议上，周恩来总理力挽狂澜，推动会议达成了《万隆会议十项原则》，极大地鼓舞了战后席卷全球的民族独立和解放运动的发展。

新中国的上述外交成就，为新中国外交的进一步发展奠定了坚实的基础。

但在 20 世纪 60 年代至 70 年代初，中国面临的国际环境极其复杂，处境非常危险，美苏两个超级大国都对我国的安全构成了严重威胁。美国不仅保持着其在台湾和台湾海峡的军事存在，还发动了越南战争。而我国坚决支持越南人民抗美救国的正义斗争，是越南人民抗美救国的大后方。中美两国处于尖锐对抗的状态。中苏关系自 50 年代末急剧恶化，苏联不断向中国施压，并在中苏边境和蒙古大量陈兵，两国之间的边境冲突不断，1969

年 3 月，还爆发了小规模的珍宝岛战争。

毛泽东主席冷静地分析了当时的国际形势，提出了“两个中间地带”的战略思想，即广大亚非拉地区是一个可以争取的中间地带，西欧则是另一个可以争取的中间地带。在此战略思想的指导下，中国加强了同亚非拉国家和人民的团结合作，为其争取民族独立和解放运动提供支持。

60 年代，一大批非洲国家宣布独立。借此机会，我国先后同几内亚、加纳、马里、刚果、坦桑尼亚、赞比亚等一批非洲国家建立了外交关系，并向他们提供了经济技术援助，帮助他们发展经济，改善人民生活。当时援助非洲最大的项目是修建了从赞比亚首都卢萨卡到坦桑尼亚首都达累斯萨拉姆长达 1860.5 公里的坦赞铁路。

在亚洲，我国奉行积极的睦邻友好政策，通过对话和协商，先后同缅甸、尼泊尔、蒙古、阿富汗解决了历史遗留的边界问题，并签订了边界条约。同巴基斯坦签订了关于中国新疆和巴基斯坦实际控制其防务的地区之间的边界协定等。

在西欧，1964 年同法国建立外交关系，还同意大利和奥地利互派了商务代表。

中华人民共和国成立以来，日本始终是我国外交工作的重点。尽管当时两国没有外交关系，但毛主席、周总理、陈毅副总理、廖承志等领导同志十分注意做日本各界人士的工作，始终严格区分广大日本人民同少数日本军国主义分子，真诚希望两国关系正常化。对日工作是富有成效的，争得了日本民心。1972 年中日邦交正常化之前，多数的日本民众赞成两国邦交正常化。

（二）中美关系对抗了 20 年，尼克松上台后发生变化

从中华人民共和国成立到 20 世纪 60 年代末，美国一直奉行

敌视中国的政策。我国能否恢复在联合国的合法席位，关键在美国。

中华人民共和国宣布成立后不久，美国即表示将继续承认国民党政府而拒绝承认新中国政府。美国正、副国务卿艾奇逊、韦伯先后在记者招待会上宣布：因为中共政府没有作出“接受国际义务”的承诺，美国政府“暂时”不能承认中华人民共和国。1949 年 11 月，美国国务院发布“关于承认中国新政权的报告书”，声称美国政府要取得“冷战中的重大优势”，就不能承认新中国政府。受这种冷战思维的影响，美国坚决反对新中国取得在联合国的合法席位。

1950 年，时任联合国秘书长赖伊，责成联合国秘书处法律部对联合国代表权与会员国外交承认问题进行研究，并公布了一份备忘录，指出：联合国代表权之所以难以处理，是因为会员国将外交承认与联合国的代表资格混为一谈。中国代表权问题及未来发生之同样问题，各会员国应以新政府是否有效地统治国家领土和人民为表决依据。这是联合国秘书处首次就中国代表权问题作出的原则性解释，对恢复我在联合国的代表权是有利的。但是，由于美国坚决反对，这个建议未能发挥应有的作用。[①]

20 世纪六七十年代，美苏两个超级大国的军事力量对比和竞争态势逐步发生变化。两国核武器数量已经大体相当，而苏联充分利用了美国深陷越南战争泥潭的形势，在世界各地步步紧逼，形成了苏攻美守的态势。

1969 年 1 月，尼克松总统上台后，试图振兴美国经济，但收效不大，反而导致严重的通货膨胀和高失业率。1971 年夏，美元

① 张秀娟：《周恩来与中国恢复在联合国合法席位的斗争历程》，载《党的文献》，1997（1）。

在国际货币市场跌至 1949 年以来的最低点，实行美元与黄金挂钩的布雷顿森林体系走向解体。

1961 年，美国发动了越南战争，这场战争打了 12 年。尽管美国不断向越南增兵，但却在战争泥潭中越陷越深，伤亡越来越惨重。从 60 年代中期开始，美国国内反战浪潮一浪高过一浪。

尼克松是一位具有战略眼光的美国总统。他上台后，充分认识到美国在战略上的不利地位。要摆脱战略困境，调整对华政策是一着好棋。尼克松在上台之初就模糊地提出愿与中国改善关系的想法。1969 年 2 月 5 日，尼克松通过基辛格授意国家安全委员会，起草有关中国问题的报告，根据他的指示起草的《国家安全研究备忘录》第 14 号，提出“两个中国”的政策，即在同北京逐渐建立良好谅解的同时，保持同台湾的关系。4 月，《国家安全研究备忘录》第 35 号，则建议逐步取消对华贸易限制。尼克松在征求了各方意见后，确定了对华基本方针：与中国对话，谈判，改善关系。此后，美国政府就想方设法将这一信息传递给中方。

1969 年 7 月，美国国务院宣布放宽对中国的贸易限制和到中国的旅行。1969 年 8 月初，尼克松访问巴基斯坦，在与巴方领导人会谈中，希望巴方能在中美之间起桥梁作用。1969 年 9 月，尼克松命令美国驻波兰大使斯托赛尔设法与中国外交人员取得联系。1969 年 12 月，美国国务院又宣布美国公司可与中国进行非战略性商品的交易。

进入 1970 年，美国加快了改善中美关系的步伐。1970 年初，斯托塞尔与中国代办雷阳在华沙举行的两次会晤中，美国第一次默认台湾问题应由中国人自己用和平方式加以解决，并表示了派总统特使去北京的意向。1970 年 2 月，尼克松向国会提出第一个外交政策报告，在中国问题部分说道：“我们采取力所能及的步骤来改善同北京的实际上的关系，这肯定是对我们有益的，同时也有利于亚洲和世界的和平与稳定。”1970 年 10 月下旬，尼克松会见来访的巴基斯坦和罗马尼亚两国总统，表示美国已经决定设法使中美关系正常化，要求他们作为中介人提供帮助，由此开辟了著名的“叶海亚渠道”和“罗马尼亚渠道”。在欢迎宴会上，尼克松第一次正式使用“中华人民共和国”的称号，意味着美国已放弃了 20 年来的不承认政策。

进入 1971 年，中美关系得到进一步改善，并取得了实质性进展。2 月 25 日，尼克松提出第二个外交政策报告，称愿改善中美关系。3 月和 4 月，美国取消了对中美人员往来和商品贸易的禁令，放宽对中国的货币和航运管制。4 月，尼克松再次表示他愿在执政期间访问中国。

1971 年 7 月 9 日至 11 日，基辛格实现了对中国的秘密访问。访问结束后，发表了公告，宣布尼克松总统将于 1972 年 5 月以前访问中国。

二、中国的选择

围绕恢复我国在联合国权利问题，在长达 22 年的斗争中，我们面临着三种选择：

（一）阻力太大，放弃恢复中国在联合国的合法席位的努力。

（二）接受“两个中国”的妥协方案，即恢复我国在联合国合法席位的同时，保留台湾国民党政府在联合国的席位。

（三）坚持一个中国的立场，恢复我国在联合国合法席位的同时必须驱逐台湾国民党政府代表。

我们经过慎重考虑，选择了第三条，而且始终一贯，毫不动摇。

三、操作过程

（一）1949—1950：中国代表权问题的争论

1. 申明“中华人民共和国政府是代表中国人民的唯一合法政府”

1949 年 9 月 30 日，中国人民政治协商会议第一次会议正式通过决议，否认国民党集团的代表出席四届联合国代表大会的资格。10 月 1 日，中华人民共和国中央人民政府成立，成为“代表中华人民共和国全国人民的唯一合法政府”。11 月 15 日和 28 日，周恩来以外长身份两次致电联合国秘书长赖伊和第四届联大主席罗慕洛，声明“国民党反动政府”已丧失了代表中国人民的任何法律的与事实的根据，“只有人民共和国中央人民政府才是代表中华人民共和国全体人民的唯一合法政府”；要求联合国立即取消“中国国民政府代表团”继续代表中国人民参加联合国的一切权利，由中华人民共和国取代“中华民国”在联合国的席位。

由此，在联合国引发了一场“中国代表权”问题的争论。① 苏联为了支持中国，曾一度拒绝出席安理会会议。美国则以“延期讨论”和所谓的“重要问题”提案加以阻挠。

2. 为恢复在联合国的合法席位做准备

1950 年 4 月 9 日，周恩来专门召开会议研究派往联合国的代表团人员组成问题，决定由中共中央政治局委员张闻天任安理会

---

① 祝彦：《中国恢复联合国合法席位纪实》，载《党史博采》，2003（8）。张秀娟：《周恩来与中国恢复在联合国合法席位的斗争历程》，载《党的文献》，1997（1）。

代表，中国人民解放军第十九兵团第一副司令员兼参谋长耿飚将军任代表团团长，冀朝鼎任联合国经济和社会理事会代表，伍云甫任联合国国际紧急救济基金会代表，孟用潜任联合国托管理事会代表，派往联合国安理会军事参谋团的代表为周士第，并决定代表团由50余人组成。会议还拟定了派往联合国代表团办事机构编制、任务及干部配备等方案。周恩来多次致电时任联合国秘书长赖伊，要求第五届联大立即开除国民党代表，并办理一切手续以使中华人民共和国政府代表团出席会议。[①]

3. 在安理会对美国武装侵略台湾的控诉

1950年，朝鲜战争爆发后，美国第七舰队进入台湾海峡。中国就此向联合国安理会提出控诉美国侵略台湾案。安理会将中国控诉案列入了议程，但改为笼统的“控诉武装侵略福摩萨案”。10月23日，时任外交部苏欧司司长的伍修权被任命为大使级特别代表，率团到纽约出席安理会会议，讨论美国侵略中国台湾的控诉案。在两个小时的发言中，伍修权揭露和控诉了美国侵略台湾的行径，抗议联合国在美国操纵下容留国民党集团所谓的“代表”，并向安理会提出三项建议：(1) 谴责和制裁美国侵略台湾及干涉朝鲜的罪行；(2) 美国军队撤出台湾；(3) 美国和其他一切外国军队撤出朝鲜。伍修权大使义正词严的讲话震动了联合国。

（二）1951—1960：美以“延期讨论”动议拖延讨论

1951年11月13日召开的第六届联合国代表大会上，美国借口“中国侵略朝鲜”，提出“延期讨论”恢复中国合法席位问题

① 张秀娟：《周恩来与中国恢复在联合国合法席位的斗争历程》，载《党的文献》，1997（1）。

的动议，此后直到 1960 年的第十五届联大，美国等国都采取同样的手法阻挠中国代表权问题的解决。虽然“延期讨论”动议只需简单多数即可通过，但美国政府也算是达到了目的。直到 1955 年，美国基本维持了 70% 的支持率。但是，在 1956 年第十一届联大上，美国提案的支持率下降了 10 个百分点。这个变化与当时席卷全球的争取民族独立和解放的运动高涨密切相关。一大批亚非拉国家获得了独立，加入了联合国。1956 年联合国成员国由 60 个增为 79 个，支持中国的票数一下子就增加了 12 票，这一趋势在此后几年中保持不变。到 1960 年第十五届联大上，支持美国“延期讨论”动议的国家，仅占联合国会员国的 42%，反对票加上弃权票已远远超过赞成票。

（三）1961—1971：美以“重要问题”提案继续阻挠

眼看“延期讨论”动议已经走到末路，美国在 1961 年指使新西兰提出了“重要问题”提案。根据联合国宪章第 18 条规定，“重要问题”提案需要三分之二多数赞成才能通过。

周恩来总理指出，“重要问题”提案的目的是把这个问题挂起来，把恢复中国代表权问题当作“重要问题”来讨论，这是在讨论中国政府是否存在，干涉了中国内政，这是违反联合国宪章的。美国和新西兰的提案通过后，中国外交部发表声明，抗议美国挟持联合国粗暴干涉中国内政。

1964 年 1 月 27 日，中国和法国宣布正式建立外交关系。法国是联合国安理会五个常任理事国之一，也是美国的盟国。中法建交沉重地打击了美国孤立中国的政策。在 1965 年第二十届联合国大会上，对恢复我国在联合国合法席位提案的表决结果为：47 票赞成，47 票反对，这是我国外交上取得的一个重大进展。但是，1966 年中国发生了“文化大革命”，引起国际社会的反感，影响了中国恢复联合国合法席位的进程。

在 1970 年第二十五届联合国大会上，由阿尔巴尼亚、阿尔及利亚等国提出的“两阿提案”也以 51 票对 49 票首次获得多数赞成。但由于美国炮制的“重要问题”提案被大会通过，我国仍被排除在联合国之外。

（四）1971：“两阿提案”终获胜利

1971 年 7 月 15 日，阿尔及利亚、阿尔巴尼亚等 18 个国家（后增至 23 个）向联合国递交了一份“决议草案”，要求立即驱逐蒋介石的代表，恢复中华人民共和国在联合国的一切合法权利。

1971 年 8 月 2 日和 17 日，时任美国国务卿罗杰斯和联合国首席代表乔治 · 布什分别发表了关于中国在联合国的代表权问题的声明，声称“在处理中国代表权问题时，联合国应当认识到中华人民共和国和中华民国都是存在的，并且应当在规定中国代表权的方式中反映出这一不容争议的现实”。中国政府立即发表《中华人民共和国外交部声明》，予以严词驳斥。

1971 年 9 月 20 日联合国大会开幕时，美国为了阻止“两阿提案”通过，设置了两道防线：

第一道防线，是由美国、日本等 22 国提出的“重要问题”提案，提出要驱逐蒋介石政府的代表须经过联大三分之二成员国通过。

第二道防线，是由美国、日本等 19 国提出的“双重代表权案”，实质是要在联合国内制造“两个中国”的局面。

看来，美国人已经意识到第一道防线可能守不住，于是，在第二道防线上下了很大工夫。10 月 4 日，罗杰斯在联合国大会发言称，美国“希望看到中华人民共和国到大会来”，“希望看到它作为安理会的一个常任理事国”，美国只是反对“驱逐中华民国”。1971 年 10 月，尽管尼克松总统访华的准备工作正在紧锣密鼓地进行，但尼克松仍然亲自写信给许多国家的首脑做工作，并发动美驻外使节积极展开“拉票外交”，企图保住蒋介石政府在联合国的席位。

针对美国的第二道防线，中国政府明确表示反对，指出：“一个中国、两个政府”实际上是“两个中国”、“一中一台”的变种，我们决不能以牺牲对台领土主权去换取联合国席位。

1971 年 10 月 25 日晚，联合国大会先以 56 票赞同、53 票反对、19 票弃权否决了美国要求推迟表决中国代表权的动议。此后，“重要问题”提案以 61 票赞同、53 票反对、15 票弃权获得先议权。主持会议的联合国大会主席马利克宣布对“重要问题”提案进行唱名表决，大厅里气氛顿时紧张起来。联大以 59 票反对、55 票赞同、15 票弃权否决了“重要问题”提案。接着，联大以 76 票赞成、35 票反对、17 票弃权通过了“两阿提案”。大会主席马利克裁决：由于“两阿提案”已获通过，“双重代表权”提案成为废案，被大会自动否决。至此，“两阿提案”成为著名的联合国大会第 2758 号决议，中华人民共和国恢复了在联合国的合法席位。第 2758 号决议意义深远，一个中国的原则在联合国系统内牢固地确立。

（五）1971：中国代表团到达联合国总部

10 月 27 日，外交部成立参加联合国工作筹备小组，由乔冠华、熊向晖、唐明照、章文晋、凌青组成。小组草拟了到联合国工作的设想。由外交部核心组提名，中央批准，“中华人民共和国出席联合国第二十六届大会代表团”团长为乔冠华，副团长为黄华，代表为符浩、熊向晖、陈楚，副代表为唐明照、安致远、王海容、邢松鹞、张永宽。由外交部核心组提名，总理同意，决定了中国代表团 18 名秘书、11 名随员、9 名职员，以及两名记者和两名外交信使的名单。我也有幸成为 18 名秘书之一。

代表团出发前，周恩来总理两次接见代表团成员。第一次接见的时候，周总理很高兴，拿着代表团名单一个一个念。念到谁时谁就站起来。念到我的名字时，我站了起来，周总理说："我认得。"

乔冠华团长对总理说："我们长期在联合国之外，对联合国的情况不了解，这次去联大心里没底。"总理说："临事而惧是好的，临事而惧就不会掉以轻心，就会认真去做。不了解情况不要紧，学习嘛！向一切懂得联合国的人学习，向了解情况的人学习，包括向我们的对手学习。"

总理这几句话，我终生难忘。后来到了联合国，我们大家都按照总理的教导认真学习。我们对联合国的工作就是在不断学习中增加了了解。1972 年底，《纽约时报》发表文章，对中国代表团一年来的表现进行了评论，还点了周南等外交官的名字，其中也提到了我。他们对我们总的评价是，中国代表团学得很快。

1971 年 11 月 9 日，以乔冠华为团长的中国出席第二十六届联合国大会代表团离开北京，周恩来总理根据毛主席的指示，率领全体在京的政治局委员和几千名首都各界群众代表到机场送行。周总理和其他中央领导与乔冠华团长一道绕场一周向各界群众致意。我们这些人也跟着走了一圈，走到飞机舷梯旁，礼宾官通知我们这些"小萝卜头"先行登机，让乔冠华团长等领导最后登机。我们登机"咚咚咚"的脚步声引起了周总理的注意，他回头看见我们在登机，不满意地说："我还没有跟你们握手呢，怎么就登机了？统统下来！"我们遂走下飞机，一一与总理握手。

从 1965 年到 1971 年，我曾经给周总理当过若干次翻译。

1965 年总理神采奕奕，身体健康。但此时，看到总理苍老了许多，脸上有很多老人斑，我不由地冒出了一句：“总理，保重！”总理眼睛看着我，回答了一句：“谢谢你。”这是我最后一次见总理。

当时由北京去纽约很不容易，首先要从北京乘我国民航班机飞上海，然后，改乘法航班机，途经仰光、卡拉奇、雅典、开罗才到巴黎。这段旅行是很累人的，长达二十多个小时。我们在巴黎休息了一天，11 月 11 日，乘法航班机飞纽约。当飞机接近纽约肯尼迪机场时，机长跑来告诉我们：“有 500 名记者在机场恭候你们。”飞机到达后，我们走下舷梯，看到黑压压的一片记者人群。我此时已经投身外交工作十年了，但从来没有在机场见过这么多记者，感到中国重返联合国确实是当时世界的头条新闻。

11 月 15 日，中国代表团来到纽约联合国总部出席第二十六届联合国大会，受到了热烈欢迎。大会为欢迎中国代表团举行了专场会议，原定只开半天，但要求发言的各国代表太多，共有 57 个国家代表发言，欢迎大会开了整整一天。乔冠华团长发表讲话（经毛主席、周总理亲自审定），联合国大会的会场座无虚席，大家都在认真聆听来自中国的声音。

四、启　示

恢复中国在联合国合法席位，是中华人民共和国成立以来，在外交上的重大成就之一。这场长达 22 年的斗争，给我们留下了一些重要启示。

（一）需要时间才能解决的问题必须要有长远的战略

恢复联合国合法席位，是一个牵动全局的大问题，不可能速战速决，也不可能一蹴而就。要妥善解决这个问题，必须要有一个长远的战略。制定长远的战略，战略目标至关重要。回顾恢复我国在联合国合法席位的斗争历程，可以清楚地看出，我们的战略目标始终是明确的。这就是：恢复中国在联合国及其附属机构中的合法权利，立即把蒋介石政府的代表从联合国驱逐出去。这个目标的后面，是坚持一个中国的原则，决不接受任何形式的“两个中国”或“一中一台”。

制定长远的战略，必须要有一个长期的工作方针，必须顺应时代的潮流。时代潮流是客观存在的，你只能顺应它，而不能逆潮流而动。正如孙中山先生所说：“世界潮流，浩浩荡荡，顺之者昌，逆之者亡。”第二次世界大战结束后，时代的潮流是什么呢？一是争取民族独立和解放的潮流。这股潮流的出现，是对几百年殖民主义残酷剥削和压迫的反抗，汹涌澎湃，势不可挡。二是在美苏两极体制下，西方国家寻求独立自主的潮流。

毛主席对这两大潮流有清晰的认识，所以提出了“两个中间地带”的战略思想。在这个战略思想的指导下，我们顺应时代潮流，坚决支持亚非拉人民争取民族独立和解放的斗争，并提供了力所能及的援助。这一方针为我们在全世界赢得了许多朋友。发展中国家是联合国会员国的多数，我们在亚非拉的朋友多起来，对恢复我国在联合国合法席位十分有利。

法国等西欧国家，是美国的盟国，但这些国家也并不全部唯美国是从。我们对第二中间地带的工作也是卓有成效的，1964年，中法建交就是一个明证。中法建交，对恢复我国在联合国合法席位的努力也提供了有力的支持。1965年，联大表决恢复我国在联合国合法席位的提案，出现了47票赞成，47票反对，也雄辩地说明了这一点。

（二）外交必须占领道义的制高点

什么是道义的制高点？一个国家的利益绝不能称为道义的制高点，考虑到人类的利益，从推动人类进步的角度出发，才能占领道义的制高点。

第二次世界大战结束后，在民族独立和解放潮流的冲击下，一个个殖民帝国解体，一大批亚非拉的国家取得了民族独立和解放。这些国家在政治上取得独立之后，面临的最严峻的挑战是发展经济，改善人民生活。要发展经济，必须进行基础设施的建设，铁路、公路、港口必须先行，他们需要大量的资金、技术和设备。这些西方大国全有，但是，新独立的国家必须接受苛刻条件才会获得这些援助，这是新独立的国家所不愿接受的。

1963—1964 年，周恩来总理访问亚非欧 14 国期间，于 1964 年 2 月 18 日提出了对外援助八项原则。请参阅本书《周恩来总理访问非洲十国》外交案例所介绍的情况。

十分明显，周恩来总理提出的八项原则占领了道义的制高点。这八条无论从哪个角度看，都反映出中国是在真心实意地帮助新独立的国家，与西方对待非洲的态度形成了鲜明的对照。

今天，大家都说，中国在对外关系中要提高自己的软实力。什么是软实力？不占领道义制高点有软实力吗？尽管当时提出这八条原则的时候中国的国力还很弱，但是，这八条原则却成为当时中国对外关系中很重要的软实力。

占领了道义的制高点，就会有强大的威力。中国按照援外的八项原则去修建坦赞铁路，非洲受到了震动。当时坦桑尼亚总统尼雷尔一针见血地指出："过去，外国也在非洲修过铁路、公路，那是为了掠夺。中国修建坦赞铁路，那是为了帮助非洲发展。"话不长，概括得多好啊。非洲通过中国修建坦赞铁路的行动，看清楚中国是真心实意在帮助非洲，把非洲的事当成自己的事情办。那么非洲也把中国的事当成自己的事情办。当时，非洲最能够帮助中国的，就是支持中华人民共和国恢复中国在联合国的合法席位。

1971 年 10 月，当二十六届联大讨论中国代表权问题的时候，尼雷尔总统亲自飞到纽约。坦桑尼亚向联合国派出了自己最优秀的外交官萨利姆担任常驻联合国代表。萨利姆在联大辩论中国代表权时，与美国等国家唇枪舌剑，冲锋陷阵，打得非常漂亮。阿尔及利亚外长布特弗利卡（即阿尔及利亚现任总统）在联大会议现场坐镇指挥。当二十六届联大通过决议，恢复了中华人民共和国在联合国及其附属机构中的合法权利后，毛主席感动地说："是非洲兄弟把我们抬进了联合国。"

中国恢复了在联合国合法席位，标志着新中国外交进入了一个新阶段。1971 年，与中国的建交国仅有 64 国，不到联合国会员国的一半。但到 1979 年中美建交时，中国的建交国猛增到 113 个。包括美国在内的绝大多数发达国家，都是在中国恢复在联合国合法席位后与新中国建交的。这为 1978 年三中全会决定把工作重心转移到经济建设上来，实行改革开放的方针，创造了很好的国际环境。这样一个大好的国际环境，拿钱是买不来的。

必须指出，当年毛主席、周总理决定修建坦赞铁路时，并没有料到会带来这样的结果。但是，中国作出修建铁路的决定，向世界表明：中国对发展中国家的援助是真心的，在国际关系中是主持公道的，从而占领了道义制高点，争得了人心。人心的向背是至关重要的。这应了老子在《道德经》中所说的："圣人不积，既以为人，己愈有；既以与人，己愈多。"

（三）形势比人强

第二十六届联大通过决议恢复中国在联合国的合法席位，是很多人没有预料到的，但在外交上形势比人强的情况并不罕见。

1971 年 7 月，基辛格秘密访华。访问结束后，中美双方发布公告，宣布 1972 年 5 月以前，尼克松将访问中国。中美关系僵局的打开，对中国恢复联合国合法席位十分有利。美国人也看到了这一点，但是没有预料到形势会发展得如此之快。

1971 年 10 月，基辛格第二次访华，为尼克松总统访华打前站。基辛格当时很有把握地估计第二十六届联大解决不了恢复中国在联合国的合法席位问题，至少要推到第二年。但是，就在 10 月 26 日基辛格结束访华离开北京之前，周恩来总理不动声色地把第二十六届联大通过了恢复我国在联合国合法席位的决议一事告诉了基辛格。

1971 年 10 月，就在联大讨论恢复中国合法席位时，毛主席找了叶剑英、章文晋、熊向晖等议论此事，试图预测表决结果。当时，联合国共有 131 个会员国，过半数至少要 66 票，三分之二意味着 88 票。中国有把握拿到的只有 61 票，离过半数还差 5 票。而如果"重要问题"提案先行通过的话，则需要获得 88 票赞成才能驱逐"中华民国"的代表。基于上述分析，毛主席也认为"今年不进联合国"。但后来形势发展却有些出人意料。

形势之所以比人强，是由事物发展的势头决定的。事物的发展有其自身规律。1971 年中美关系打开后，恢复中国在联合国的合法席位就形成了一个强大的势头，尽管当时与中国的建交国不到联合国会员的一半，但是 1971 年 10 月 25 日，第二十六届联大大会会场上的那场激烈的斗争，让各方领教了势头的威力。支持恢复中国在联合国的合法席位的那股力量势如破竹，所向无敌，扫除了美国设置的一个又一个障碍。这样的势头，不在现场是很难感受到的。人们的思想往往落后于实际，现实形势往前走了，人们的思想却可能仍旧停留在过去，这时候，当然形势比人强。

附录一　联合国第 2758 号决议全文[①]

联合国大会第二十六届会议　　A/RES/2758 (XXVI)

大会决议

二七五八（二十六）．恢复中华人民共和国在联合国的合法权利

大会，

回顾联合国宪章的原则，

考虑到，恢复中华人民共和国的合法权利对于维护联合国宪章和联合国组织根据宪章所必须从事的事业都是必不可少的，

承认：中华人民共和国政府的代表是中国在联合国组织的唯一合法代表，中华人民共和国是安全理事会五个常任理事国之一，

决定：恢复中华人民共和国的一切权利，承认她的政府的代表为中国在联合国组织的唯一合法代表并立即把蒋介石的代表从它在联合国组织及其所属一切机构中所非法占据的席位上驱逐出去。

一九七一年十月二十五日

第一九七六次全体会议

① http：//www.un.org/chinese/ga/ares2758.html.

附录二　乔冠华在第二十六届联大的发言

主席先生，

各位代表先生，

首先，请允许我以中华人民共和国代表团的名义，感谢主席先生和许多国家的代表对我们表示的欢迎。

许多朋友发表了热情洋溢的讲话，表达了对中国人民的信任、鼓励和兄弟般的情谊，这使我们深受感动。我们将把这些转达给全体中国人民。

今天，我们中华人民共和国代表团来到这里，出席联合国大会第二十六届会议，同大家一道参加联合国的工作，感到高兴。

大家都知道，中国是联合国的创始国之一。一九四九年，中国人民推翻了蒋介石集团的反动统治，建立了中华人民共和国。从那时起，中国在联合国的合法权利，理所当然地就应属于中华人民共和国。只是由于美国政府的阻挠，中华人民共和国在联合国的合法权利才被长期剥夺，早被中国人民唾弃的蒋介石集团才得以窃据中国在联合国的合法席位。这是对中国内政的粗暴干涉，也是对联合国宪章的恣意践踏。现在，这种不合理的局面终于改变过来了。

一九七一年十月二十五日，本届联合国大会以压倒多数通过决议，决定恢复中华人民共和国在联合国的一切合法权利，并立即把蒋介石集团的代表从联合国及其所属一切机构中驱逐出去。这是敌视、孤立和封锁中国人民的政策的破产。这是美国政府伙同日本佐藤政府妄图在联合国制造“两个中国”的计划的失败。这是毛泽东主席的革命外交路线的胜利。这是全世界人民的共同胜利。

阿尔巴尼亚、阿尔及利亚、缅甸、锡兰、古巴、赤道几内亚、几内亚、伊拉克、马里、毛里塔尼亚、尼泊尔、巴基斯坦、也门民主人民共和国、刚果人民共和国、罗马尼亚、塞拉勒窝内、索马里、苏丹、叙利亚、坦桑尼亚联合共和国、阿拉伯也门共和国、南斯拉夫、赞比亚等二十三个提案国，坚持原则，主持正义，为恢复我国在联合国的合法权利进行了不懈的卓有成效的努力；支持这一提案的许多友好国家，也都为此作出了贡献。还有一些国家也以不同方式对我国表示了同情。我代表中国政府和中国人民对所有这些国家的政府和人民表示衷心的感谢。

联合国成立到现在，已经二十六年了。在人类历史上，二十六年只是短暂的一瞬，但在这个期间，世界局势却发生了深刻的变化。联合国成立之初，成员国只有五十一个，现在已经增加到一百三十一个。在新增加的八十个成员国中，绝大多数是二次大战后取得独立的国家。二十多年来，亚洲、非洲和拉丁美洲各国人民为争取和维护民族独立，反对外来侵略和压迫，进行了顽强不屈的斗争。欧洲、北美、大洋洲也兴起了要求改变现状的群众运动和社会潮流。越来越多的中、小国家正在联合起来，反对一、两个超级大国的霸权主义和强权政治，争取独立自主地解决本国事务的权利和在国际关系中的平等地位。国家要独立，民族要解放，人民要革命，这已成为不可抗拒的历史潮流。

人类社会总是不断进步的。这种进步总是要通过无数的革命和变革才能取得的。就拿联合国总部所在地美国来说，正是由于一七七六年华盛顿领导的革命战争的胜利，美国人民才赢得了独立。正是由于一七八九年的大革命，法国人民才摆脱了封建主义的枷锁。人类进入二十世纪以后，伟大列宁领导的一九一七年俄国十月社会主义革命的胜利，为全世界被压迫民族和被压迫人民的自由解放开辟了广阔的道路。对历史的发展和社会的进步，世界各国人民感到欢欣鼓舞，一小撮腐朽反动的力量则是惶恐不安，极力进行垂死挣扎。他们武装侵略别的国家，颠覆别国的合法政府，干涉别国的内政，在政治、军事、经济上对别的国家进行控制，任意欺负别的国家。二次大战后，新的世界大战没有发生，但是局部战争从未停止。现在，新的世界大战的危险依然存在，但是，当前世界的主要倾向是革命。人民的斗争是有曲折、有反复的，但是反对人民和反对进步的逆流，终究不能阻止人类社会继续发展的主流。世界一定要走向进步，走向光明，而决不是走向反动，走向黑暗。

主席先生和代表先生们，

中国人民受尽了帝国主义压迫的苦痛。一百多年来，帝国主义曾经对中国发动过多次侵略战争，强迫中国签订了许多不平等条约。他们在中国划分势力范围，掠夺中国资源，剥削中国人民。中国人民过去的贫困和不自由的程度，是人所共知的。为了争取民族的独立、自由和解放，中国人民前赴后继，不屈不挠，对帝国主义及其走狗进行了长期的英勇斗争，终于在伟大领袖毛泽东主席和中国共产党的领导下，取得了革命的胜利。中华人民共和国成立后，中国人民无视帝国主义的重重封锁，顶住了外来的巨大压力，独立自主，自力更生，把我国建成了一个初步繁荣昌盛的社会主义国家。事实证明，我们中华民族完全有自立于世界民族之林的能力。

台湾是中国的一个省，居住在台湾的一千四百万人民是中国人民的骨肉同胞。根据开罗宣言和波茨坦公告，台湾在第二次世界大战后已经归还祖国，台湾同胞已经回到祖国的怀抱。美国政府在一九四九年和一九五〇年一再正式确认了这一事实，并且公开声明，台湾问题是中国的内政，美国政府无意干涉。只是由于朝鲜战争的发生，美国政府才违背自己的诺言，派遣武装力量侵占中国的台湾和台湾海峡，至今仍然留在那里未走。现在有些地方散布所谓“台湾地位未定”的谬论，是在策划“台湾独立”的阴谋，继续制造“一中一台”，实际上也就是“两个中国”。我代表中华人民共和国政府在这里重申：台湾是中国领土不可分割的一部分，美国用武力侵占中国的台湾和台湾海峡，丝毫不能改变中华人民共和国对台湾的主权；美国的一切武装力量一定要从台湾和台湾海峡撤走；任何企图把台湾从祖国分割出去的阴谋，都是我们坚决反对的。中国人民一定要解放台湾，这是任何力量也阻挡不了的。

主席先生和代表先生们，

长期遭受帝国主义侵略和压迫的中国人民，一贯反对帝国主义的侵略政策和战争政策，支持一切被压迫人民和被压迫民族争取自由解放、反对外来干涉、掌握自己命运的正义斗争。中国政府和中国人民的这一立场，符合世界人民的根本利益，也符合联合国宪章的精神。

美国政府武装侵略越南、柬埔寨和老挝，蹂躏这三个国家的领土完整和主权，加剧了远东的紧张局势，遭到了包括美国人民在内的全世界人民的强烈反对。中国政府和中国人民坚决支持印度支那三国人民的抗美救国战争；坚决支持印度支那人民最高级会议的联合声明和越南南方共和临时革命政府的七点和平倡议。美国政府立即无条件地全部从印度支那三国撤出美国及其仆从的一切武装力量，让印度支那三国人民在没有外来干涉的情况下，独立自主地解决他们自己的问题，这是缓和远东紧张局势的关键。

朝鲜至今仍处于分裂状态。中国人民志愿军早就从朝鲜撤走了，但是美国军队至今还继续留在南朝鲜。和平统一祖国，是全体朝鲜人民的共同愿望。中国政府和中国人民坚决支持朝鲜民主主义人民共和国今年四月提出的和平统一祖国的八点纲领；坚决支持它提出的废除联合国关于朝鲜问题的一切非法决议和解散“联合国韩国统一复兴委员会”的正义要求。

中东问题的实质是以色列犹太复国主义在超级大国的支持和纵容下对巴勒斯坦人民和阿拉伯人民的侵略。中国政府和中国人民坚决支持巴勒斯坦人民和阿拉伯各国人民反对侵略的正义斗争，并且相信，英勇的巴勒斯坦人民和阿拉伯各国人民坚持斗争，坚持团结，一定能够收复阿拉伯国家的失地，恢复巴勒斯坦人民的民族权利。中国政府认为，全世界一切爱好和平和主持正义的国家和人民有义务支援巴勒斯坦人民和阿拉伯各国人民的斗争；任何人也无权背着他们，拿他们的生存权利和民族利益进行政治交易。

各种表现形式的殖民主义的继续存在，是对世界各国人民的挑战。中国政府和中国人民坚决支持莫三鼻给、安哥拉、几内亚（比绍）等地区的人民争取民族解放的斗争；坚决支持阿扎尼亚、津巴布韦、纳米比亚人民反对白人殖民统治和种族歧视的斗争。他们的斗争是正义的，正义的事业是一定要胜利的。

没有经济上的独立，一个国家的独立是不完全的。亚、非、拉国家在经济上的落后，是帝国主义的掠夺造成的。反对经济掠夺，保护国家资源，是独立国家不可剥夺的主权。中国仍然是一个经济上落后的国家，也是一个正在发展中的国家。中国与绝大多数亚、非、拉国家一样，是属于第三世界的。中国政府和中国人民坚决支持拉丁美洲国家和人民带头兴起的捍卫二百海里领海权、保护本国资源的斗争；坚决支持亚、非、拉石油输出国以及其他各种区域性和专业性组织展开的维护民族权益、反对经济掠夺的斗争。

我们一贯主张，国家不论大小，应该一律平等，和平共处五项原则应该成为国与国之间的关系准则。各国人民有权按照自己的意愿，选择本国的社会制度，有权维护本国独立、主权和领土完整，任何国家都无权对另一个国家进行侵略、颠覆、控制、干涉和欺负。我们反对大国优越于小国，小国依附于大国的帝国主义和殖民主义的理论。我们反对大国欺侮小国、强国欺侮弱国的强权政治和霸权主义。我们主张，任何一个国家的事，要由这个国家的人民自己来管；全世界的事，要由世界各国来管；联合国的事，要由参加联合国的所有国家共同来管，不允许超级大国操纵和垄断。超级大国就是要超人一等，骑在别人头上称王称霸。中国现在不做，将来也永远不做侵略、颠覆、控制、干涉和欺负别人的超级大国。

一两个超级大国加紧扩军备战，大力发展核武器，严重地威胁国际和平。世界人民渴望裁军，尤其是核裁军，是可以理解的。他们要求解散军事集团、撤走外国军队、取消外国军事基地，是正当的。但是，超级大国口头上天天讲裁军，实际上是天天在扩军。他们搞的所谓核裁军，完全是为了垄断核武器，进行核威胁和核讹诈。中国决不会背着无核国家参加核大国的所谓核裁军谈判。中国的核武器还处于试验阶段。中国发展核武器完全是为了防御，为了打破核垄断，最终消灭核武器和核战争。中国政府一贯主张全面禁止和彻底销毁核武器，并倡议召开世界各国首脑会议来讨论这个问题，作为第一步，首先就不使用核武器达成协议。中国政府曾多次声明，现在我代表中国政府再一次郑重声明，中国在任何时候、任何情况下，都不首先使用核武器。美国和苏联如果真想裁军，就应该承担不首先使用核武器的义务。这并不是一件难于做到的事。能不能做到这一点，是对他们是否真正具有裁军愿望的严峻考验。

我们一向认为，各国人民的正义斗争都是互相支持的。我国的社会主义革命和社会主义建设一贯得到各国人民的同情和支持。支持各国人民的正义斗争是我们应尽的义务。为了支持各国人民的斗争，帮助他们独立自主地发展本国经济，我们向一些友好国家提供了援助。我们提供援助，从来严格尊重受援国家的主权，不附加任何条件，不要求任何特权。对于正在进行反侵略斗争的国家和人民，我们提供无偿的军事援助，我们永远不做军火商。我们坚决反对有的国家以“援助”为手段，企图控制和掠夺受援国家。但是，由于我国经济还比较落后，我们提供的物质援助是很有限的，我们的支持主要的还是政治上和道义上的支持。中国有七亿人口，应该对人类进步做出较大的贡献。我们希望，今后能够逐步改变这种力不从心的状况。

主席先生和代表先生们，

根据联合国宪章的宗旨，联合国应当在维护国际和平、反对侵略和干涉、发展各国之间的友好合作关系方面发挥应有的作用。但是，在过去长时间里，一两个超级大国利用联合国做了很多违背联合国宪章和各国人民意愿的事情。这种情况不应该继续下去。我们希望联合国宪章的精神能够得到真正的贯彻。我们将同一切爱好和平、主持正义的国家和人民站在一起，为维护各国的民族独立和国家主权，为维护国际和平、促进人类进步事业而共同努力。

一九七一年十一月十五日

（载《人民日报》，1971 年 11 月 17 日）

案例三

1954年日内瓦会议

1954年日内瓦会议，是新中国第一次以大国身份参加的重要国际会议，以周恩来总理为首的中国代表团，通过大量耐心细致的工作，打破美国的阻挠，开展了卓有成效的外交活动，为关于印度支那问题的日内瓦会议的成功作出了决定性贡献，为新中国的外交打开了局面。周总理的外交智慧和外交艺术得到与会者的普遍赞扬。日内瓦谈判成功的经验与做法，非常值得后人仔细研究和学习。

1954 年，在日内瓦召开的关于朝鲜问题和印度支那问题的国际会议，是新中国第一次以大国身份参加的重要国际会议。[①]以周恩来总理为首的中国代表团，经过大量耐心细致的工作，努力协调各方立场，开展了一系列卓有成效的外交活动，为关于印度支那问题的日内瓦会议的成功召开作出了决定性贡献。周总理在会议期间，把多边外交和双边外交结合起来，成效显著，为新中国的外交打开了局面。

周恩来总理在 1954 年日内瓦会议上的表现，是他一生中外交上最辉煌的篇章之一，非常值得后人仔细研究和学习。

一、背　景

(一) 第一次印度支那战争爆发和各方态度

印度支那通常指前法属印度支那，位于中南半岛东部，包括

① 虽然这次会议包括了朝鲜问题和印度支那问题两个主题，但由于美国的阻挠，会议前一阶段关于朝鲜问题的讨论没能达成任何协议。会议后来将主题集中在印度支那问题上，并最终达成了和平协议。所以，1954 年日内瓦会议，通常也被称为关于印度支那问题的会议。

越南、老挝、柬埔寨三个国家。从19世纪中叶至20世纪中叶，这个地区主要由法国人统治。从法国对印度支那各国殖民统治开始之日起，当地人民就进行着争取民族独立的斗争。1930年2月，在胡志明领导下成立越南共产党，组织抗法斗争。1941年5月，胡志明组建越南独立同盟，越南人民争取民族独立的斗争从此进入一个新的阶段。1946年12月20日，胡志明发表《告越南人民书》，号召全国人民抵抗法国殖民主义者，第一次印度支那战争正式爆发。

新中国成立后，应胡志明和越共中央的请求，中共中央对越南的抗法战争给予了大力支援。派出了中共中央代表陈赓大将以及以韦国清上将为首的军事顾问团和以罗贵波为首的政治顾问团，入越帮助越南抗战。[①]同时，中国对越南提供了武器、弹药和各类物资等大量无偿援助。时任越南驻中国代表黄文欢在回忆录中写道："1950年至1954年抗法战争时期，中国是唯一向我国提供军事援助的国家。我国军队的全部武器弹药和装备都由中国按预算和战役的需要直接提供。"[②]

1949年以前，美国对印度支那战争采取观望态度。中华人民共和国的建立及中国对越南的支持，使美国开始重新定位印度支

① 1950年3月中旬，中共中央先派时任中央军委办公厅主任罗贵波赴越协商我援越抗法的重大事宜。6月中旬，中共中央又派陈赓作为代表赴越协助组织边界战役。以韦国清为团长的军事顾问团于7月下旬正式成立，8月中旬进入越南，共选调了59名有实战经验和政治水平的军事、政治、后勤营以上干部，连同其他工作人员，共281人。可参见郭志刚：《中国与奠边府战役》，载《当代中国史研究》，2005，12（9）。

② 据不完全统计，在抗法战争期间，中国共援助越南人民军枪支15.5万余支（挺）、枪弹5785万发、炮3692门、炮弹108万多发、手榴弹84万多枚、汽车1231辆、军服140万多套、粮食和副食品1.4万多吨、油料2.6万余吨，以及大量的医药和其他军用物资。可参见孙福生：《中国对奠边府战役胜利和日内瓦协议签署的卓越贡献》，载《南洋问题研究》，2005（2）。

那的战略意义。1950 年 2 月，美国政府在《美国关于印度支那的立场》（国家安全委员会第 64 号文件）中明确提出，采取一切切实可行的措施来防止共产党在东南亚进一步扩张，对美国的安全利益是很重要的。这份文件被称为“影响到美国此后二十年对越政策的一个构成分水岭的决定”，也是“多米诺骨牌理论”的发端。1950 年 2 月 7 日，华盛顿在中国和苏联承认越南民主共和国之后，承认了保大皇帝①的越南政权。5 月 1 日，杜鲁门批准向法国驻印度支那部队首次提供了 1000 万美元的军事援助。由此，两大阵营在印度支那的对抗开始形成。

与此同时，由于战场上的失利及国际形势的变化，法国不得不求助于美国，并强调法国在印度支那作战是为了保卫西方的安全和防御共产主义，理应得到西方盟国特别是美国的援助。在法国的请求下，美国对法国在印度支那战争的支持越来越大，承担了法国在印度支那的大部分战争费用。

尽管法国投入众多兵力，美国又提供大量的军事援助，但印度支那战场上的形势并没有向有利于法国的方向发展。法国对自己能否打赢这场战争越来越没有把握，开始认识到军事解决未必是真正的出路，应该考虑寻求通过和平谈判结束印度支那战争。印度支那战争也使得法国国内出现了严重的财政经济困难和政治危机。当时，法国政府中的各个党派在对外政策上存在很大分歧，除主战派总理拉尼埃、外长皮杜尔、国防部长普利文外，还有主和派前国务秘书弗朗索瓦 · 密特朗、国民议会财委会主席孟戴斯 – 弗朗斯，以及中间派副总理雷诺、财政部长富尔等。1953

---

① 保大皇帝，即保大帝，原名阮福永瑞。他是越南阮朝的第 13 任皇帝，也是越南历史上的末代君主，称号先后为法属安南国王（对内称大皇帝，1926—1945）、越南皇帝（1945）以及越南国（南越）国家元首（1949—1955）。

年 10 月后，法国的舆论开始竭力反对继续这场战争，并呼吁直接同越南举行双边会谈或通过一次大型的国际会议来结束战争。

在国内各界的强大压力下，拉尼埃政府不得不做出准备谈判的姿态。此时，中苏两国也呼吁缓和远东地区紧张局势。胡志明对于法国的和平姿态很快做出了回应，表示可以考虑采取和平方式解决越南问题。法越双方都表示希望和平解决，为日内瓦会议讨论印度支那问题创造了条件。

（二）斯大林逝世后，苏联调整外交政策

1953 年 3 月 5 日斯大林逝世，马林科夫、贝利亚、莫洛托夫及赫鲁晓夫等苏联新领导人调整了苏联的内政和外交政策。其外交政策的调整，主要表现为试图缓和与美国及西方国家之间的紧张关系，强调和平共处，争取使冷战对抗从其最全面、最激烈的形态显著降级。①

苏联新领导自 1953 年 3 月中旬，开始对美国和西方采取了缓和姿态，表示苏美两国应当和平共处并建立正常关系。马林科夫强调了在核武器时代和平共处的必要性和可能性。与此同时，苏联成功进行氢弹试验，也增加了苏联的底气。

苏联的对外政策转向主张和平共处，通过谈判解决争端，以缓和国际紧张局势。正是在这一政策的指导下，苏联极力促成朝鲜停战与和平解决印度支那问题。

斯大林的逝世不仅为苏联对外政策的调整提供了可能，也为苏中关系的调整提供了机遇。苏联新领导人对华政策的调整首先表现为苏共和苏联政府在外交斗争中全力支持中国，极力主张接

① 参见时殷弘：《苏联对外政策的转变——从斯大林去世到苏共二十大》，载《南京大学学报》（哲学社会科学版），1999（1）。

纳中国参加大国之间的国际会议，并最终促成中华人民共和国首次以五大国之一的地位和身份，参加日内瓦会议讨论国际问题。

（三）朝鲜战争结束与中国外交政策的调整

朝鲜战争打了近三年时间，1953 年 7 月，交战双方签订了停战协定。中国加强了同西方寻求和平合作与和平共处的外交努力。周恩来在 1953 年指出："中华人民共和国深信，只要具有真正谋取和平的诚意，世界各国间的一切争端，都应该而且可能用和平谈判的方式来求得解决，中国政府已在这方面表现了真诚的愿望，并坚持以相互协商来解决国际争端的崇高原则。"[①]坚持和平协商的原则使得朝鲜停战协定得以达成，也使中国获得一个相对和平稳定的国际环境。在此基础上，中共中央希望继续以和平协商方式解决朝鲜统一问题、印度支那停战问题以及台湾问题。

当时，中国已经开始实施第一个五年计划，我对外关系的首要目标，是构建一个和平安定的国际环境，以便集中力量来"实现向社会主义过渡"。同时，也需要发展因朝鲜战争而受到极大制约的对外关系。于是，中共中央确定了"继续坚持和平政策"、"缓和国际紧张局势"的方针，开始考虑采取相对比较开放与现实的外交政策，其主要标志是周恩来倡导的和平共处五项原则，主张各国超越社会制度和意识形态，平等相待，和平共处。

朝鲜停战后，中国领导人开始考虑转变对印度支那战争的态度。因为，随着朝鲜战争的结束，美国把更多的注意力转向印度支那，中国与美国在印度支那发生战争的可能性明显增大。对美国可能介入印度支那战争的危险性估计，无疑是当时中共中央考

---

① 《中华人民共和国对外关系文件集》第二集（1951—1953），135-136 页，世界知识出版社，1958。

虑印度支那政策的重要依据之一。在刚刚结束朝鲜战争之后，再在印度支那同美、法等国展开一场新的军事较量，显然不是中国领导人所期望的。基于国内外各种因素的综合考虑，中国在印度支那问题上，积极主张通过和平谈判，实现停战。

（四）柏林四大国外长会议决定召开日内瓦会议

苏联外交政策的调整及朝鲜战争的结束，使英法等西欧国家也看到了国际形势走向缓和的趋势，并开始考虑谋求在国际事务中的自主权和发言权。由于美国想巩固与强化它对西方世界的领导，而英法等国则希望在国际舞台上发挥独立的作用，这就引发了美国与其西欧盟国在对外政策上的分歧。为了弥合分歧，美、英、法三国外长于 1953 年 7 月中旬在华盛顿会晤，此次会晤产生，一项折中协议，即三国共同向苏联提议召开四大国外长会议，讨论德国和奥地利问题。

经各方协调，1954 年 1 月 25 日至 2 月 18 日，苏、美、英、法四国外长正式在柏林举行会议。在这次会议上，关于德国和奥地利问题的讨论，最后没有达成协议。但根据苏联外长莫洛托夫的建议，会议讨论了关于缓和国际紧张局势的一些措施和召开有中华人民共和国参加的五国外长会议的问题。在讨论召开五大国会议的问题上，英法两国出于其亚洲利益的考虑，希望解决朝鲜问题，特别是印度支那问题。美国国务卿杜勒斯对此则不积极，但为了显示与盟国保持一致和换取法国尽快批准“欧洲防务集团”条约等目的，最后不得不同意把印度支那问题列入日内瓦会议议程。

柏林会议就此达成一致协议，会议发表的公报指出：“鉴于用和平方法建立一个统一与独立的朝鲜将是缓和国际紧张局势和恢复亚洲其他地区和平的重要因素；建议由苏维埃社会主义共和国联盟、美国、法国、联合王国、中华人民共和国、大韩民国、朝鲜民主主义人民共和国及其他有武装部队参加朝鲜战争并愿意参加会议的国家的代表于 1954 年 4 月 26 日在日内瓦举行会议，以期对朝鲜问题取得和平解决；同意在那个会议上还要讨论恢复印度支那和平的问题，届时将邀请苏维埃社会主义共和国联盟、美国、法国、联合王国、中华人民共和国及其他有关国家的代表参加”①。

由此可以看出，1954 年日内瓦会议的召开主要是苏联极力促成的。

二、中国面临的选择

柏林会议后，苏联向中国通报了将召开日内瓦会议的情况，并由中国转告越南。中国面临两条选择：

（一）由于是第一次参加国际会议，缺乏经验，而苏联很有经验，因此，可以以苏联为主，我们配合。

（二）既要与苏联配合，又要推行我独立自主的外交政策，力促会议成功。

中国政府选择了第二条。

三、具体操作过程

（一）精心部署，积极准备

对于这样一次重要的国际会议，周恩来总理极为重视，做了

① 《日内瓦会议文件汇编》，1 页，世界知识出版社，1954。

精心部署和周密安排。

第一，在深入分析国际局势的基础上，制定出席会议的方针和原则。

1954年2月27日，周恩来召集参加日内瓦会议筹备工作的干部会议，指出："日内瓦会议对缓和国际紧张局势具有重要作用，中国应积极参与。"

为此，周恩来阅读了大量有关日内瓦会议内容的函电、资料等，并约请外交部和其他方面有关人员讨论，深入分析研究会议可能出现的情况和问题，并于2月底3月初主持起草了《关于日内瓦会议的估计及其准备工作的初步意见》等文件。

《初步意见》指出："关于召开日内瓦会议协议的达成，是苏联代表团在柏林四大国外长会议上一项重大的成就。单就有中华人民共和国参加日内瓦会议一事看来，它已使缓和国际紧张局势的工作前进了一步。"《初步意见》还分析认为："美、英、法三国之间在朝鲜问题上以及在许多国际事务上的意见并非完全一致。有时矛盾很大，他们的内部困难也很多。"鉴于以上情况，我们应该采取积极参加日内瓦会议的方针，并加强外交和国际活动，"打破美国政府的封锁、禁运、扩军备战的政策，以促进国际紧张局势的缓和"。在印度支那问题上，《初步意见》认为，"我们要力争不使日内瓦会议开得无结果而散"。周恩来对日内瓦会议的分析和估计，是实事求是的，也是富有远见的。

3月2日，中共中央书记处会议原则批准了周恩来提出的这个《初步意见》。

第二，挑选得力干部，组成出席日内瓦会议的代表团。

对于组成出席会议的代表团成员，周恩来强调：

1. 根据新中国首次出席大型国际会议的需要，务必配备强有力的成员组成代表团，展示新中国登上国际舞台的形象。

2. 借出席会议的机会，培养、锻炼我国的外交队伍和外交人才。外交部副部长李克农根据这些要求，组织相关讨论，提出了建议名单。

1954 年 4 月 19 日，中央人民政府主席毛泽东任命周恩来为出席日内瓦会议的中国代表团的首席代表，张闻天、王稼祥、李克农为代表。王炳南为秘书长，雷任民、乔冠华、黄华、雷英夫为顾问。此外，各组组长和工作人员为陈家康、柯柏年、宦乡、龚澎、吴冷西、熊向晖、章文晋、浦寿昌、陈浩等。

第三，周总理亲自指导会议的准备工作。

出席复杂的多边国际会议，对新中国外交工作是很好的锻炼和考验。对出席日内瓦会议的准备工作，周恩来不仅从宏观上着眼，制定出席会议的指导思想、方针和原则；而且从微观上着手，周到、细致地做好技术性准备工作。他多次指导举行模拟记者招待会，组织翻译进行练兵，收集和研究与会议有关的文献、资料等。

在 4 月 20 日中国代表团启程前夕，周恩来召开代表团全体成员会议。他在会上指出：

“尽管我们过去在国内谈判有经验，跟美国吵架有经验，但那是野台子戏，那是无法无天，什么也不怕，闹翻了也就那么回事；当然，我们谈判还不是为了闹翻。就是说，那时我们进行谈判的范围小，有什么就谈什么。中国是一个大国，到日内瓦是参加一个正式的国际会议了，我们是登国际舞台了，因此要唱文戏，文戏中有武戏，但总归是一个正规戏、舞台戏。有几个兄弟国家参加，要配合，要有板有眼，都要合拍。又是第一次唱，所以还是要本着学习的精神。”

第四，加强会前的外交活动，做好国际协调和国际宣传工作。

3月上旬，周恩来致电中国驻越军事顾问团，在日内瓦会议讨论恢复印度支那和平问题前，为争取外交上的主动，在越南组织打几个漂亮的胜仗。根据这一要求，在我军事顾问团的指导与协助下，越军在3月里就向奠边府法军发动第一次总进攻，对法方造成很大压力。尽管法方积极争取美方的支持，并做了充分准备，但招架不住越南方面的凌厉攻势。5月7日，即日内瓦会议开始讨论印度支那问题的前一天，越南人民军攻克了奠边府，法军被迫投降，共被歼、被俘1.6万余人，大大挫伤了法军的士气。奠边府一战，对法国参加日内瓦会议带来很大的负面影响，而为我方在谈判桌上争取到了主动。

会前，中、苏、越三方还就谈判事宜进行了充分的沟通与协调。3月中旬，周恩来致电胡志明并越南劳动党中央，指出应积极参加日内瓦会议，“希望立即进行准备工作，如果要停战，最好有一条比较固定的界限，能够保持一块比较完整的地区，事实上今天的停战线，也很可能成为将来的分界线。到底这条线划在什么地方，可从两方面考虑：一方面要对越南有利，一方面要看敌方能否接受。这条线最好能越往南越好，北纬十六度似可作为方案之一来考虑。”[①]电文还请胡志明在3月底或4月初来北京一谈，并赴莫斯科与苏共中央交换意见。

4月1日，周恩来飞赴莫斯科，出席苏联、中国、朝鲜、越南四国领导人参加的日内瓦会议预备会议，磋商参加日内瓦会议的方针、政策和谈判方案等问题，并估计会议的进展和可能取得的成果。据师哲回忆，会上赫鲁晓夫在发言中指出：“这是一次具有重要意义的国际会议，但不要抱过高的希望。结局很难预

① 中共中央文献研究室编：《周恩来年谱（1949—1976）》（上卷），358页，中央文献出版社，1997。

料，但我们仍然重视这次会议，因为中国、朝鲜、越南一齐出席这样的国际会议，这件事本身的意义就不寻常，就是一种胜利！我们利用这样的机会，阐明我们对各项问题的原则立场和方针政策。如果进行得顺利，能够解决某些问题，当然更好，而且要力争取得某种结果。这不是空想，而是可能的，只是不要奢望过多。”会谈约定：中国出席日内瓦会议的代表团提前两三天到莫斯科，以便听取苏方介绍国际斗争经验，最后决定由苏方草拟具体方案。[①]

由此，在苏联的主导和支持下，中、苏、越在日内瓦会议之前就有关谈判的方针政策基本达成一致，即建议以南北分界实现停战，准备积极参加这次会议，力争和平解决印度支那问题。4月24日，周恩来在日内瓦机场发表声明时称，中国代表团抱着诚意来参加这个会议，并热烈地期望着会议的成功，希望能解决朝鲜问题和恢复印度支那和平问题。莫洛托夫也表示：“尽快恢复印度支那和平，保障印度支那人民的自由和民族权力是日内瓦会议最重要的任务。”

相比之下，美、英、法三国外长虽也进行了密集的会晤与磋商，但直到日内瓦会议开幕时也没能消除它们之间的分歧。这为中国代表团在日内瓦会议上做工作提供了空间。

（二）朝鲜问题被搁置，印度支那问题成为会议主题

1954年4月26日，日内瓦会议在万国宫开幕。会议的第一项议题是和平解决朝鲜问题，共有19个国家参加，其中一方是出兵朝鲜的联合国成员国（除南非拒绝参加外）加上韩国，一共

---

① 师哲口述，师秋朗笔录：《我的一生——师哲自述》，416-417页，人民出版社，2001。

16个国家；另一方是北朝鲜、中国和苏联。由于美国和韩国代表极力加以阻挠，关于朝鲜问题的讨论很快陷入无谓的争论与拖延之中。

尽管如此，由于周恩来、莫洛托夫和南日在会上配合默契，发言立场坚定，通情达理，也逼得对方只有招架之功而无还手之力，陷入被动、尴尬的境地。特别是在6月15日关于朝鲜问题的最后一次全体会议上，中国、苏联和北朝鲜三国与另一方的16国进行了唇枪舌剑的交锋。

这次会上，美国代表本企图通过宣读《十六国宣言》，强行结束对朝鲜问题的讨论。针对这个做法，周恩来发言指出："《十六国宣言》是在断然表示要停止我们的会议，这不能不使我们感到极大的遗憾。""情况虽然如此，我们仍然有义务对和平解决朝鲜问题达成某种协议"。接着，他提出了一个只有两句话的协议草案："日内瓦会议与会国家达成协议，他们将继续努力，以期在建立统一、独立和民主的朝鲜国家的基础上，达成和平解决朝鲜问题的协议。关于恢复适当谈判的时间和地点问题，将由有关国家另行商定。"他紧接着强调指出："如果这样一个建议都被联合国军有关国家所拒绝，那么，这种拒绝协商和和解的态度，将为国际会议留下一个极不良的影响。"

很多国家代表对这一"最低限度的、最具有和解性的建议"表示了不同程度的理解、同情和支持。不过，比利时代表斯巴克提出了异议："莫洛托夫与周恩来的建议与十六国的宣言并不矛盾。我们不同意，只是因为它们的精神已被包括在朝鲜停战协定与十六国宣言中了。"

周恩来回应道："斯巴克的说法没有根据，朝鲜停战协定并没有如我们建议的规定，中国代表团带着协商和和解的精神第一次参加这样的国际会议，如果我们今天提出的最后一个建议都被拒绝，我们将不能不表示最大的遗憾。全世界爱好和平的人民将会对这一事实作出判断。”

斯巴克不得不让步说：“我说的是周恩来的建议与我们起草的十六国宣言精神是一致的，说到头我毫不反对周恩来建议的精神。我相信，英国代表与我的其他同事与我持相同的态度。”

周恩来紧接着说：“如果说十六国宣言与中国代表团的建议有着共同的愿望，那么，十六国的宣言只是一方面的宣言，而日内瓦会议却有十九个国家参加，我们为什么不可以用共同协议的形式来表达这一共同的愿望呢？难道我们来参加这个会议连这一点和解的精神都没有吗？”

周恩来的发言合情合理，富有说服力。与会的许多代表开始表示支持。

这时，美国代表史密斯对斯巴克的发言很生气，隔着好几张桌子给他使眼色，意思是让他别说了。斯巴克没有领会，继续说道：“……为了消除怀疑，我本人赞成以同意票决定我们接受中华人民共和国代表团的建议。”史密斯急得没有办法，干脆递过一个条子，斯巴克一看就傻眼了，赶紧向会议执行主席艾登声明：“不要把我的意思误会了，我不是要延长会议。”

这时，大会主席艾登说道：“我们面前有一个中华人民共和国代表所提出的建议，如果我的理解是正确的话，比利时代表认为这个建议表达了本会议工作的精神。如果大家同意，我可否认为，这个声明已为会议接受？”

美国代表史密斯此时陷入进退两难的境地：如果不表示反对，将违反国务卿杜勒斯使会议破裂的指令；如果表示反对，无疑将使美国陷入完全孤立。最后他只找到一个牵强的理由，说道：“我不懂得中国建议的范围与实质。因此，在请示我的政府以前，我不准备表示意见，也不准备参加刚才有人建议通过的决议。”

对此，周恩来也做了最后的回应："我对比利时外交大臣所表现的和解精神感到满意。会议主席的态度也值得提及。然而我们必须同时指出，美国代表立刻表示反对并进行阻挠，这就使我们大家都了解到美国代表如何阻挠日内瓦会议，并且阻止达成即使是最低限度的、最具有和解性的建议。我要求把我刚才的发言载入会议记录。"

日内瓦会议讨论朝鲜问题的最后一次全体会议，持续了5个半小时，在主席宣布将在这次会议上的所有发言载入会议记录后，会议闭幕。

关于朝鲜问题的日内瓦会议历时51天，最终以没有通过任何协议而宣告结束。但是，在最后一天的会议上，美国代表顽固破坏会议达成协议的立场暴露无遗。同时，美国与西欧盟国立场的差异十分明显，说明西方也并非铁板一块。特别是，周恩来的和解精神和外交智慧受到与会者的普遍赞扬。

朝鲜问题虽然重要，但毕竟已经签订了停战协定。而印度支那的热战还在进行，停止印度支那战争就显得更为紧迫了。实际上，在讨论朝鲜问题的时候，日内瓦会议已经启动了对印度支那问题的讨论。印度支那问题成为了日内瓦会议的真正主题。

（三）关于印度支那问题的会议第一阶段（5月8日–6月19日）

1954年5月8日，日内瓦会议开始讨论印度支那问题。根据苏法两国外长事先达成的协议，参加会议的有中国、苏联、英国、美国、法国、越南民主共和国以及法属印度支那三个成员国（南越、柬埔寨王国、老挝王国）的代表。根据会前协议，关于印度支那问题的讨论，由艾登与莫洛托夫轮流担任主席。

关于印度支那问题的日内瓦会议前后历时75天，会议共举行 8 次全体会议、23 次限制性会议和多次会外接触。[①]这次会议前后又可分为两个阶段：第一阶段是从 5 月 8 日到 6 月 19 日；第二阶段是从 6 月 20 日至 7 月 21 日。

1. 第一阶段会议，法、越立场迥异，中国的建议打破了僵局

法国外长皮杜尔和越南民主共和国副总理兼代理外长范文同分别于 5 月 8 日和 5 月 10 日提出了《法国的停战方案》和《越南的八项建议》。这两个方案大相径庭，在大约三周时间内，日内瓦会议在军事停火和政治解决等实质性问题上没有取得进展。

双方的分歧主要集中在：是在尊重印度支那三国民族权利的基础上，全面解决政治和军事问题呢，还是只解决军事问题？是全面解决三国的问题呢，还是只解决越南问题？

为争取先在停战方面达成协议以打破僵局，中国代表团于 5 月 27 日提出“关于在印度支那停止敌对行动的建议”，建议在印度支那三国全境停火，交战双方就占领区和军事集结区开始谈判，成立联合委员会及中立国监督委员会监督停火等。[②]中国代表团的建议肯定了各方建议已有的共同点，有力推动了谈判的进展。法国外长也承认，这些建议的确具有建设性意义。

在此基础上，艾登提出关于越法双方司令部的代表进行会晤的方案，并在 5 月 29 日的第八次限制性会议上通过。这是关于印度支那问题日内瓦会议取得的第一个实质性成果。该协议接受

① 据雷英夫回忆：“一是日内瓦会议本身，叫大会，这是政策性、公开性的，有记者列席。二是限制性的小型会议，发言稿不公开，不让记者到会。大会进行政策性问题的辩论，限制性会议则就实质问题进行讨论。……三是以印度支那谈判的主角——法国和越南为对手的双边军事会议（包括南越保大代表）。主要是商谈停战协定、撤军等。……这三个会交叉进行，紧张时几乎是天天开。每个会都有自己的主题，相互关联。”见雷英夫：《忆日内瓦会议的军事谈判》，《中共党史资料》第 69 辑，59-60 页，中共党史出版社，1999。

② 《日内瓦会议文件汇编》，191 页。

了中、苏、越方坚持的三国应完全同时停火的立场，也考虑了对方要求先从越南问题开始谈判的愿望，会议开始取得进展。根据这一建议，双方军事代表就越南的军事集结区问题开始进行接触，这标志着谈判打破徘徊，开始深入。

2. 在停战监督、老挝和柬埔寨问题等实质性问题上，会议再度陷入僵局

5 月 31 日起，限制性会议转入对停战监督问题的讨论，但很快又陷入新的僵局。这涉及中立国监察委员会的组成、中立国监察委员会和联合委员会的关系、中立国监察委员会的表决原则等诸问题。

在停战监督问题陷入僵局的同时，老挝和柬埔寨问题也面临难以解决的困境，谈判的焦点在于是否承认越南军队进入老挝、柬埔寨两国。法国和其他国家掌握了越军进入老挝、柬埔寨两国的准确情报，坚决要求越军撤出这两个国家；而中、苏根据越南在会前提出的要求，最初坚持否认老、柬两国有越军。双方互不让步，会议陷入僵局。

3. 法国政府更迭，会议出现转机

在日内瓦会议陷入僵局的同时，随着法国国内矛盾尖锐化，6 月 12 日，对恢复印度支那和平采取拖延政策的法国拉尼埃政府倒台。17 日，法国国民议会授权主和派孟戴斯－弗朗斯组织新内阁。孟戴斯－弗朗斯表示：新政府如果不能在 4 个星期内谋求到印度支那停火，就准备辞职。这个鲜明态度，使日内瓦会议出现了转机。

敏锐的周恩来抓住了这个时机，在会议进程中，同苏联、越南代表紧密配合，尽力争取法国、英国等多数与会代表，集中力量反对美国代表的阻挠和破坏，并积极开展会外活动，力争实现突破。

6 月 16 日，周恩来以 5 月 27 日中国代表团提出的六点建议和 5 月 29 日第八次限制性会议的协议为基础，提出了关于解决老挝和柬埔寨问题的新建议，其中包括越南问题与老挝、柬埔寨问题可以分开解决以及越南军队应该撤出老挝和柬埔寨等。[①]经过周恩来、莫洛托夫同法国、英国等国代表的广泛而深入的接触，6 月 19 日，会议顺利通过了由法国代表提出并经我方代表修正的《关于在柬埔寨和老挝停止敌对行动的协议》。这个建议的通过表明，会议已经接受了中国关于在印度支那三国同时停火的建议，并为会议进而讨论政治问题敞开了大门。从 6 月 24 日起，在老挝、柬埔寨的交战双方司令部代表于日内瓦开始会晤，日内瓦会议取得了第二次进展。

第一阶段的会议进展虽然迟缓，但达成的两项协议已经为谈判的进一步深入与最终达成协议，打下了良好的基础。

（四）关于印度支那问题的会议第二阶段（6 月 20 日 -7 月 21 日）

6 月 20 日起，莫洛托夫、艾登、史密斯等各国代表团的团长先后离开日内瓦回国，日内瓦全体会议处于休会阶段。不过各国代表团间的会谈并未终止，而是继续举行限制性会议，停战监督问题与划分军事分界线问题仍是讨论的中心内容。各国外长还在

① 关于老挝、柬埔寨问题，会前越方曾多次向中方提出，印度支那三国密不可分，胜利后应组成联邦，因此中国曾考虑赞成越南关于印度支那联邦的构想。但到日内瓦以后，经过多次会内会外辩论、接触及内部讨论，周恩来充分了解了印度支那的实际情况：印度支那三个成员国的民族和国家的界限是非常显明而严格的。这种界限在法国建立殖民统治以前就已存在，而且在三国人民当中也是如此看待的。老挝和柬埔寨两个王国政府在大多数人民看来仍然是合法的政府，并且是被世界上三十多个国家承认的政府。因此，对越南、老挝和柬埔寨，必须严格地以三个国家来对待。

会外进行了磋商，取得了一系列突破。

1. 休会期间中国代表团开展了卓有成效的协调工作

周恩来于6月20—21日分别会晤了柬埔寨、老挝的代表团团长，并推动他们敦促南越的代表团团长同范文同进行会晤。

6月23日，周恩来还在伯尔尼与孟戴斯－弗朗斯进行了会晤，这次会晤对于印支问题的和平解决具有非常重要的意义。[①] 会见中，周恩来把中国解决印度支那问题的主张作了全面阐述。他申明，在印度支那问题上，中国代表团的条件就是和平，就是反对美国的干涉，不让美国把战争国际化，反对美国在这个地区建立军事基地。除此之外，没有别的任何条件。如果美国阻挠达成协议的企图得以实现，受损害的不只是印度支那三国，还有法国政府和人民。孟戴斯－弗朗斯表示，双方的意见是接近的，完全同意在印度支那三国先停战然后政治解决的步骤。他还说到，据他了解，在老挝、柬埔寨问题上有进展，大部分是由于中国代表团作出努力而取得的。经过双方坦诚地交换意见之后，周恩来最后表示，我们现在的努力是要使双方早日达成协议，在三周之内获得结果，当然愈早愈好，使交战双方都能得到光荣的和平以满足法、越双方及全世界人民的愿望。

周恩来于6月24日离开日内瓦访问印度和缅甸，在与尼赫鲁、吴努会谈后分别发表的联合声明中，都表示了对和平解决印度支那问题的共同愿望。7月初，周恩来又专程赶到广西柳州同胡志明、武元甲等越南领导人会谈，然后又到莫斯科同马林科夫等苏联领导人会谈，大力协调三国领导人在越南南北分界线等问

---

① 当时中法尚无外交关系，周恩来与孟戴斯－弗朗斯的会面也是经过特别策划和安排的。经时任法国驻瑞士大使肖维尔等的安排，两国总理在同一天分别前往瑞士首都伯尔尼，拜会日内瓦会议东道国瑞士联邦政府领导人并表示谢意，随后两位总理在法国驻瑞士大使馆举行会晤。

题上的看法。

经过周恩来远距离奔波和卓有成效的协调，中、越、苏三国领导一致认为，在分界线问题上提出过高的要求，既不现实，又容易使美国破坏会议的阴谋得逞，因此应力争达成妥协，迅速把战争停下来。

2. 会议取得突破性进展

在会议双方各自协调内部谈判方针基本达成一致的情况下，法越双方的会谈也因此出现转机。最核心的是以下三个问题：(1) 关于军事分界线问题；(2) 关于国际监督问题；(3) 关于选举日期问题。

为了推动会议双方就这些核心问题达成协议，周恩来于7月12日回到日内瓦后，又为促使有关方面立场接近作出了新的努力。他以越、中、苏三国共同的意见与范文同彻夜长谈，以朝鲜战争为例说明美国干涉的严重性，并结合中国抗战时期皖南事变的教训和日本投降后中共及时撤出苏南根据地以加强东北和山东的经验，说明进与退的辩证关系。周恩来特别指出，如果战争继续，美国的干涉终究是不能避免的。自越南战争爆发以来美国就不是袖手旁观，这七八年来美国的干涉一天天扩大。越南主要的对手虽然是法国，但到紧要关头，美国的干涉就会突然扩大到严重的程度。[①]他耐心说服范文同不要在16度线还是17度线上过于计较，要给法国政府留点面子，使其能从战争中较体面地解脱出来，并指出，“法国撤出，全越南都是你们的”。最终，范文同接受了划线分治的方案。同时，周恩来也敦促法方作出相应妥协，他向孟戴斯－弗朗斯表示：法越双方都应再作些努力，互相让步，以求得达成协议。

① 参见章百家、牛军：《冷战与中国》，306页，世界知识出版社，2002。

7月18日，在法国人民要求和平的压力下，孟戴斯－弗朗斯向范文同示意可按北纬17度划分界线。既然法方已作出让步，为了达成协议，越、中、苏三国代表团于7月19日开会商定了我方最后的方案，并在当天将此方案交英国代表团。同时还起草了《对有关军事问题的决定》，于当日晚在法越双方军事会议中提出。这两个方案打破了僵局，扫除了达成协议的最后障碍。

3．日内瓦会议就印度支那问题达成协议

7月20日，范文同与孟戴斯－弗朗斯就划分军事分界线问题达成协议：以北纬17度线以南、9号公路北约20公里的六溪河（贤良河）为界，军事分界线是临时性的界线，不能被解释为政治或领土的边界。据此，越军只能撤出南方部分解放区的领土，它得到的主要补偿是，双方规定两年后举行国际监督下的全越自由普选，以实现南北统一。

同一天，双方在会外协商中取得了协议的七项内容：(1) 在全境同时全部停火的原则下，越南具体执行停火日期是，已协议在停战协议签字生效后北部七天、中部十天、南部二十天。(2) 越南军事分界线确定在十七度略南、九号公路以北。(3) 撤军日期准备从对方地区撤退到集结区以九至十个月期限进行。(4) 越南选举期限确定两年，1955年7月由双方协商确定选举日期和方法。(5) 老挝划区问题，已同意由寮国抗战部队集合区先在十一个点集结，最后集合在东北的丰沙里和桑怒二省。(6) 柬埔寨采取就地停战的政治解决办法。(7) 国际监察已确定由印度、波兰、加拿大三国担任，以印度为主席。[①]

7月21日凌晨3时30分，交战双方代表分别在《越南停止敌对行动协定》《老挝停止敌对行动协定》上签字。中午，交战

① 《周恩来年谱（1949—1976）》（上卷），402页。

双方代表在《柬埔寨停止敌对行动协定》上签字。

21 日下午，日内瓦会议在艾登主持下举行关于印度支那问题的最后一次会议。这次会议的主要任务是签署日内瓦会议宣言。由于美国代表团已经宣布的立场，会议两主席艾登和莫洛托夫事先商定，不采用签字方式来表明与会各国对宣言的赞同，而是在宣言标题中列出与会国家的名称，各国代表则用口头方式表示对这一文件的态度。最后宣言获得除美国和南越以外的所有与会方的通过。历时近三个月的日内瓦会议，终于以在恢复印度支那和平问题上获得协议而胜利闭幕。

四、启　示

（一）国际会议上要善于争取多数

在国际会议中进行多边谈判，非常重要的是要能争取多数代表的支持。日内瓦会议之所以能够取得成功，是因为以周恩来为首的中国代表团，经过大量细致的工作，争取到了多数的支持。美国是不希望日内瓦会议达成协议的，但是我们争取到了英、法的支持，美国也不好公开反对，这是很不容易的。在这方面有不少成功的经验与做法：

一是高举和平、和解的旗帜，占领道义的制高点。长期的战争给各国人民带来了巨大的灾难，人民渴望和平。高举和平、和解的旗帜，就能赢得人心。“和平共处五项原则”就是在这样的背景下诞生的。在日内瓦会议上，中国代表团充分运用了当时已初步成型的“和平共处五项原则”，以真诚的“和解精神”得到了大多数代表的认同。会议期间，周恩来将这五项原则进行了充分运用，同时又通过日内瓦会议这次全方位的外交实践，使得和平共处五项原则的内涵更加丰富起来。和平共处五项原则的生命力就在于，求同存异的和解精神是具有世界意义的，适应了时代发展的潮流，符合全人类的共同利益。在日内瓦会议期间，周恩来总理不以意识形态划线，无论是在我方阵营内部的协调中，还是在与对方阵营的接触和沟通中，都能找到他运用这个思想的很多成功范例。周恩来率领的中国代表团卓有成效的工作，使不少国家开始重新认识中国，中国的国际形象在改善，中国的国际影响在上升。

二是善于兼顾各方的利益诉求。在日内瓦会议上，无论是朝鲜问题，还是印度支那问题，我们这方最初都是少数。为此，周恩来与各国代表团进行了广泛的接触，耐心倾听与会各方的意见，从而发现各方的基本利益和西方集团中的分歧，寻找各国普遍可以接受的共同点，在此基础上提出可能得到多数支持的方案与构想。正是在这一系列行动的基础上，尽管回旋余地有限，周恩来仍然发挥了他的杰出才能，在关于印度支那问题的日内瓦会议上，在很多关键时刻，提出富有创造性的新建议，推动会议取得进展。同时，他还充分利用会场内外舆论的影响力，最后得到了包括英国、法国等西方国家在内的多数代表的支持，将会议从破裂的边缘导向成功。

三是炉火纯青的妥协艺术。在1954年日内瓦会议的两个主题中，都有周恩来运用这种妥协的艺术取得很好的外交成效的事例。在讨论朝鲜问题的最后一次会议上，周恩来就是通过提出最低限度的决议案，动摇了西方阵营，使得美方代表陷入强行破坏协议的尴尬境地。在讨论印度支那问题上，关于老挝与柬埔寨的问题以及越南南北军事分界线的划分，周恩来在做越南工作的时候，也耐心地说服越方作出必要的妥协，兼顾眼前利益和长远利益。中越双方经过多次会谈，越方经过反复权衡，最后同意了中方的建议，作出了一定让步，才使得会议一度陷入的僵局得以打破。

四是实事求是，用真诚的态度赢得支持。在印度支那问题上，会谈之初，越南不承认有军队进入老挝和柬埔寨，而中国最初也不太清楚印度支那的实际情况。会谈期间，随着对印度支那情况的逐渐了解，周恩来意识到，印度支那三国是完全不同的国家，他们的界线早在法国实行殖民统治之前就存在，老挝、柬埔寨政府仍然是多数人民心中的合法政府，并且得到了国际社会的承认。因此，周恩来认为印支问题的解决方案必须考虑老挝和柬埔寨的意见，为此，他多次登门拜访两国与会代表。中国这样一个大国的总理亲自去拜访，老挝和柬埔寨的代表深感意外，因此也特别感动。周恩来总理在一些具体问题上和两国协商、统一意见，这种真诚的态度感动了原来对中国既恨且怕的老挝和柬埔寨代表。柬埔寨和老挝在会议期间始终保持的中立立场成为美国无法破坏印度支那谈判的重要因素之一。

（二）军事斗争与外交谈判紧密配合

军事斗争与外交谈判必须紧密配合。1954 年 3 月上旬，周恩来就致电中国驻越军事顾问团，为配合日内瓦会议上关于印度支那和平问题的谈判，要组织打几个漂亮的胜仗。接到周恩来的指示，中国军事顾问团团长韦国清认为，根据当时的情况，要配合日内瓦会议上的外交斗争，只有在奠边府想办法，力争全歼奠边府守敌。

在日内瓦会议期间，周恩来又多次召集代表团的张闻天、王稼祥、王炳南、乔冠华、黄华、雷英夫等人研究相应对策。他还特别对其军事秘书雷英夫说：“看来只有打好奠边府这一仗，我们的谈判才有可能成功。你要及时与韦国清率领的军事顾问团和越南方面联系，掌握奠边府战役的详情。”[①]

在奠边府战役打响前，法军是有着充分自信的。奠边府法军最高指挥官德·卡斯特里少将十分嚣张地给武元甲大将空投书信挑战：“我知道你的部队已经包围了奠边府，可是为什么不进攻呢？已经等得不耐烦了。你若有这个胆量，敢于发起进攻，那就开始吧！我在等待着迎接你的挑战，同你决一胜负。”[②]当时法方显然低估了中越双方联合起来打大仗的能力。

经中国军事顾问团与越军前线指挥研究后，决定3月中旬开始对奠边府发起攻击。3月13日，越南人民军以5倍于法军的兵力对奠边府发起进攻。期间，为加强对法军的围困和打击，中国军事顾问团协助越军做了三件工作：一是组织部队大挖战壕，用战壕将芒清中心分区与南分区之敌分割开来，纵横交错的主壕、支壕将法军分割的七零八落。至4月14日，奠边府的外围屏障或被清除或被割裂，中心区陷于孤立，并处于越军炮火控制之下。二是组织部队开展狙击活动，以冷枪冷炮不断地给法军以杀伤，迫使法军不敢在工事外活动。三是组织部队开展政治攻势。针对法军士兵由多种国籍组成、成分比较复杂的情况，越军用扩音机以多种语言对其进行广播、喊话，起到了削弱斗志、瓦解敌军的作用。

在奠边府第一阶段、第二阶段战役结束后，周恩来在日内瓦认真听取了雷英夫的汇报，并说：“奠边府战役对于印度支那形势，对于世界和平以及越南人民军队的成长都有十分重要的意义。所以，你转告胡志明和韦国清同志，叫他们尽快打下奠边

---

① 晓音：《谈判日内瓦　决胜奠边府》，载《党史文汇》，2000（2）。

② 张德维、文庄、王德伦：《奠边府大捷与中国驻越顾问团》，载《世界知识》，2004（10）。

府，争取在 5 月 1 日发起总攻。”

越南人民军于 5 月 1 日开始了奠边府战役的第三阶段，以 3 个师的兵力，向敌人指挥所芒清西面和东南的外围据点进攻，先后消灭了敌人 5 个据点。由于没有有效的空中掩护，越军在付出较大伤亡之后，将法军压缩到不足 2 平方公里的狭小地域内。周恩来 5 月 3 日得知奠边府战役最新战况后，让粟裕总参谋长发电提醒韦国清，要注意敌人的伞兵在后方捣乱。

5 月 6 日晚，越军对法军核心阵地发起总攻，动用了六管火箭炮在内的炮火压制，还利用了地道爆破据点的方法进行攻击。5 月 7 日法军投降，奠边府战役获得全胜，共歼敌 3 个主力兵团的 17 个步兵、伞兵营，3 个炮兵营，连同工兵、装甲、运输部队及少量非正规部队，共 1.62 万人，其中俘虏 1.09 万人。

法军在奠边府的惨败震动了法国朝野，沉重打击了法国军政界的主战派势力。这也是导致后来拉尼埃政府倒台的很重要的因素。随后上台的孟戴斯－弗朗斯是主和派，在推动和平解决印度支那问题方面相对比较积极。周恩来充分把握住了这个有利时机，花了较大精力与法方新政府代表加强沟通，逐步取得了实质性的进展，并最终促成和平协议的达成。

（三）要重视文化的作用

新中国成立之初，国际上对中国的正面报道和宣传很少，很多人不仅对新中国缺乏了解，而且对灿烂的中华文明也知之甚少，甚至怀有很深的偏见。日内瓦会议是新中国第一次登上国际多边舞台，也是介绍中国文化的大好机会。中国代表团在去日内瓦之前就为此作了充分准备，包括向故宫博物院借用了“乾隆青花贯耳大方瓶”、“康熙郎窑尊”、“雍正天蓝釉弦纹兽耳尊”等 12 件陈列文物。在周恩来总理的指示下，中国代表团对在日内瓦的驻地——“花山别墅”的会客室等处做了精心布置，大到国宝级文物，齐白石、徐悲鸿等名家书画，中国的宫灯、屏风，小至茶几上摆放的飞天神话造型的烟灰缸，整个客厅充满了浓郁的中华民族文化气息。

整个日内瓦会议期间，周恩来在这里会见、宴请了英国外交大臣艾登、法国总理孟戴斯－弗朗斯、电影明星卓别林等几十位外国客人。英国外交大臣艾登多次到“花山别墅”做客，他在回忆录中特别提到了这些文物。他说：“在我们会见的那间房子里，陈设着一些美丽的中国瓷器。在我们交换意见相持不下后，我站起来要走时，我向这些瓷器走去，并说这些瓷器真可爱极了。周恩来似乎很高兴，于是我们就谈论这些瓷器。他能了解到他的国家的艺术对他的客人可能具有重要意义，这是他一个值得赞许的特点。”

为了让西方国家全面了解中国，在会议期间，周恩来总理还指示为外国记者和各国代表举行电影招待会，放映了纪录片《1952 年国庆》和越剧影片《梁山伯与祝英台》等。可是，如何让外国人看懂《梁山伯与祝英台》这样一部纯中式的越剧呢？周恩来总理当时给新闻联络官熊向晖出的主意是，在请柬上加上一句话——“请您欣赏一部彩色歌剧电影——中国的《罗密欧与朱丽叶》”。同时要求，在放映前作 3 分钟的简短说明，概括地介绍一下剧情，用语要有点诗意，带点悲剧气氛，把观众的思路引入电影，不再作其他解释。通过这种方式放映后，影片获得了巨大的成功。一位美国记者甚至说：“这部电影太美了，比莎士比亚的《罗密欧与朱丽叶》更感人！”一名印度记者看后惊叹：“新中国成立不久，就能拍出这样的片子，说明中国的稳定。这一点比电影本身更有意义。”

这次会议，是中国代表团第一次正式出现在国际多边外交舞台上。获得了如此的关注与好评，中国文化的作用功不可没。

（四）善于做媒体的工作

在 1954 年日内瓦会议上，共有来自 40 多个国家和地区的 700 多位文字记者和 600 多位摄影记者及广播、电视记者进行各种采访。周恩来对接待外国记者提出了 5 项原则指示：

来者不拒，区别对待；谨慎而不拘谨，保密而不神秘，主动而不盲动；记者提问，不要滥用“无可奉告”；对于挑衅据理反驳，但不要疾言厉色；接待中，有意识地了解情况，有选择有重点地结交朋友。

请大家仔细读一读周总理对做媒体工作提出的五条原则，这五条是多么精辟呢。公众了解一次重大的国际会议情况，要靠媒体。西方国家是很会做媒体工作的，如果我们不去做，世界了解的是西方的一面之词。周总理提出的对记者的采访来者不拒，说得十分中肯。1954 年距离现在半个多世纪过去了，周恩来 60 年前就明白的事情，作出的指示，我们今天有些官员还没有明白，很害怕见记者，他们与周总理的要求，差距如此之大，令人沉思。

日内瓦会议期间，中国代表团共举行了 20 多场记者招待会，接待外国记者来访 400 多次，发布新闻公报、发言人声明、有关消息稿近 40 件，介绍、评论会议的进展，充分阐明我方立场，介绍中国的外交政策和对当前重要问题的主张，以及新中国的情况。

中国代表团举行第一次新闻发布会后，代表团新闻组组长熊向晖向周恩来汇报说，台湾“中央社”驻巴黎记者王家松提出参加新闻发布会的请求已被拒绝，并向周恩来建议，与日内瓦会议所设的“记者之家”进行交涉，追缴王家松的记者证。

周恩来问：为什么要这样做？熊向晖说，“中央社”是台湾的官方机构，要警惕他在日内瓦搞“两个中国”。对此，周恩来说道：“不能抽象地讲警惕，警惕要有事实根据。没有事实根据的警惕是主观主义，就会变成自己制造紧张，给工作造成损失。”周恩来特意关照，在我们的记者中找一位便于同王家松接触的人向他作些解释，告诉他今后如愿意参加我们的新闻发布会我们欢迎，有什么困难我们可以酌情帮助。但是要注意，同他接触要掌握好分寸，不能过头，要顾及他的处境，不要使他为难，更不能让他丢掉饭碗。有了周恩来的这番安排，王家松在日内瓦的活动自然轻松了许多，也大着胆子和中国代表团成员接触。

在一个偌大的日内瓦会议上，王家松不过是一个小人物，周总理想得仔细周到，凡是能做工作的地方，他是绝不放过的。

在日内瓦会议上，周恩来非常重视会场外舆论的作用。早在 1954 年 4 月 1 日，周恩来在祝贺法国《人道报》创刊 50 周年时致电该报主编时说：“我们一贯主张以和平方式解决一切国际争端，并主张生活在不同社会制度下的各国人民包括中国人民和法国人民在内，应该和平相处。”向法国公众表示了中国希望和平共处的愿望。周恩来还多次指示《人民日报》刊登配合日内瓦会议的报道，对于做得不好、不及时的，他会进行严厉的批评。1954 年 6 月上旬，周恩来就批评了《人民日报》对英国工党领袖艾德礼将访华的消息报道得不及时和不显著，并指示：“今后关于这类新闻以及日内瓦会议重要报道如何刊登问题，外交部与中宣部应经常联系与研究，以便密切地配合外交斗争。”

案例四

中美大使级会谈

1955 年至 1970 年，在美国拒不承认新中国、两国没有外交关系的情况下，中美之间进行了长达 15 年共 136 次大使级会谈。这在国际外交史上实属罕见。会谈虽然没有解决实质性的问题，但它开辟的沟通渠道，为缓和台海形势和重构两国关系起到了积极作用。研究这一外交史上的重要案例，对认识冷战中中美关系的发展史具有重要意义。

中国共产党和美国在抗日战争期间是有联系的，为共同抗击日本侵略者进行了合作。抗战结束后，美国在国、共两党之间进行了调停，直到 1949 年 7 月美国大使司徒雷登离开中国，中国共产党和美国一直是有接触的。但 1949 年 10 月 1 日中华人民共和国成立之后，美国对我实行封锁、禁运的敌对政策，双方处于对抗状态。然而，自 1955 年起，中美两国开始了大使级的会谈。

中美大使级会谈是非常特殊的，两国没有外交关系，处于严重的敌对状态，但大使级会谈却持续了 15 年。这是中华人民共和国外交史上的一个重要案例，值得研究和思考。

中美大使级会谈始于 1955 年 8 月 1 日，结束于 1970 年 2 月 20 日。总共进行了 136 次，可分为三个阶段：第一阶段，1955 年 8 月 1 日至 1960 年底，共举行了 102 次；第二阶段，1961 年至 1968 年，共举行了 32 次；第三阶段，1969 年至 1970 年 2 月 20 日，举行了两次。

第一阶段：1955—1960 年

一、背　景[1]

（一）国际形势走向缓和

1953 年 3 月 5 日，斯大林去世。苏共中央内部经过一番角逐，赫鲁晓夫 1953 年 9 月 3 日当选为苏共中央第一书记。他上台后，调整了斯大林时期的外交政策，寻求缓和同美国的关系。

1953 年 7 月 27 日，朝鲜战争交战双方签订了停战协定，历时三年的朝鲜战争宣告结束。

1954 年 1 月 25 日至 2 月 18 日，苏、美、英、法四国外长在柏林举行会议。会议决定于 1954 年 4 月 26 日在日内瓦举行会议，以期和平解决朝鲜问题和印度支那问题。

（二）中国需要一个和平环境进行恢复和建设

朝鲜战争结束后，中国百废待兴。我们从 1953 年开始实施第一个五年计划，进入了大规模经济建设时期，迫切需要一个和平稳定的国际环境。截至 1955 年，我国与苏联、东欧等 22 个国家正式建立了外交关系[2]，但与西方世界仍处于对峙状态。中国要发展，外交局面必须打开。毛泽东在 1954 年第一届全国政协

---

① 参考卢宁：《浅论中美大使级会谈的背景》，载《当代中国史研究》，2002 (1)。过家鼎：《台湾问题一直是中美关系的症结——回顾中美大使级会谈》，载《国际问题研究》，2000 (6)。李春玲：《中美大使级会谈研究（1955—1958）》，华东师范大学 2006 届研究生博士学位论文。

② 联合国会员国，http://news.xinhuanet.com/ziliao/2003-06/03/content_900731.htm. 中华人民共和国与各国建立外交关系日期简表，http://www.gov.cn/test/2012-04/20/content_2117961.htm.（截止至 2011 年 7 月 31 日）.

常委会第五十七次会议上明确指出，争取与美国政府改善关系。

而此时，美国国家安全委员会第 162/2 号文件也表示不排除与中国谈判的可能性，但并未采取任何实际行动。

（三）日内瓦会议为中美接触提供了契机

1954 年举行日内瓦会议时，中美两国代表团虽然同坐一厅之中，但互不往来。美国坚守不承认、不接触的对华政策。

会议期间，英国代表团成员、英国驻华代办杜威廉与中国代表团成员、外交部欧非司司长宦乡就改善中英双边关系问题有着频繁接触。5 月 19 日，在一次磋商即将结束时，杜威廉表示愿以私人身份就中美侨民回国问题居中斡旋。宦乡回答说，中国没有扣留美侨，相反，美国扣留了许多中国留学生，不许他们回国。对于杜威廉愿意斡旋，宦乡表示，待他请示后再作答复。

5 月 22 日，美国代表团代理团长、副国务卿史密斯向苏联外长莫洛托夫提及要求中方释放犯罪在押的美侨问题，并承认美国政府对中国某些政策是不现实的。莫洛托夫将此消息转告了周恩来。

二、中国政府面临的选择

美方同时通过苏联和英国要求我释放在华因犯罪在押的美国人，我们面临四种选择：

（一）不谈。

（二）在苏联或英国的斡旋下与美国谈。

（三）与美国直接谈，但只谈几个具体问题。

（四）不仅要与美国直接谈具体问题，而且要建立双方大使级谈判机制。

我们经过慎重考虑和权衡后，选择了第四条。

三、具体操作过程

（一）中美开始直接接触

对于美方提出的要我解决几个具体问题的要求，中方进行了慎重研究，最后由周恩来总理拍板定案，认为不应拒绝与美国接触，可以抓住时机，开辟中美直接接触的渠道。

为此，我们采取了两个行动：一是通过英国驻华代办杜威廉转告美方，在中美都有代表团在日内瓦的情况下，双方可以直接接触，不必通过第三方；二是对外界发表公开谈话，指出美国无理扣押中国侨民和留学生，中方愿就被扣人员问题同美国举行直接谈判。

1954 年 5 月 26 日，中国代表团发言人黄华召开记者招待会，驳斥了美方污蔑中国的言论，谴责美国政府无理扣留我侨民和留学生，并表示中美双方应直接就此进行接触。

1954 年 6 月 5 日，中美代表在英国代办杜威廉在场的情况下，在日内瓦国联大厦进行了首次正式接触。双方在日内瓦举行了四轮会晤，但未解决任何问题。为了不使渠道中断，双方商定，在日内瓦会议闭幕期间，两国将继续在日内瓦进行领事级会谈。

（二）周恩来提议，中美谈判缓和紧张形势

1954 年 12 月 2 日，美蒋签订“共同防御条约”，企图使美国侵占台湾的行为长期化、合法化。这引起了中国政府的强烈反

应。解放军炮击金门、马祖，并解放了一江山岛、大陈岛，第一次台海危机爆发。双方剑拔弩张，紧张局势升级。

1955 年 4 月 23 日，在万隆会议期间，周恩来出席了中、印等八国代表团团长会议。在讨论缓和远东尤其是台湾地区紧张局势的问题时，周恩来发表了一个声明，指出：“中国人民同美国人民是友好的。中国人民不要同美国打仗。中国政府愿意同美国政府坐下来谈判，讨论和缓远东紧张局势的问题，特别是和缓台湾地区的紧张局势问题。”周恩来发表的这份 69 个字的简短声明，在国际上引起强烈反响，赢得了国际舆论的广泛支持。

万隆会议期间，周恩来总理还应缅甸总理吴努的建议，接受了美国《民族》周刊记者萨姆·贾菲的采访。周恩来在答问时说：“为了和缓台湾地区的紧张局势，中国提议，中国和美国应该坐下来谈，解决这个问题。”

周总理的这番话在美国发表后，反响很好。

（三）中美开始大使级会谈

1955 年 7 月，美国通过英国向中国建议，双方各派一名大使级代表在日内瓦举行会谈。经磋商，中美双方确定将 1954 年在日内瓦开始的领事级会谈升格为大使级会谈。

中国政府立即作出部署，外交部成立了以章汉夫为组长、乔冠华为副组长、董越千为秘书长的中美会谈指导小组，负责研究会谈的对策。指导小组推定王炳南为会谈代表。

中美大使级首次会谈于 1955 年 8 月 1 日，在日内瓦万国宫举行。1958 年 9 月，大使级会谈地点移至波兰华沙梅希里维茨基宫。中方代表为驻波兰大使王炳南，他与美方的三任代表约翰逊、比姆、卡伯特谈了 9 年。1964 年，王炳南奉调回国，担任外交部副部长。

美方第一任代表为其驻捷克斯洛伐克大使约翰逊。双方讨论的主要议题是侨民回国问题。经过 14 轮艰苦谈判，1955 年 9 月 16 日，双方就此达成协议，这也是 15 年会谈中达成的唯一协议声明，全文如下：

“中华人民共和国（美利坚合众国）承认在中华人民共和国的美国人愿意返回美利坚合众国者（在美利坚合众国的中国人愿意返回中华人民共和国者），享有返回的权利，并宣布已采取，且将继续采取适当措施，使他们能够行使其返回的权利。”

钱学森就是在中美双方达成协议后，结束了在美国长达五年的软禁回到祖国的。周恩来总理在一次会议上谈及此事时说：“中美大使级会谈至今虽然没有取得任何实质性成果，但我们要回了一个钱学森，单就这件事来说，会谈也是值得的，有价值的。”

（四）我主动邀请美国记者访华

为促进会谈取得进展，1956 年 8 月，中国政府单方面宣布取消不许美国记者入境的禁令，并向美国 15 个主要新闻机构发出邀请，请他们派记者来华作为期一个月的访问。这使美国政府十分尴尬，因为美国政府禁止美国人去中国旅行。在随后的谈判中，中方又提出了有关禁运、司法、文化交流和人民往来的协议草案等，均遭美方拒绝。

1957 年 12 月 12 日，由于美方代表约翰逊调任驻泰国大使，美方指派约翰逊的副手埃德 · 马丁参赞接替其工作。这实际上是将大使级谈判降级，中方拒绝接受，华沙谈判在举行了第 73 次会谈后中断。

（五）台海形势再次紧张，双方恢复大使级谈判

1958 年，美国调集大批军舰、飞机，增强在台湾地区活动的第七舰队实力，加剧了该地区的紧张局势。解放军对金门、马祖等岛屿进行了惩罚性炮击。双方剑拔弩张，形势十分严峻。

在中美大使级会谈中，我们调整了战略，将原来在台湾问题上分两步走的战略改为“一揽子”解决，即台湾问题不解决，其他问题免谈。

1958 年 9 月 6 日，周恩来总理发表了《关于台湾海峡地区局势的声明》，重申中国人民解放台湾的决心，并倡议中美两国政府进行谈判，恢复被美国单方面中断的大使级会谈。美国政府表示欢迎，1958 年 9 月 15 日，两国恢复了在华沙的大使级会谈。

1960 年 9 月 6 日，第 100 次会谈后，王炳南大使为了让世人了解会谈停滞不前的真相，对五年来整整 100 次会谈作了总结性发言，表明中国政府对会谈是积极的，有诚意的，但仅凭中国一方的努力是不行的，美方也要有诚意，会谈才能取得进展。

第二阶段：1961—1968 年

一、背　景

（一）美苏在全球争霸加剧

冷战时期，美、苏关系有缓和，有对抗，但对抗从来没有停止过，是双方关系的主导面。进入 20 世纪 60 年代，美苏全球争霸加剧，爆发了“古巴导弹危机”和越南战争。在 1953 年至 1960 年艾森豪威尔担任美国总统期间，美国就十分重视越南，认为这是美苏冷战潜在的关键战场。肯尼迪和约翰逊继承

了艾森豪威尔的衣钵。1961 年到 1968 年，是美国在越南战场上愈陷愈深的时候，从“特种战争”发展为“局部战争”。美不断向越南战场增兵，最多的时候达到 50 多万人。

（二）20 世纪 60 年代，我国外交处境困难，但成功研制出核武器

20 世纪 60 年代，是中国外交处境最困难的时期，困难是由于多方面原因造成的。中苏关系恶化，双方由公开论战走向对抗；1962 年中印边境武装冲突，使中印关系陷入了长期僵冷的状态；1961 年越南战争，使中美关系处于直接对抗的局面；50 年代末，我国内政策严重失误，导致了三年饥荒，经济十分困难；台湾蒋介石政府此刻也发出了反攻大陆的叫嚣。

1962 年，我国调整国内经济政策，情况逐渐有所好转。1964 年 10 月 16 日，我国成功爆炸了第一颗原子弹，标志着中国进入了核武器国家的行列。

1966 年，中国爆发了“文化大革命”，开始了十年动乱，中国外交也受到了严重的干扰。

（三）中美大使级会谈在继续，但没有进展

1961 年 1 月 20 日，肯尼迪入主白宫。三个月后，中美大使级会谈又在华沙开始。中方代表王炳南在第 103 次会谈中指出，促进中美关系最主要的就是美国从台湾撤除武装力量。对此，美方代表、美国驻波兰大使比姆称美国并未强迫中方放弃对台湾所主张的主权，只是要求中方放弃使用武力。

1961 年至 1968 年，中美大使级会谈共举行了 32 次，谈判没有进展。

二、中国面临的选择

上述形势，使中国政府面临以下两种选择：

（一）终止谈判。

（二）继续谈，保持对话的渠道。

我们选择了第二条。

三、操作过程

（一）大使级会谈无进展，但双方都愿意谈下去

1962年10月底，周恩来在会见英国国会议员麦克唐纳时说："中美会谈已经进行了7年，毫无结果，但中国准备再谈它7年。"

美国方面也愿意继续谈下去，肯尼迪总统和迪安·腊斯克国务卿早在上任之初，就基本采纳了负责远东事务助理国务卿帕森斯的建议，即与中方的大使级会谈应当继续下去。美国人主张谈下去，并不是为了解决问题，而是认为这样做可以一举三得：一是可以向外界表明，美国愿意通过谈判来解决美中之间的争端；二是大使级会谈可为美国提供一个快捷、可信的渠道，了解中方对重大国际问题的态度；三是避免第三方介入，使美中关系复杂化。①

1963年11月22日，肯尼迪总统遇刺后，由副总统约翰逊接

① 转引自夏亚峰：《重评1961—1968年的中美大使级会谈》，载《冷战国际史研究》，世界知识出版社，2007。

任总统。约翰逊政府也对华沙谈判渠道给予了一定重视。

（二）中美双方都需要大使级会谈，我从与美接触中也获得了有价值的信息

1962 年 3 月，美国派驻巴西大使卡伯特调任驻波兰大使，成为美方谈判代表，这是与王炳南打交道的第三任大使。王炳南于 5 月底回国休假，周总理会见了他，要他立即返回华沙。

6 月 23 日，王炳南邀请卡伯特到他的官邸来喝茶，开始谈话气氛十分轻松，有说有笑，边进茶点边聊天。当王炳南谈到了台湾海峡的紧张局势时，卡伯特的神情突然严肃起来，听得很认真。

王炳南说，在美国的支持、鼓励和配合下，蒋介石集团进行了准备窜犯大陆的战争动员和军事部署。美国政府对蒋介石增加了“军事援助”和“经济援助”。

接着，王炳南坚定地说：我们同蒋介石打了几十年的交道，完全懂得怎样对付他。但必须指出，美国政府这样做是在玩火，蒋介石一旦向大陆挑起战争，其结果绝不会对美国带来任何好处，美国政府必须对蒋介石的冒险行动和由此产生的一切严重后果负完全责任。可以断定，蒋介石窜犯大陆之日，就是中国人民解放台湾之时！

鉴于局势的严重性，王炳南请卡伯特立即把中方的立场报告给美国政府。

卡伯特对王炳南的坦率十分欣赏。他明确表示：在目前情况下，美国决不会支持蒋介石发动对中国大陆的进攻。蒋介石对美国承担了义务，未经美国同意，蒋介石不得对中国大陆发动进攻。卡伯特还向王炳南保证说：“我们绝不要一场世界大战，我们要尽一切力量来防止这种事情发生。如果蒋介石要行动，我们

两家就联合起来制止他。”

王炳南立刻将上述情况报告了国内，中央十分满意，认为这个信息对决策有重要的参考作用。

（三）“文化大革命”冲击外交，中美大使级会谈推迟

1966 年“文化大革命”爆发后，“极左”思潮对外交工作造成了严重冲击，中美大使级会谈无法正常进行。中方要求将原定于 1967 年 11 月 8 日举行的第 134 次会谈推迟到 1968 年 1 月 8 日。双方在正式会谈间隔期间，各自指定一位二等秘书作为事务性联系的渠道。1968 年 1 月，时任中国驻波兰大使王国权未能如期返回华沙，中国驻波兰大使馆临时代办陈东与美大使进行了第 134 次会谈，并约定 1968 年 5 月 29 日进行第 135 次会谈，但因为越南已经开始同美国在巴黎谈判，谈判遂推迟。

第三阶段：1969—1970 年

一、背　景

（一）中苏紧张关系升级，发生了边界冲突

1969 年 3 月 2 日、15 日、17 日，中苏先后在珍宝岛发生了三次较大规模的武装冲突，苏方未能占到便宜。苏联领导层反应强烈，以苏联国防部长格列奇科元帅、部长助理崔可夫元帅等人为首的军方强硬派，力主动用在远东地区的中程弹道导弹，携带当量几百万吨级的核弹头，对中国的军事、政治等重要目标实施“外科手术式核打击”。苏联方面甚至还向美国进行了试探，但遭美国反对。

在中苏关系紧张局势升级的情况下，毛主席提出了“深挖洞，广积粮，不称霸”的方针，全国处于临战状态。

1969年9月11日，周恩来总理和苏联部长会议主席柯西金在北京机场举行了会谈。会谈使双方的紧张关系有所缓和，也刺激了尼克松总统与中国接触的愿望，中美苏大三角关系顿时活跃起来。请参阅本书外交案例——《周恩来与柯西金北京机场会晤》。

（二）毛主席调整对美政策

1969年，中国外交处境十分险恶，毛主席通过周总理请叶剑英、陈毅、聂荣臻、徐向前四位元帅议论“天下大事”。四位老帅得出的结论是：美苏矛盾大于中苏矛盾，中苏矛盾大于中美矛盾。这个结论十分重要，也是对毛主席调整对美政策的支持。请参阅本书外交案例《1972年尼克松访华》对有关情况的介绍。

（三）尼克松上台，调整对华政策

1969年1月20日，尼克松入主白宫，成为美国第37届总统。尼克松是一位很有战略眼光的总统，他上台后，就着手调整美国的对华政策。1969年9月，中、苏总理北京机场会晤后，尼克松政府指示美国驻波兰大使斯托赛尔主动与中方联系。

二、中国面临的选择

美国驻波兰大使斯托赛尔要与我们接触，恢复中美大使级会谈。我们面临两种选择：

（一）拒绝。

（二）接受。

我们毫无悬念地选择了第二条。

三、操作过程

1969 年 12 月 3 日，在南斯拉夫时装展览会上，斯托塞尔遇到了中国大使馆波兰语翻译景志成和二秘李举卿。由于不认识刚到任的中国大使馆临时代办雷阳，斯托塞尔将景志成误认为中方新任代办，主动向他表示，美方希望尽快重开中美大使级会谈。12 月 8 日，外交部指示雷阳，如果美国驻波兰大使要见他，可以见。

经过中美双方周密的安排，1970 年 1 月 20 日和 2 月 10 日，中美双方举行了最后两轮大使级会谈，即第 135 次和第 136 次。双方对这两次会谈都作了特殊安排。以往中美大使级会谈都在波兰方面提供的华沙梅希里维茨基宫举行，而第 135 次会谈是安排在中国驻波兰大使馆保密室进行的，第 136 次会谈则是安排在美国大使馆保密室进行的。

中方出席这两次会谈的代表是我驻波兰大使馆临时代办雷阳，美方的谈判代表是斯托赛尔。在第 135 次会谈中，双方不约而同地提出了举行更高级别的会谈问题。美方建议，派代表到北京或在华盛顿与中方代表进行直接谈判。

中方对第 136 次谈判十分重视。会前，周恩来总理在北京召开中共中央政治局会议，对会谈方案和发言进行讨论。1970 年 2 月 20 日，在中美第 136 次大使级会谈时，针对美方在上次会谈中提出的建议，雷阳代表中国政府表示：如果美国政府愿意派部长级代表或美国总统特使到北京进一步探索中美关系中的根本原则问题，中国政府愿意接待。

美大使对中方的这一建议很感兴趣，表示将立即报告政府。

显然，第 135 次、第 136 次会谈是中美 136 次大使级会谈中最重要的两次，为打开中美关系作出了重要贡献。

四、启　示

（一）关系再坏，也要保持接触的渠道

中美大使级会谈的机制是在中国方面采取主动的情况下建立起来的。我们采取这样的主动绝非偶然，这是我们党在长期的革命斗争中总结出来的一条重要经验：关系再坏，也要保持接触的渠道。道理也很简单，对立的双方只要一方不被另一方完全消灭，战争、对抗就不可能永远进行下去。因此，保留沟通的渠道，比完全没有渠道要强得多。

国共两党就是这样，双方打了几十年，但即便是打得不可开交的时候，双方接触的渠道也从来没有断过。

1949 年 4 月 23 日南京解放，外交上出现了一个奇特的现象：苏联大使跟着国民党政府迁到了广州，而美国大使司徒雷登却留了下来。中央敏锐地洞察到了这一动向，派黄华担任南京市外事处处长。司徒雷登原是燕京大学的校长，黄华是燕京大学毕业的。有这一层关系，双方接触起来比较方便。黄华根据中央的指示，与司徒雷登进行了若干次秘密接触，直到司徒雷登于 1949 年 7 月底奉召回国为止。

1949 年解放战争期间，解放军大军南下，国民党部队望风而逃。解放军前进的势头犹如秋风扫落叶，所向披靡。这个时候，如果趁势进军香港、澳门，是完全可以的。但是，中央决定不这

样做。1949 年毛泽东在会见米高扬时曾明确指出，可以利用香港、澳门的地位发展海外关系和进出口贸易。现在回头看，中央这个决定不仅是英明的，而且具有深远的影响。

中美 15 年的大使级会谈，虽然时间长，进展缓慢，但是有成果。实践证明，保持这个接触的渠道是完全正确的。

（二）善于调整自己，推动对方改变

中美大使级会谈持续了 15 年，中间数次出现“卡壳”谈不下去的局面。此时，如果以强硬对强硬，谈判可能早就破裂了。

在对外关系中，不能总是想去改变别人，有时改变自己会产生强大的威力。我们过去三十多年的大发展，不正是改变自己带来的成果吗？在外交谈判中也是如此，有时主动改变自己，赢得公众和舆论，会陷对方于被动。

在第一次中美会谈中，周恩来即代表中国政府宣布释放 11 名美国间谍，表达了推动会谈的诚意，也赢得了主动权。

再如，1956 年中国政府宣布取消不许美国记者入境的禁令，邀请美国 15 家重要新闻机构的记者访华。美国则迫于新闻界的压力，一年之后才宣布允许 24 个新闻机构派记者访华，但杜勒斯坚决反对中国记者访美。中美双方的态度形成了鲜明的对照，美国有评论说：

“周恩来坦荡博大的胸怀，明智的策略赢得了世界人民的高度赞赏，也赢得了美国人民的心。”同时，“他成功地让美国新闻界去反对美国国务院。”[①]

---

① 万华、张国华：《外交巨人——周恩来与中美大使级会谈》，载《党史纵横》，1998（3）。

案例五

周恩来总理访问非洲十国

1963年12月14日至1964年2月4日，周恩来总理率团对非洲十国进行了长达55天的访问。这次访问大大增进了中非人民之间的友谊和理解，为新中国争取了不少非洲朋友，不仅对中非关系，而且对中国的整体外交都产生了积极、深远的影响。周总理的外交风采给非洲人民留下了深刻印象，这也是周总理给我们留下的又一笔宝贵的外交遗产。认真研究和继承这一遗产，对培养优秀的外交官，十分重要。

1963年12月14日至1964年2月4日，周恩来总理在陈毅副总理兼外长的陪同下，先后访问了阿拉伯联合共和国（今埃及）、阿尔及利亚、摩洛哥、突尼斯、加纳、马里、几内亚、苏丹、埃塞俄比亚、索马里等非洲十国，历时55天，行程10.8万公里。周恩来将这次访问称为寻求友谊、增进了解、互相学习之旅，在访问期间还提出了《中国处理同阿拉伯国家和非洲国家关系的五项原则》和《中国对外援助的八项原则》。这是周恩来总理第一次访问非洲，也是出国访问时间最长的一次。这次访问是中国外交的一次重大行动，不仅对中非关系，而且对中国的整体外交均产生了深远的影响。

周总理对非洲的外交工作是极为成功的。1971年10月25日，第二十六届联大通过了恢复中国在联合国的合法席位的决议。毛主席说："是非洲兄弟把我们抬进去的。"直到20世纪90年代，我们在联合国日内瓦人权委员会上一次又一次击败反华提案，也是依靠非洲国家的支持。周总理为我们在非洲赢得了许多朋友，至今令我们的外交工作受益良多。

当年外交部陪同周总理访问非洲的老同志，有的已经去世，那些健在的，也早已退休。重温周总理的这次非洲之行，对于我们认识和继承周恩来总理的外交遗产，培养青年一代外交官，是十分重要的。

一、背 景

（一）美苏冷战在深化，双方竞争激烈，几乎走到了战争的边缘

20 世纪 60 年代，国际形势总的特点是，美苏两大阵营尖锐对峙，冷战在深化，双方的角逐和竞争在加剧。

1961 年 8 月 14 日，柏林的市民一觉醒来，发现在原先东西柏林政治分界线的位置上竖起了一道围墙。东德的边防军和警察用带刺的铁丝网和混凝土预制构件不断加固围墙，围墙于 8 月 22 日最后完工。修筑围墙的目的是要阻止东德人逃往西德。据统计，战后大约有 260 万东德人逃往西德。西方世界对于柏林墙的修筑同声谴责，但是，接受了这个现实，并没有采取行动来拆除柏林墙。柏林墙成为东西方冷战的象征。

1959 年 1 月 1 日，古巴人民在菲德尔 · 卡斯特罗领导下，推翻巴蒂斯塔亲美独裁统治，取得了独立。苏联、中国都对古巴革命胜利给予了高度的评价和坚决的支持。古巴革命的胜利，标志着美国的后院起火，古巴革命政权的存在对美国来说犹如芒刺在背。美国政府处心积虑地想推翻卡斯特罗政权。1961 年 4 月 17 日，在美国中央情报局的策划下，对古巴发动了入侵，遭到了失败。这就是后来国际上所称的“猪湾事件”，该事件使刚刚上台 90 天的美国总统肯尼迪的信誉受到了打击。

“猪湾事件”使卡斯特罗政府进一步深切地感受到美国对古巴的威胁，遂进一步向苏联靠拢。1962 年 7 月，苏联和古巴通过高层谈判达成协议，苏联向古巴秘密运送了几十枚携带核弹头的中程导弹和几十架伊尔 28 轰炸机。这件事被美国发现后，导致了“古巴导弹危机”。

1962 年 10 月 22 日，肯尼迪发表电视讲话，宣布对古巴进行封锁，并向赫鲁晓夫发出了严重警告。他说："从古巴发射的任何导弹都将被认为是苏联向美国的袭击，必将招致美国对苏联的全面报复。企图闯越封锁线的任何船只，都将被美国海军击沉。"美苏两家走到了核战争的边缘。在美国的强大压力下，赫鲁晓夫被迫作出了让步，下令从古巴撤出导弹和轰炸机，并在公海上接受美国的检查。

（二）20 世纪 60 年代，是中国外交最困难的时期

20 世纪 60 年代，由于诸多方面的原因，中国外交进入了人民共和国成立以来最困难的时期。中苏关系由内部分歧演变为公开论战，双边关系急剧恶化。1961 年越南战争爆发，中国坚决支持越南，中美对抗的形势在加剧。1962 年，中印之间又打了一仗，中印之间虽然没有断交，但关系持续僵冷。1959 年至 1961 年，中国经济经历了三年的严重困难，出现了饥荒。蒋介石叫嚣要反攻大陆。

（三）非洲的民族独立和解放运动高涨，一大批国家取得了独立

1955 年亚非万隆会议的成功召开，极大地推动了战后兴起的亚非拉人民争取民族独立和解放的斗争。亚非拉许多地区和国家的人民纷纷起来斗争，要求独立和解放，这成为战后国际形势的一个突出特点。在席卷全球的民族独立和解放运动的冲击下，西方大国经营了几百年的殖民体系逐步走向解体。这一点在非洲特别明显，大批国家取得了独立。从 1955 年 4 月万隆会议召开到 1963 年底短短八年半时间里，非洲独立国家从 4 个增加到 34 个。这些独立国家的面积和人口已分别占到了整个非洲面积和人口的

80% 和 84%。非洲统一组织也于 1963 年 5 月宣告成立。

对非洲国家的民族独立解放运动，我国政府一向旗帜鲜明地给予坚决支持，并提供力所能及的援助。他们一宣布独立，毛泽东主席和周恩来总理立即发电报予以祝贺和承认。到 1963 年底，中国已同 12 个非洲国家建立了外交关系。一些非洲国家的领导人相继到中国访问。

二、中国面临的选择

1963 年，中国国内三年严重的经济困难刚刚过去，国内经济尚处在恢复阶段，国内面临着许多问题需要解决。非洲民族解放运动的高涨，对中国外交来说，是一个前所未有的机遇。中国政府面临三条选择：

（一）为了集中力量处理国内问题，周总理不去非洲访问。

（二）仅访问两三个非洲国家。

（三）抓住机遇，开展一次声势浩大的、影响深远的对非洲的外交行动，访问一批非洲国家。

中国政府选择了第三条。

三、具体操作过程

为了这次出访，根据周恩来总理的指示，外交部做了大量细致的准备工作。中国政府代表团成员和工作人员，在出访前也下了很大工夫了解非洲，认识非洲。

我过去给周总理做翻译，经常听周总理说：“凡事豫则立，不豫则废。”这也是周总理工作作风的一个重要特点，做什么事情，事先都尽可能做充分的准备，对可能出现的各种问题事前尽可能想到。周总理的勤奋是大家都知道的，他非常注意鼓励青年人学习，有时，还出一些问题来考一考大家，我本人就被考过。

周总理访问非洲十国，由于准备充分，考虑周到，访问十分顺利、成功。周总理的言行和对一些棘手问题的处理，都十分值得今天的政府官员和外交官学习和思考。

（一）访问阿拉伯联合共和国（今埃及）期间，提出中国处理同阿拉伯和非洲国家关系的“五项原则”

埃及 1956 年 5 月 30 日同中国建交，是第一个同中国建交的非洲国家。[①]中国代表团 1963 年 12 月 13 日下午乘坐租用的荷兰皇家航空公司“波罗的海”号专机飞离昆明，14 日中午抵达开罗机场，受到了纳赛尔总统委派的部长执行会议主席阿里·萨布里和先行到达开罗的陈毅等人的迎接。

在周恩来一行抵达开罗稍事休息后，纳赛尔总统在住所接待了代表团全体成员，并把一枚精致的“共和国勋章”亲自挂在了中国总理的胸前，他还授予了陈毅副总理一份“尼罗河勋章大绶带”。在随后举行的招待会上，周恩来发表了讲话：“当我们作为中国人民的友好使者来到非洲的时候，我们看见的是一个觉醒的大陆，一个战斗的大陆。在这一片被帝国主义叫做‘黑暗大陆’的辽阔土地上，自由的晨曦已经升起，帝国主义的殖民体系正在不可避免地走向土崩瓦解。……我愿利用这个机会，向正在用自己的英勇斗争创造着历史的阿拉伯各国人民和

---

① 阿拉伯联合共和国（简称“阿联”）当时由埃及和叙利亚联合而成，以后分成了两个国家。阿联于 1956 年 5 月 30 日正式与中国建立外交关系。

非洲人民致敬……向所有已经赢得独立的非洲国家致敬。”[①]

访问阿联期间，周恩来同纳塞尔总统就共同关心的重要问题进行了三次正式会谈和一次单独会谈。在会谈中，周恩来阐明了我国对阿拉伯国家政策的五点立场。纳赛尔对此表示欢迎和赞同。这五点立场，被作为“中国处理同阿拉伯国家和非洲国家关系的五项原则”，写进12月21日发表的中阿两国政府《联合公报》中。这“五项原则”的主要内容是：1. 支持阿拉伯和非洲各国人民反对帝国主义争取和维护民族独立的斗争；2. 支持阿拉伯和非洲各国政府奉行和平中立的不结盟政策；3. 支持阿拉伯和非洲各国人民用自己选择的方式实现团结统一的愿望；4. 支持阿拉伯和非洲各国通过和平协商解决彼此之间的争端；5. 主张阿拉伯和非洲各国的主权应当得到所有其他国家的尊重，反对来自任何方面的侵犯和干涉。[②]这五项原则提出后在非洲大陆和阿拉伯国家中产生了很大影响。

会谈中，周恩来和纳塞尔还就中美关系和中印边界争端等问题进行了坦率的交流，消除了纳塞尔的一些疑虑，使其对新中国的对外政策也有了更深的了解。

周恩来、陈毅一行还把参加群众活动和参观访问，作为“寻求友谊与合作，多了解一些东西，多学习一些东西”的重要方式。他们参加了倡导发展民族文化和科学事业的阿联庆祝教育日大会，访问了具有光荣反帝革命传统的北方城市塞得港，参观了世界闻名的苏伊士运河、象征古埃及文明的金字塔和狮身人面像，以及正在建设中的蓄水量居世界第一的阿斯旺水利工程等，比较全面地了解了阿联悠久的历史和近些年来在政治、经济、军

① 《人民日报》，1963年12月16日。

② 《周恩来总理关于访问14国的报告（摘要）》，新华社，1964年4月26日。

事、科技等方面取得的进展。[①]

12月19日，周恩来、陈毅一行在总统会议委员会委员里法特陪同下，来到开罗郊外参观金字塔和狮身人面像。当时几名阿联运动员做了精彩的攀登金字塔表演。在运动员回到塔底后，周恩来握着运动员的手夸奖道："你们身手不凡啊！七分钟就在146米高的金字塔上下跑了个来回。"原来，细心的周恩来从一开始就已为运动员计时。他边说边拉过一名运动员的手，用中国中医特有的方法给这位运动健将号脉。过了一会，他惊奇地告诉大家："哎，还真的是脸不变色心不跳！脉搏和正常人的一样，一分钟八十多下。这就叫生命在于运动啊！我们不运动有时还心跳不正常哩。"周恩来还赠送了中国产英雄牌金笔给几名参加表演的阿联运动员作纪念。

为了让世界各国更多地了解中国政府对一些重大国际问题的看法，12月20日下午，周恩来在共和国宫举行了记者招待会。

有记者问："你访问非洲有什么目的，以致你认为有必要离开办公桌达两个月之久？"

周恩来诚恳地回答："我们是第一次到非洲访问，而新中国建立已经十四年了，我们来得不是太早，而是太晚了……我这次来到阿联首先要向纳塞尔总统表示我来晚了的歉意。这就是我访非的第一个重要的任务。我们访问非洲国家的目的，是寻求友谊，寻求合作，多了解一些东西，多学习一些东西。……我们自远东来到非洲，路很远，不容易，既然来了，就多访问一些国家，以表达中国人民对非洲人民的友好愿望……"[②]

---

① 参见金冲及主编：《周恩来传（1949—1976）》，中央文献出版社，1998。

② 《周恩来在开罗记者招待会上的讲话（1963年12月20日）》，《人民日报》，1963年12月22日。

（二）访问阿尔及利亚，阿尔及尔市政府授予周恩来、陈毅“荣誉市民”称号

12 月 21 日下午，周恩来一行飞抵阿尔及尔，开始对阿尔及利亚进行访问。

阿尔及利亚是非洲第一个通过长期武装斗争取得民族独立的国家。坚持七年半的阿尔及利亚民族解放战争，牵制和消耗了法国殖民主义者的大量兵力和财力，为北非以及其他法属非洲殖民地人民争取民族独立的斗争创造了有利条件，成为非洲和中东国家争取民族独立斗争的榜样。中国对阿尔及利亚人民的民族解放战争在道义上和物质上都予以了大力支持。在阿尔及利亚抗法战争爆发后，周恩来在 1956 年 6 月间召开的全国人民代表大会上庄严宣布：“中国人民站在阿尔及利亚人民一边。”中国也是第一个承认阿尔及利亚临时政府的国家。1962 年 3 月阿尔及利亚独立后，中国还提供了经济援助。

所以，当中国代表团抵达阿尔及尔后，受到了阿尔及尔数十万群众的热烈欢迎。在盛大的欢迎仪式上，阿尔及利亚总统本·贝拉热烈地拥抱了周恩来，他称周恩来为“阿尔及利亚最好的朋友”。阿尔及利亚民族解放阵线机关报《人民报》发表社论说：“对于所有年轻国家的人民来说，人民中国是一个榜样”。[①]

阿尔及利亚为了表达对中国朋友的深情厚谊，专门把首都阿尔及尔一条大街命名为“北京大街”，并邀请周恩来出席命名典礼。阿尔及尔市政府还授予周恩来、陈毅“阿尔及尔荣誉市民”的称号。

在阿尔及利亚访问期间，周恩来同本·贝拉总统进行了四次

① 《人民日报》，1963 年 12 月 23 日。

正式会谈。双方介绍了各自国家革命和建设的经验，并就进一步发展两国友好合作关系和共同关心的重大国际问题，充分地交换了意见。

（三）摩洛哥的烤全羊与“皇帝委员会委员长”

12 月 27 日，周恩来一行抵达摩洛哥首都拉巴特，开始为期三天的访问。

摩洛哥是君主立宪国家，1649 年建立的阿拉维王朝一直延续下来。摩洛哥王国 1956 年获得独立后，开明的王室公开在道义上、军事上和物资上支援非洲尚未独立国家的民族解放运动，赢得了非洲各国人民的赞扬。

年仅 34 岁的穆莱 · 哈桑二世国王承袭摩洛哥民族热情好客的传统，特意将自己在王家公园内的豪华别墅——和平宫让出来给周恩来下榻，并亲自在和平宫迎接。外交大臣艾哈迈德 · 雷达 · 格迪拉对中国客人说：“国王这次是破例了，哪一个国家领导人来访都没有这样接待过。”[①]

这天晚上，哈桑二世举行国宴时又打破只用西餐招待外国元首和政府首脑的惯例，而以“烤全羊”、“巴斯提拉”、“古斯古斯”等传统名菜盛情款待。据当时中国驻摩洛哥大使杨琪良回忆：

“这一破例之举，使出席宴会的外国使节们均感意外。依照当地习俗，主人哈桑国王陪主宾围着一张矮脚长方桌席地盘膝而坐。直径长达八九十厘米的瓷盘中盛着一只烤好的整羊。席间，好客的主人首先用手挑选一块最好的羊肉放在周总理的食盘里

---

① 黄镇：《把友谊之路铺向觉醒的非洲》，《不尽的思念》，366 页，中央文献出版社，1987。

（摩洛哥的传统饭菜是用手抓着吃的），以后每上一道菜都是如此，以示对客人的尊重。周总理也依样回敬主人，气氛极为亲切融洽。”

周恩来有常流鼻血的惯疾，在国内极少吃容易上火的羊肉。但出国访问后，他十分注意尊重东道主，入乡随俗，客随主便，也破例吃起羊肉来。

宴会后，哈桑二世请周恩来、陈毅到他的会客厅品茶漫谈。在交谈中，哈桑二世提了一个不太好回答的问题。据在场的杨琪良大使回忆：

“他笑着说：‘当今世界像我们这样的国王、皇帝已为数不多了，不知今后怎么样？’周总理和陈毅副总理听后都笑了起来。周总理风趣地回答：‘你们可以组织一个委员会，开个会商量嘛！’陈毅副总理接着说：‘亚洲有个西哈努克亲王，我们是好朋友，可邀请他参加。’周总理又说：‘陛下可以担任这个委员会的委员长嘛！’说毕，三人皆哈哈大笑。我在一旁也随之笑出声来，并暗中思忖，哈桑二世事前可能有所准备，问题提得相当巧妙，而我们的周总理和陈毅副总理也答得诙谐而妙趣横生。”①

当中国代表团在1963年的最后一天离开摩洛哥时，新年即将来临，代表团前往欧洲的社会主义兄弟国家阿尔巴尼亚访问。这是首访非洲期间唯一访问的欧洲国家。

（四）意外收获：与突尼斯建交

按原定出访日程安排，阿尔巴尼亚之后，便要进入撒哈拉沙漠以南非洲的加纳共和国，并没有安排访问尚未与中国建交的突

---

① 杨琪良：《在摩洛哥王国的六年概记》，《当代中国使节外交生涯》第3辑，59—60页，世界知识出版社，1996。

尼斯。不过，由于从阿尔巴尼亚到加纳有 5000 多公里，途中必须在突尼斯停留为飞机加油。后来，途经加油升级为正式访问，并与突尼斯建立了外交关系。

在访问阿联和阿尔及利亚期间，周恩来和陈毅就得知突尼斯的哈比卜·布尔吉巴总统有同中国建交的意向。周恩来向中央报告后，指示中国驻阿尔及利亚大使曾涛同突尼斯联系。12 月 26 日晚，周恩来得到突尼斯政府的正式邀请。27 日，周恩来、陈毅联名致电中共中央："布尔吉巴决定正式邀请我们访问突尼斯两天，并愿在我们离开阿尔及利亚前，由两国驻阿尔及利亚使馆商定并马上公布一个新闻公报，公报中提到访问期间会谈后双方将发表联合公报，公报中要特别宣布中突建立外交关系问题。我们已答复同意这一做法并接受布的邀请，在访问阿尔巴尼亚后访加纳前，到突尼斯访问两天。"①

1964 年 1 月 9 日，周恩来从阿尔巴尼亚飞抵突尼斯。中国和突尼斯过去相互都缺乏了解。为了深入探讨对方所关心的一些敏感问题，中国方面建议，由周恩来同布尔吉巴进行单独会谈，以增进相互间的了解。

在当天下午的第一次单独会谈中，布尔吉巴总统很坦率地表示不赞成新中国的一些外交政策，认为中国政府"激烈"的言辞得罪了一些潜在的朋友。布尔吉巴说："你们想让我们与西方为敌，你们跟印度发生冲突，谴责铁托，又谴责赫鲁晓夫……别人不会对你说真心话。可我要告诉你，你们这种调子在非洲是没有人愿意听的。"

对于布尔吉巴的直言不讳，周恩来并没有为之恼怒，相反还对他表示感谢，说："这才是真正的朋友，有话直说，毫无保留，

---

① 周恩来、陈毅关于中突建交问题给中共中央的电报，1963 年 12 月 27 日。

你的话有助于我们了解情况。”同时非常耐心地向突方解释中国的外交政策和中国领导人对时局的看法。

周恩来在会谈中提出，在国际会议上要努力寻找共同点。他说：“不论什么国际会议，只要能找到共同点就有意义。亚非国家有共同目标，这就是摆脱殖民主义强加给我们的落后状态，实现经济发展，促进友谊。不论各国属于什么制度，只要这个制度是人民自己选择的，亚非各国之间就一定能找到共同点。”布尔吉巴对此提出不同意见，说：“单有共同目标还不够”，因为不同的方法也可以使人们相互间“产生距离”。周恩来解释说：“我们的目标相同，但使用的方法不一定相同。”因为“每个国家有自己的情况。各国领导人根据国内的具体实践和人民的要求确定自己的方法。某一种方法也许在一国内适用，而在另一国就不适用。但是大家可以有一致的目标，可以接近和了解，相互介绍自己使用的方法，也可以互相吸收好的经验。不同的方法可以相互尊重，也可以相互影响”。接着，他表示赞成布尔吉巴关于各国领导人应“加强相互接触”的意见，强调：在接触中，“基本的原则是要互相尊重独立和主权，不要强加于人，不要干涉别人内政，更不要侵犯别人。这样，才能在民族独立国家间达到真正平等友好的关系，而不像殖民主义时代大国压迫小国，强国欺压弱国”。

这天晚上，布尔吉巴在为周恩来举行的宴会上又把不同意见公开地提了出来。周恩来不回避布尔吉巴提出的问题，但采取了化解矛盾的做法。他说：“不错，诚如阁下所说，我们两国不是在所有的问题上都是一致的。……但是，我们相信，通过两国领导人的接触和交换意见，我们总是可以增进相互了解，求同存异，并且为我们的共同目标而加强努力的。……在我们双方的共同努力下，中突两国的友好合作关系，是有着广阔的发展前途的。”①

周恩来在两天的会谈中完全体谅对方的误解和疑虑，并且总是以“求同存异”的精神给以有说服力的答复，终于打动了布尔吉巴。布尔吉巴说：“我同意周恩来总理求同存异的方针，我们还是要反帝反殖。突尼斯需要伟大的友谊，并一定要同中国建立外交关系。”②

1 月 10 日，两国关系获得突破性进展，中国和突尼斯的《联合公报》正式宣布：“决定两国建立外交关系。”这是访问非洲的一个意外而重大的收获。

（五）坚持如期访问加纳，提出对外援助八项原则

1964 年 1 月 10 日深夜，周恩来离开突尼斯，向南飞越全球最大、面积达 906 万平方公里的撒哈拉大沙漠，开始对西非三国进行访问。11 日上午，抵达加纳共和国首都阿克拉。

加纳是西非第一个冲破殖民主义枷锁获得独立的国家。克瓦米·恩克鲁玛总统是非洲民族解放运动的先驱，在非洲影响巨大。他曾通过中国驻加纳大使黄华提出对周恩来总理访问加纳的邀请。鉴于加纳和恩克鲁玛本人的重要性，周恩来总理愉快地接受了邀请。但就在周恩来访问加纳前夕，1 月 2 日发生一名哨兵行刺恩克鲁玛的事件，恩克鲁玛总统虽幸免于难，但形势并不明朗。

在这种情况下，是否要如期访问加纳，这是摆在中国政府代表团面前的一个现实问题。

当时，周恩来立即找陈毅、孔原、黄镇、童小鹏、乔冠华

① 《人民日报》，1964 年 1 月 12 日。

② 黄镇：《把友谊之路铺向觉醒的非洲》，《不尽的思念》，369—370 页。

以及外交部的几个司长商议。周恩来先谈了他的意见，说："我们不能因为人家遇到了暂时困难就取消访问，这是对人家的不尊重、不支持。发生这样的事情我们还是要去，才表现出我们的真诚，患难见真诚嘛！按原计划访问加纳，不能取消，至于外交仪式，可以打破通常的礼宾惯例。"陈毅支持周恩来的意见。有的同志感到加纳政局不稳，有可能出现危险，而且加纳方面要接待中国代表团也会有困难，不赞成去加纳。周恩来和陈毅充分分析了去访问的困难和意义，最后终于说服了大家，决定按原计划前往加纳访问。①

后来，周恩来在出访十四国的报告中说："我们代表团里有几个同志，他们天天在考虑这个问题；我们的后方'司令'杨尚昆同志，也是经常打电报，这是他的任务。我跟陈毅同志就不大想这个问题，因为有一种力量把我们鼓舞了。"

何种力量?

周恩来说："我们看到人民群众那样欢迎我们，支持我们，我们感到不仅不孤立，而且对我们的安全问题都不考虑了。"②

为了安排好这次访问，周恩来派随访的外交部副部长黄镇先去加纳，带去三点建议："一、为了两国领导人的安全，一切外交礼节可以从简，恩克鲁玛总统也可以不去机场迎接。二、不去外地参观，可多进行会谈。三、请加方指定安全保卫官员与使馆联系，具体布置安全保卫工作。"③这些建议充分照顾到恩克鲁玛的困难处境。恩克鲁玛没有想到中国总理会如此体谅他，他对此

---

① 根据随访的总理办公室主任童小鹏回忆，参见童小鹏：《风雨四十年》第二部，369—370页，中央文献出版社，1996。

② 周恩来关于访问14国的报告记录，1964年3月30日、31日。

③ 封耀元：《记周总理访问加纳》，《新中国外交风云》第4辑，192页，世界知识出版社，1996。

非常高兴和感激。他原来估计，在加纳局势如此动荡的情况下，周恩来不会去加纳访问了。因为在他第一次遇刺时，当时正在尼日利亚访问的印度总理尼赫鲁就取消了访问加纳的计划。恩克鲁玛感到，危难之中方见中国总理的真诚。

周恩来到达加纳的当天下午，就从下榻的阿克拉总统府前往位于海滨的奥苏城堡去拜会两年多前曾访问过中国的恩克鲁玛。这时城堡周围仍然布满大炮和装甲车，门口戒备森严。见面后，脸上贴着纱布、一手缠着绷带的恩克鲁玛向周恩来说的第一句话是："欢迎你，欣赏你能来。"周恩来面带笑容地送上毛泽东给他的慰问信，并告诉他："首先，我要对总统阁下最近遇刺表示关心。毛主席给阁下发了慰问电，今天已广播。"当恩克鲁玛总统接过毛主席的慰问信时，十分感动。这封信第二天就发表在加纳出版的报纸头版重要位置上。原来，遇刺事件发生时，周总理正在阿尔巴尼亚访问，刘少奇主席从北京给恩克鲁玛发了慰问电，我驻加纳大使黄华向他们递交的时候恩克鲁玛很感谢，但是他提出来，希望毛主席也能给他发慰问电，理由是毛主席发了以后，他的影响会更大，这就不仅仅是局限在加纳，在全非洲也是对他很大的支持。中方满足了他的愿望。

加纳方面要求毛主席发慰问电，我是非常理解的。当时，毛主席在非洲享有崇高的威望。1960年，我曾经参加接待过一个非洲青年代表团，毛主席会见了这个代表团，这些非洲青年非常高兴。他们对我说："毛主席真伟大，领导中国革命取得了胜利。在我们眼里，他像上帝一样。"

在奥苏城堡参观时，周恩来意外地发现这里还放着一台乒乓球桌，知道恩克鲁玛与自己有着同样的爱好，便提议与恩克鲁玛"赛"一场球。两人愉快地操起拍子上阵，由陈毅副总理当裁判，总理的卫士长成元功当副裁判，你一来，我一往，乒乓球桌上发出了轻快的、有节奏的响声。

中国政府代表团在特殊情况下访问加纳的消息，立即被早已云集加纳的记者报道了出去。这件事，在非洲大陆产生了深远的影响，也提高了中国在非洲国家中的地位。中国代表团访问加纳后，立即就有几个尚未与中国建交的国家向周恩来发出了访问邀请。

在与恩克鲁玛总统会谈中，周恩来还提出了著名的中国政府对外经济技术援助八项原则，并在答加纳记者问时向国际社会宣布：

中国政府在对外提供经济技术援助的时候，严格遵守以下八项原则：

第一，中国政府一贯根据平等互利的原则对外提供援助，从来不把这种援助看作是单方面的赐予，而认为援助是相互的。

第二，中国政府在对外提供援助的时候，严格尊重受援国的主权，绝不附带任何条件，绝不要求任何特权。

第三，中国政府以无息或者低息贷款的方式提供经济援助，在需要的时候延长还款期限，以尽量减少受援国的负担。

第四，中国政府对外提供援助的目的，不是造成受援国对中国的依赖，而是帮助受援国逐步走上自力更生、经济上独立发展的道路。

第五，中国政府帮助受援国建设的项目，力求投资少，收效快，使受援国政府能够增加收入，积累资金。

第六，中国政府提供自己所能生产的、质量最好的设备和物资，并且根据国际市场的价格议价。如果中国政府所提供的设备和物资不合乎商定的规格和质量，中国政府保证退换。

第七，中国政府对外提供任何一种技术援助的时候，保证做到使受援国的人员充分掌握这种技术。

第八，中国政府派到受援国帮助进行建设的专家，同受援国自己的专家享受同样的物质待遇，不容许有任何特殊要求和享受。①

这八项原则，是周恩来在访问过程中边谈边总结，经过反复考虑，同陈毅和代表团成员多次讨论后，归纳出来的。时任国务院外事办公室副主任的孔原回忆道："对外经济援助的八项原则，处处为受援国考虑，不附加任何政治条件，使我们对外经济援助的原则理论化、系统化、方针化。当时，这八项原则在各国报纸上都登在突出的位置，对各国影响很深。"

周恩来提出的中国政府对外经济技术援助八项原则，成功地将和平共处五项原则和万隆会议十项原则的精神运用到对外经济关系中。同当时西方国家以"援助"为手段来控制受援国的做法有着本质的区别，为开展新型的国际经济合作提供了基本准则。

在周恩来总理亲自宣布的对外援助八项原则的指导下，中国先后同 13 个非洲国家签订了经济技术合作协定，双边经济贸易往来迅速发展。中国从 1964 年至 1977 年的经济援助金额，比 1950 年至 1963 年增长了 4.8 倍。中国提供的经济援助项目，对于帮助受援国发展民族经济、改善人民生活发挥了积极作用，也巩固了中国同非洲国家关系的基础。1963 年底以前，与中国建交的非洲国家只有 12 个，到 1975 年已经发展到 38 个。

恩克鲁玛被周恩来的到访和他提出的援外八项原则感动了，他说："我个人、加纳政府和人民感谢你的访问。""我代表大家一致的意见认为……你的访问，是所有（外国领导人）对加纳访

---

① 中华人民共和国外交部、中共中央文献研究室编：《周恩来外交文选》，388—389 页，中央文献出版社，1990。

问中最好的一次访问。”[①]

（六）访问马里，在联合公报中正式写入对外援助八项原则

1月16日上午11时，周恩来抵达马里共和国访问。这时正赶上伊斯兰国家的斋月。在这期间，每天从黎明到日落之间不能进食和饮水。但是，首都巴马科市民几乎倾城出动，身着节日盛装，载歌载舞，欢迎周恩来总理一行。从机场到周恩来下榻的总统府，总长约10公里的公路两旁，簇拥着密密麻麻的人群，形成了周恩来非洲之行的又一个高潮。

这天晚上，莫迪博·凯塔总统举行盛大招待会。马里国家交响乐队演奏了富有非洲特色的优美音乐，在热烈气氛中，周恩来和凯塔带头跳起了欢快的舞蹈。

17日上午，在凯塔陪同下，周恩来参观了位于首都东北60公里尼日尔河畔的库利科罗城。这是马里的水陆交通中心、主要的花生产区和有名的“芒果城”。在该市欢迎大会上，周恩来在讲话中谈到了援助问题。他说：

“我们认为，援助新兴的亚非友好国家，是中国人民应尽的国际主义义务。中国政府一贯根据平等互利的原则，提供这种援助，帮助亚非友好国家发展自己独立的民族经济，逐步走上自力更生的道路。我们从来不把这种援助看作是单方面的，而认为援助总是相互的。新兴的友好国家，通过这种援助，逐步发展自己的民族经济，摆脱殖民主义的控制，增强世界上反对帝国主义的力量，这就是对中国的极大的支援。”

“中国目前对马里的援助是很有限的。中国专家在马里工作，受到马里政府的亲切关怀，得到马里人民的充分合作和支持。我

① 周恩来同恩克鲁玛总统第3次会谈记录，1964年1月15日。

们向马里政府和人民表示衷心的感谢。中国专家的工作是否称职，中国提供的机器和物资是否合乎马里的需要，我们真挚地希望马里有关方面向我们提出意见。”[①]

1月21日，中国和马里政府发表《联合公报》。中国政府对外经济技术援助的八项原则正式写进公报中。周恩来在巴马科机场发表了一篇题为“独立和自由的亚洲和非洲，一定能够一天一天繁荣富强起来”的讲话后，离开马里，前往几内亚共和国访问。

（七）访问几内亚：热情、好客的总统和人民

几内亚西临大西洋，雨量充沛，土地肥沃，资源丰富，发展工农业生产的自然条件十分优越。境内的佛塔加隆高原，是西非几条大河流的发源地，有“西非水塔”之称。

1月21日上午10时，中国代表团抵达几内亚首都科纳克里。在周总理首访非洲所受到的热烈欢迎中，几内亚尤为突出。在机场，塞古·杜尔总统显然是按国家最高元首的规格来接待周恩来的，鸣放了21响礼炮。在杜尔总统的陪同下，周恩来乘敞篷汽车前往坐落在漂亮的海滩旁、具有浓厚民族建筑特点的“美景别墅”，沿途受到科纳克里市民倾城而出的欢迎。

杜尔是几中友谊的积极倡导者。几内亚独立后，他积极推动几中两国的相互交往，并于1959年10月同中国建立外交关系。周恩来和杜尔相识于1960年9月。当时，杜尔应国家主席刘少奇的邀请访问中国，成为第一位访问中国的非洲国家元首。周恩来参与接待并同杜尔总统会谈，代表中国政府在《中华人民共和国和几内亚共和国友好条约》上签字。1962年10月中印边界冲

---

① 《人民日报》，1964年1月19日。

突发生后，11 月 6 日，杜尔领导的几内亚政府提出解决边界冲突的四项主张，受到中国政府和周恩来的高度重视。周恩来致电杜尔：几内亚政府的“这些主张是公正的、建设性的、有助于和平解决中印边界问题……中国政府十分赞赏贵国政府的这一公平、合理的主张”[①]。

1 月 20 日晚，杜尔和夫人在几内亚民主党总部为周恩来举行盛大的文艺晚会。在文艺演出前的讲话中，杜尔说：“中国人民反对帝国主义和封建主义的双重统治的英勇斗争，过去和现在始终是令人鼓舞的源泉和自觉的勇敢精神的典范。”周恩来赞扬几内亚富饶美丽的国土、勤劳勇敢的人民和几内亚政府在国际事务中的重要作用，说：“（几内亚）一贯奉行和平中立的不结盟政策，为反对帝国主义和殖民主义、维护亚非团结和保卫世界和平，做了积极的努力。”[②]

访问期间，周恩来同杜尔进行了五次会谈和一次单独会谈。会谈中，杜尔申明：几内亚不像有的非洲国家那样，我们“向来不谈社会主义”，“主要的是实际行动，那些讲社会主义的国家内并无适当的经济条件”。周恩来赞许地说，如果几内亚谈社会主义，我们才感到奇怪。[③]他对几内亚人民自己选择的发展道路，表示充分理解。周恩来在会谈中也进一步阐释了中国对外援助八项原则，并谈到了自力更生与接受援助的关系。他指出：“自力更生是建设的最可靠的保证，但这并不排斥友好国家之间的援助特别是亚非国家之间的互相支持。”[④]

---

① 周恩来就几内亚政府提出的解决中印边界冲突 4 项主张复杜尔总统电，1962 年 11 月 13 日。

② 《人民日报》，1964 年 1 月 24 日。

③ 周恩来同杜尔总统第 2 次会谈记录，1964 年 1 月 24 日。

④ 周恩来同杜尔总统第 5 次会谈记录，1964 年 1 月 25 日。

在几内亚访问期间，周恩来对热带植物产生了极大兴趣。1月23日，杜尔总统陪同周恩来一行访问了金迪亚市，期间专门参观了该市的水果研究所，了解热带水果的特点和栽种情况等。

从金迪亚回科纳克里时，杜尔总统提出，要与周恩来总理一起乘直升机回去。对此，中国代表团有关人员没有同意，主要是考虑到几内亚大部分为高原和山地，在热带气候中乘坐苏联制造的直升机有一定危险，尤其是中国代表团刚刚从加纳的险情中舒缓了一口气，怎能让周总理再冒一次险呢。中国礼宾官就和卫士长等人商量，认为直升飞机坐人有限，又有安全问题，建议几内亚方面取消这一安排。礼宾官报告了总统。杜尔却说：你们不要担心，这事由我自己去跟周总理说。他在晚饭时向周总理提出了这项要求，他说："我开飞机送你和陈毅副总理，我们的议长、国防部长陪同，有一个翻译随行就可以了。"周恩来痛快地答应了，但中方有关负责人还是私下里向总理表示了担忧。没想到周恩来却笑着说："人家总统、议长、国防部长，一、二、三号人物都能坐，我为什么不能坐？要尊重主人的安排嘛。"第二天，果然只有一个翻译跟着周总理和杜尔总统等上了直升机。

上了飞机后，周恩来和陈毅真是大开眼界。但下面的成元功等人着急得不得了。他们只好赶紧坐上汽车追赶，还不断地仰望天空，为总理和总统等人的安全捏着一把汗。直到看见杜尔总统驾驶的直升机在目的地安全降落，大家心里的石头才落了地。

在几内亚访问期间，还有一件有趣的事情。一天吃过晚饭后因没有什么外事活动，周恩来便带领大家到临海的宾馆外面散步。在这个过程中，周恩来把摄影师杜修贤和陈毅秘书杜易一起叫过来，说："你叫杜易，几内亚总统叫杜尔，我看啊，你老杜（指杜修贤）就叫杜山，正好是杜易（一）、杜尔（二）、杜山（三）。"陈毅当时也开怀大笑，说道："要得，杜氏家族，一二三,一家子兄弟!”总理亲自给“改名”,杜修贤也感到荣幸。从此,上上下下就开始喊他“杜山”,这成了杜修贤最响亮的别名。①

1月27日午夜,周恩来向广播电台发表主题为“一个没有帝国主义和新老殖民主义的独立自主的新非洲一定会出现”的告别词后,飞离几内亚,向东斜穿非洲大陆,前往苏丹共和国。

(八)在苏丹是否要乘敞篷车的争论

苏丹位于非洲东北角的红海之滨,是非洲面积最大的国家。1月27日下午3时,周恩来一行抵达苏丹首都喀土穆。苏丹武装部队最高委员会主席易卜拉欣·阿布德前往机场迎接。

中国政府代表团到达苏丹之时,正值苏丹局势动荡不安之际。苏丹政府建议周恩来、陈毅从机场到宾馆时乘敞篷汽车,好让首都喀土穆人民一睹中国总理的风采,也可以扩大苏丹现任领导人的政治影响。然而,中国代表团负责礼宾安排的官员,考虑到安全问题,未请示周恩来、陈毅就拒绝了苏丹方面的计划。

周恩来后来知道此事后,非常生气,严厉地批评这位官员说:“顾虑太多,没有从大局考虑。这种做法是对东道主的不尊重,在他们遇到困难时,没有给予支持,也错过了与苏丹喀土穆人民直接见面的机会。”他立即指示代表团有关负责人尽快同苏丹官员协商,在代表团离开喀土穆时安排他和陈毅从宾馆到机场沿途乘坐敞篷汽车。周恩来还强调:“这不仅仅是个礼仪的问题,这一行动的涵义远远超过礼仪方面的考虑。这样做是为了表示声援一个处境困难的被压迫国家的领导人,也是支持苏丹人民的正义斗争。”

① 尹家民:《周恩来访问十四国随员轶事》,载《党史博览》,2003(3)。

历史上，苏丹人民同中国人民还有过一个共同的敌人——英国侵略军军官查尔斯·戈登。戈登在 1860 年第二次鸦片战争时，曾参与英法联军火烧北京圆明园的活动。1863 年，他又率领洋枪队帮助清朝政府镇压太平天国。后来，他被英国派到苏丹担任殖民总督。1885 年，苏丹人民起义军在民族英雄马赫迪率领下，攻克喀土穆，戈登在总督官邸被起义军用长矛刺死。

周恩来在国宴上的讲话中说："在反对帝国主义和殖民主义的长期斗争中，我们两国人民是相互同情和相互支持的。曾经镇压过中国太平天国革命运动和苏丹民族革命运动的帝国主义者戈登，最后终于受到了苏丹人民的惩罚。这种共同的斗争一直把我们两国人民连在一起。自从我们两国相继获得独立和解放以后，特别是我们两国建交以来，中国和苏丹的友好合作关系，在和平共处五项原则和万隆会议十项原则的基础上，获得了令人满意的发展。"①

访问期间，周恩来尽可能多地增加同苏丹人民的接触。他先后参观了喀土穆市、苏丹民族博物馆和故都恩图曼、青尼罗河省棉产区吉齐拉等重要城市。

1 月 30 日结束访问离开喀土穆时，为挽回上次改变苏丹政府安排的影响，满足苏丹政府和喀土穆人民的愿望，周恩来、陈毅在苏丹武装部队最高委员会主席阿布德陪同下，乘坐敞篷车从宾馆到机场，沿途受到喀土穆市民的热烈欢送。

（九）埃塞俄比亚的美国阴影

1 月 30 日上午，中国代表团的专机在六架埃塞俄比亚战斗机护航下，飞抵埃塞俄比亚东北部的阿斯马拉机场，受到沃尔德首

① 《人民日报》，1964 年 1 月 29 日。

相和其他大臣的欢迎。

埃塞俄比亚是非洲最早武装反抗法西斯势力的国家，是非洲国家首脑会议的发起国，并在首都亚的斯亚贝巴召开了非洲统一组织成立大会，非洲统一组织的总部也设在这里。虽然它没有同中华人民共和国建交，但是同蒋介石集团也没有外交关系。

不过，在埃塞俄比亚，可以明显感觉到美国的阴影。中国政府代表团访问埃塞俄比亚，是埃塞俄比亚皇帝海尔·塞拉西主动邀请的。但是迫于美国的压力，把会谈地点安排到远离首都的北部城市阿斯马拉。阿斯马拉坐落在海拔 2400 米的高原上。按照国际惯例，这样做是不礼貌的。但是，周恩来充分体谅东道主的难处，决定前往阿斯马拉。他说服有反感情绪的部分随行人员，说："应该体谅埃塞俄比亚政府的困难，不要计较礼仪，要着眼于发展中埃人民的友谊。"[①]

当周恩来率领中国政府代表团欣然到达阿斯马拉市时，美国的报刊趁机大做文章，说这是埃塞俄比亚有意降低对中国人的接待规格。周恩来对此一笑了之。

1 月 30 日中午，周恩来一行在阿斯马拉皇宫受到塞拉西皇帝的接见。下午，双方开始会谈。由于美国阴影的存在，双方会谈中时有分歧和争论。

会谈中，塞拉西皇帝指责中国在埃塞俄比亚、肯尼亚同索马里的边界争端中支持了索马里，理由是"中国援助索马里"，"索马里会利用中国的援助来反对埃塞俄比亚和肯尼亚"。周恩来耐心解释说：埃、肯、索三国的"民族争执问题，对我们是一个新问题。索马里同中国先建交，埃塞俄比亚同中国未建交，肯尼亚当时还未独立。由于中索建交，索马里总理到中国访问"。"索总

---

① 童小鹏：《风雨四十年》第二部，107 页。

理访华时向我们要求经济援助。凡是非洲国家向我们提出经援要求，我们一般都给予满足。”“我们帮助索马里进行经济建设，同索马里想用武力夺回领土毫无关系。”“好似我们对阿尔及利亚提供的援助，同阿、摩冲突完全是两回事”一样。因为“我们对阿的援助从阿进行反殖民主义战争就开始了，但阿、摩冲突是发生在去年十月”。“我们一向坚持万隆精神，主张任何争端应和平解决，而不诉诸武力。”“我在同索马里总理的谈话中，一再强调了我们对埃、索争端采取不介入的立场。索总理表示同意我们的立场。”“我们愿意同非洲各国友好，不在争端中支持任何一方。”“对索马里提供军事援助的不是我们，是别人，是某些大国。”“我们不介入的立场是坚定不移的。”“我们已听过索马里的意见，所以这次先访问埃塞俄比亚，先听取你们的意见。”

经过周恩来的耐心解释，笼罩在塞拉西皇帝心中的阴影有所淡化。他表示感谢周恩来的承诺，并且表示：埃塞俄比亚并不是说中国“不该援助索马里”，而是“觉得只能给经济援助而不能给军事援助”。接着，他说：埃塞俄比亚“仍愿同索马里坐下来谈判”。周恩来回答说：“很高兴听到陛下坚持同索马里坐下来谈判的立场。这精神很好，我一定转达索马里方面。”[①]

美国的影响，成为中埃建交的主要阻碍。在 1 月 31 日周恩来与塞拉西的最后一次会谈中，涉及中埃建交问题时，塞拉西皇帝考虑到与美国的关系和美国对埃的援助问题，不同意中国方面提出在两国《联合公报》中“宣布中埃两国建立外交关系”。他说：“我们的建议是：‘双方协议采取措施加强埃塞俄比亚同中华人民共和国的关系，包括在最近的将来使两国关系正常化。’”“埃塞俄比亚一直支持中华人民共和国在联合国的地位。”“如果

① 周恩来同塞拉西皇帝第 1 次会谈记录，1964 年 1 月 30 日。

我们要使同中国的关系正常化，我们不能不考虑同美国的关系。”“我并非追随美国的政策。我们的政策是不结盟，我们相信这一政策是正确的。”①

周恩来对塞拉西皇帝的这些解释表示理解，他说：“陛下提到埃塞俄比亚面临的实际困难，并且表示要努力克服这种困难。”“现在的主要问题是要照顾埃塞俄比亚的困难，还需要时间。”“也可能需要长时间，这没有关系。事情总是准备长一点好，困难总是估计多一点好。”因此，“公报如何写法应该考虑”②。周恩来这样表示后，塞拉西皇帝感动地说：“毫无疑问，我们一定会克服困难，保证遵守诺言。”

会谈结束后，中国方面在《联合公报》中完全采纳了塞拉西皇帝提出的关于两国关系写法的建议。

在联合公报签署的当晚宴会上，周恩来本来要宣读一篇讲话稿的。但他考虑，既然双方存在分歧，我方的许多观点在会谈中都已阐明，不如改变一下方式，不再宣读此稿。他让礼宾司司长俞沛文把讲话稿先送给塞拉西皇帝看，征求他的意见。塞拉西看后也说，请转告周恩来总理，他的意见和观点，我们都知道，我们是尊重他的，请他最好不要念这篇稿子了。周恩来对塞拉西的困境表示理解，在告别宴会上没有宣读这篇稿子，只是发表了一个简短的祝酒词，并表示：“我们可以等五年、十年、十五年，直到对方方便时我们再建立外交关系。”

这以后，塞拉西皇帝一直努力推动中埃两国关系的发展。两国终于在1970年正式建交。当初替周恩来递送未发表的讲话稿的中国外交部礼宾司司长俞沛文，被派去出任了驻埃塞俄比亚的

---

① 周恩来同塞拉西皇帝第2次会谈记录，1964年1月31日。

② 同上。

首任大使。

（十）周恩来访问索马里时提出了“整个非洲大陆是一片大好的革命形势”的著名论断

鉴于在非洲出访的时间已经很长，经同有关国家商定，周恩来原定对坦桑尼亚、肯尼亚和乌干达的访问推迟到今后方便的时候进行。这样，周恩来对索马里共和国的访问成为非洲十国之行的最后一站。

2月1日中午，周恩来抵达索马里首都摩加迪沙，受到阿卜迪拉希德·阿里·舍马克总理和首都市民的欢迎。这是周恩来对上一年舍马克访问中国的回访。

这天晚上，在舍马克举行的国宴上，周恩来追溯了中索两国人民的传统友谊。次日，周恩来同亚丁·阿卜杜拉·欧斯曼总统会谈时，再次强调了中索两国“早在一千年前就有了来往”的传统友谊。

周恩来出访的十个非洲国家的领导人，几乎都十分关注恢复中国在联合国的合法席位问题。在索马里，周恩来再次重申中国政府的坚定立场：虽然国际上承认中国已成为一种趋势，但“联合国里的多数国家是否能支持恢复中国合法权利并且驱逐蒋介石，那还不能肯定”。因为“美国在联合国操纵了多数”。假如它“看到联合国多数支持恢复中国席位”，“一定会提出台湾地位未定”，会“提出把台湾变成一个独立的政治单位，叫台湾政府，或台湾共和国，或者托管地”。拉丁美洲国家会追随美国，英国会赞成，“一部分亚洲国家也会动摇，会劝我们先进联合国，不要反对把台湾除外”。“把台湾除外，我们是绝对不能接受的。不然，等于我们承认台湾被割出去，承认美国占领台湾。”这是“蒋介石都不承认的事，我们承认，我们就变成民族罪人，出卖领土”！他斩钉截铁地说：“只要中华人民共和国存在，只要中国共产党在领导，我们绝不会承认把台湾分割出去。”

舍马克仍疑惑地提出：“如果联合国多数支持恢复中国席位，而美国有不同意见，要把台湾除外，中国是否可先接受安理会的席位，同时宣布台湾是非法的？”周恩来直截了当地回答：“不可能，这两个问题一定得联在一起。中国的席位一恢复，蒋介石集团（在联合国的席位）应该是不存在了。”“如果出现两个中国，我们宁可不进联合国。”因为“美国在搞鬼，许多国家受影响，要造成两个中国同时存在。我们只有不进去，没有别的办法。我们不能在美国的阴谋面前屈膝”。①

在索马里，周恩来对他非洲之行作了总结，提出了“整个非洲大陆是一片大好的革命形势”的论断。他说：“我们访问了十个非洲国家，东非其他国家推迟到以后再访问。”以前我们对非洲情况的了解，基本上是从到中国访问的非洲朋友和中国驻非洲国家使馆得到的，“现在亲自来非洲有了许多新的认识，增加了不少知识”。“现在是非洲人民大觉醒的时代。在任何地方看到的非洲人民表现的热情都是很感动人的，这不仅仅是为着欢迎中国代表，而是因为他们独立了，解放了，碰到解放了的朋友。给我们印象最深的是，非洲人民站起来了，觉醒了，再没有任何力量能够阻挡他们前进。”“整个非洲大陆是一片大好的革命形势。”“我们深信，非洲新兴国家，有了正确的领导，紧密地依靠人民群众的力量，把民族革命进行到底，一定能够创造光明的未来。”②

---

① 周恩来同舍马克总理第2次会谈记录，1964年2月3日。

② 《周恩来在摩加迪沙群众欢迎大会上的讲话（1964年2月3日）》，《人民日报》，1964年2月6日。

2月4日，周恩来一行结束对非洲十国历时55天的访问，满载非洲人民的深情厚谊飞离索马里，2月5日抵达昆明。周恩来这次出访的非洲十国的总面积和总人口，分别占非洲大陆总面积和总人口的32.5%和41%。

后来，中国政府代表团又接着访问了亚洲三国——缅甸、巴基斯坦、锡兰（今斯里兰卡），加上此前去的阿尔巴尼亚，一共出访了14个亚非欧国家，直到1964年3月15日才回到北京，毛泽东、刘少奇、邓小平等党和国家领导人与首都各界群众一道迎接代表团出访归来。

1964年3月30日、31日两天，第二届全国人大常委会和国务院召开联席会议，听取周恩来作长达151页的《关于访问十四国的报告》。他在汇报时说："我们这一次去访问，可以说是走马观花，去做探路的工作。"但是他仍然充满信心地预言："这个探路的工作，可以为以后的政府的、民间的、从各方面去的人打开一个关系，所以，这个影响会跟着以后的工作越来越发展。"

四、启　示

周恩来总理率团访问非洲十国，揭开了中国对非洲外交工作的新篇章，加深了中国领导人与非洲各国领导人以及中非人民之间的了解。同时，这次外交行动也给我们留下了很多重要启示。

（一）坚持大小国家一律平等的原则具有强大生命力

周恩来总理一生仅去过非洲三次，这次非洲之行是历时最长的。直到今天，在非洲还可以听到非洲人在念叨周恩来，对他念念不忘。外国领导人去非洲访问的不计其数，但是，世界上有哪一位领导人像周恩来这样，在访问非洲50年之后，非洲人还在念叨他？周恩来总理可能是唯一的。周恩来为什么对非洲产生了如此大的影响？最根本的原因是，他坚持大小国一律平等的原则，尊重非洲。这项原则具有强大的生命力。

什么叫大小国一律平等？什么叫尊重对方？周恩来总理的言行告诉我们，这至少包含以下几层含义：

1. 客随主便，主随客便

“客随主便，主随客便”，这是周总理经常讲的两句话。所谓客随主便，就是到人家那里去做客，尊重对方的安排，决不搞什么“以我为主”。主随客便，是客人到中国来，我们要尊重对方的生活习惯。

摩洛哥国王哈桑二世破例在国宴上上烤全羊。周恩来总理在国内不吃羊肉，怕上火，这是中国的养生文化；摩洛哥没有吃羊肉上火的说法，这是摩洛哥的文化。国王认为上烤全羊是最高礼遇，而且，国王亲自抓了一块羊肉放到周总理的盘子里。不吃羊肉的周总理吃了这块羊肉。如果周恩来不吃这块羊肉，国王会作何感想？

去苏丹访问，苏丹方面建议周总理和陈毅副总理乘敞篷车由机场赴宾馆，沿途接受喀土穆市民的欢迎。这个建议被中方负责礼宾的官员以安全理由拒绝了。他后来受到周总理的严厉批评。周总理批评这位官员的主要理由，是没有尊重对方的安排。在对方最需要支持的时候，我们没有去支持人家。这个批评是多么的深刻！

杜尔总统要亲自开直升机送周总理一行回首都科纳克里，这个建议开始也被中方负责安全的官员拒绝了，但周恩来总理很痛快地接受了。

周恩来总理充分尊重主人，尊重到访国的安排。今天我们有些官员到人家国家去访问，搞什么“以我为主”，把国内的一套搬到国外去，无视对方的安排。这二者之间的反差是巨大的。

2. 设身处地为对方着想

加纳总统恩克鲁玛在周总理访问加纳之前被人暗杀未遂，在加纳政局不甚明朗的情况下，恩克鲁玛总统的安全问题很大。为此，周恩来总理专门派了随访的外交部副部长黄镇，提前去加纳，向恩克鲁玛总统当面转达周恩来总理的意见，希望恩克鲁玛不用太在意那些礼仪，总统不要去机场欢迎，也不要安排去外地参观，恩克鲁玛听了非常感动。

设身处地地为对方着想，这是最能打动对方的。恩克鲁玛说周恩来总理对加纳的访问是（外国领导人）访问加纳“最好的一次”，这绝非客气话，而是肺腑之言。

3. 认真听取不同意见，求同存异

突尼斯总统布尔吉巴对中国的外交政策提出了批评，周恩来总理不仅没有生气，而且肯定对方是好朋友，讲真话。请大家注意，1964 年中国的国力还是很弱的时候，与今天的中国有很大不同。在中国国力很弱的时候，周总理就有如此雅量，能够听取别人的不同意见，甚至是逆耳的批评。今天难道我们不应当更有理由虚怀若谷吗？听几句批评，听几句不同意见有什么关系？人家批评几句就把你批评倒了？这不可能。

当然，我们要区分朋友之间的善意批评和敌对势力的恶意攻击。布尔吉巴总统请周恩来总理去访问，要与中国建立外交关系，批评中国两句，当然是善意的，不可能是恶意攻击。

求同存异是周恩来外交遗产的重要内容，也是周总理在对外工作中一向坚持的原则。全世界有近 200 个国家，2000 多个民族，有着不同的历史、文化和社会政治制度，又处在不同的发展阶段，国与国之间出现一些分歧是正常的，要想消灭这些分歧是徒劳的。国与国之间存在着许多共同利益，在共同利益的基础上开展合作，是顺理成章的。中国人在2000多年前就懂得了这个道理，提倡“和而不同”。1955年在万隆会议上，由于各方意见尖锐分歧，会议濒临破裂的边缘，周恩来的一篇讲话，强调“求同存异”，并列出了亚非国家的共同点，挽救了会议。

突尼斯总统布尔吉巴不赞成中国的外交政策，提出了一些不同意见。周恩来不仅没有介意，反而从对方的讲话中找出了突尼斯和中国的共同点，打动了布尔吉巴，决定与中国建立外交关系。

4. 别人有困难，要耐心等待，绝不强加于人

周总理去埃塞俄比亚访问，由于美国的压力，塞拉西皇帝没有在首都接待周总理，周总理毫不介意。我们想同埃塞俄比亚建立外交关系，对方有困难，不同意把两国建交写进《联合公报》，我们没有坚持。而且，周恩来总理最后还表示，我们可以等待，等待五年、十年、十五年都可以。这种充分理解对方困难、不强加于人的做法，对两国关系是促进的，而不是促退的。中埃建交没有等十五年，塞拉西皇帝就履行了自己的诺言，1970年中埃建立了外交关系。

中国俗话说“强扭的瓜不甜”，国与国的关系也是如此。你如果强加于人，没有人会感到舒服。相反，充分理解对方的困难，耐心等待，会感动对方。水到渠成的做法是中国外交要大力提倡的，周恩来总理给我们树立了榜样。

5. 坚决摒弃大国主义

周恩来总理对大国主义是深恶痛绝的。周总理的做法一般是中方陪见的人员到齐后再请外宾。有一次，中方人员齐了，礼宾官去报告总理说：“总理，我方人员齐了，现在我去‘叫’外宾吧。”总理眼睛一瞪，批评说道：“什么‘叫’！‘请’！”当时

我年轻，不懂总理的意思，心想“叫”和“请”差不多，反正让外宾来就是了。后来，随着自己阅历的加深，逐渐明白了，“叫”是上对下，“请”是把对方放在平等的地位上。

不久前，外交部组织了一次小范围座谈，一些老同志提出了尖锐批评，认为我们有些官员大国主义太严重了，瞧不起小国。到人家那里访问，一定要对方的一把手接见，不见就不行，哪有这样的道理？

1956年11月12日，适逢孙中山先生诞辰90周年，毛主席写了《纪念孙中山先生》一文。文中谈道：“（中国）要谦虚。不但现在应当这样，四十五年之后也应当这样，永远应当这样。中国人在国际交往方面，应当坚决、彻底、干净、全部地消灭大国主义。”

（二）重视大人物，也关心“小人物”

外交工作中有大人物，也有“小人物”。大人物固然重要，但没有“小人物”的贡献，事情也做不成。

周恩来在访非过程中，无论是对大人物——国家元首、政府首脑、部长，还是对“小人物”——一般工作人员、服务人员，都是平等相待，亲切谦和，尊重有加。这种伟人风范和亲和力也深深地感染了非洲人民，争取了人心。当时，一些非洲国家底层服务人员如宾馆厨师、招待员等的社会地位都比较低，在当地都被人看不起。周恩来对他们却既亲近，又尊重，见到他们总要点头打招呼，表示感谢。在结束访问离开宾馆时，都要特意同他们握手道别，感谢他们周到的服务。

在结束对加纳的访问、离开阿克拉前夕，周恩来在下榻的国家大厦专门为接待中国代表团的工作人员和服务人员举行了一个答谢晚宴。周总理和陈毅副总理亲自向他们敬酒致谢。目睹这一场景的加纳官员说：一个大国总理专门设宴邀请宾馆招待人员，同他们握手言欢，碰杯致谢，是闻所未闻的奇事，中国总理太伟大了。一个参加宴会的招待员感动得流泪，用发颤的手举杯说："这是一个传奇故事，它将永远铭刻在加纳人和子孙后代的心中！"这些都是对非洲人民真挚的情意和平等、博爱精神的体现。

这次出访租用的是荷兰飞机，机组人员工作十分出色，对中国代表团的安全极为重视。周恩来对机组人员的工作和生活也十分关心。荷兰的机组人员后来对代表团工作人员说："我们荷兰飞机差不多跑遍了全世界，但是没有看到任何国家的领导人像你们的周总理这样平等对待我们，他同我们握手、照相，对我们十分尊重。"代表团访问阿尔巴尼亚后，本来应该另换一批机组人员。但他们写了一份报告给荷兰公使，表示决心为这个代表团服务到底。他们的愿望实现了。访问结束到达昆明时，他们提出想到北京看一看。周总理就派我们的飞机送他们到北京，并同陈毅副总理一起专门招待了他们，还派人带领他们参观北京的名胜古迹。他们最后回国前还诚挚地表示，总理以后有出访的任务，他们非常愿意再来服务，一定圆满地完成任务。

重视大人物，也关心"小人物"，这是周恩来总理的一贯作风。对外如此，对内也是如此。"文化大革命"前，外交部礼宾司有一位周总理很欣赏的"女将"，叫罗思源，她做礼宾工作，细致、周到，早就参加了共产党，但是由于她有"海外关系"，作为礼宾官，她不能上天安门、去人民大会堂和钓鱼台，她当然对此有意见。"文化大革命"初期"造反"时，她参加了"反迫害大队"。后来中央派了军代表进驻外交部，军代表把"反迫害大队"定性为"反革命组织"，罗思源就成了"反革命"。她在下放去干校的前一天，突然接到总理办公室的通知，让她去一下，总理要见她。这期间的周总理真是日理万机啊，从早忙到深夜，但他还是想起了罗思源。总理见到她时，鼓励她认识错误，改正错误就好，到干校好好锻炼。可以想象当时罗思源是多么的感动，这也是她最后一次见总理。多年后，她对我讲起了这件事，还禁不住泪流满面。

今天，我们有些人，眼睛里只有大人物，完全没有“小人物”，他们与周恩来总理的差距有多大呢？

案例六

中法建交

戴高乐总统上台后，有意与中国建交，中方抓住了这个机遇，共同策划了1963年10月21日富尔访华。然而在如何处理法国同台湾的关系这个核心问题上，双方出现分歧，谈判一度陷入僵局。周恩来总理在既坚持原则又充分理解法方立场的情况下，巧妙地提出“三点默契”，最终使谈判圆满完成。中法建交被国际媒体称为“外交核爆炸”，对于中国加强同西方大国的关系是一个重大突破，对美国孤立中国的政策是一次沉重打击，是中国外交史上一个重要案例。

1964 年 1 月 27 日，中华人民共和国与法兰西共和国建立了外交关系。法国是西方第一个与我国建交的安理会常任理事国，尽管两国的建交公报只有短短的两句话，但却震动了世界，影响巨大。

1964 年 1 月，我在匈牙利首都布达佩斯的世界民主青年联盟总部工作，给中国代表当翻译。中法建交前夕，我到使馆去听大使传达国内关于中法建交的通报。听到这个消息，我非常兴奋，因为这是中国外交的一大突破。同时，我是学法语的，还从来没有去过法国。1961 年底，国内本来派我和中华全国学生联合会的一位领导去法国参加黑非洲留法学联的代表大会。我们去法国驻捷克使馆申请签证，被拒签了，非常失望。获悉中法建交后，我觉得以后有机会去法国了。

中法建交是人民共和国成立以来外交上的一件大事，是在毛主席领导下，由周恩来总理和陈毅副总理兼外交部长亲自出面谈成的，是中国外交史上的一个重要案例。研究这个案例，可以更好地了解周恩来总理的外交风格与特点。

一、背 景

（一）中法建交前的国际形势

第二次世界大战结束后到60年代中期，国际形势出现四个鲜明的特点：

一是国际形势为美苏两极所主导，两大阵营之间的冷战是国际关系中最突出的特点。美苏两个超级大国之间虽然没有爆发热战，但双方为争夺世界霸权在不断地进行较量。他们之间的关系有时也有所缓和，但争夺和对抗是主要的。

二是美苏两国都想加强对自己盟国的控制，这必然带来控制与反控制的斗争。东西方两大阵营内部矛盾发展，出现了明显的分化。

三是民族解放运动高涨。第二次世界大战结束后，亚非拉争取民族独立和解放的斗争一浪高过一浪，他们的斗争得到了社会主义国家和西方世界进步势力的支持。西方大国在过去几百年里所建立起来的殖民体系已难以为继，正逐步走向瓦解。一批又一批亚非拉国家纷纷宣布独立。

四是不结盟运动诞生。在两极体制下，美苏两国都力图控制世界，要别人来依附自己。国家和人一样，都有自尊心，从心底里讲，都不愿意依附于别人，看别人的眼色行事。在这样的背景下，1961年诞生了不结盟运动。不结盟运动从本质上看，是对美苏霸权的一种抵抗，有进步意义。

（二）戴高乐上台，法国剧变

戴高乐将军是20世纪的一位伟人。1970年11月9日，戴高乐去世时，毛泽东主席曾经给戴高乐夫人发唁电称戴高乐是“反法西斯侵略和维护法兰西民族独立的不屈战士”[①]。他一生致力于维护法国的独立和主权，不向任何外部势力屈服和退让。戴高乐坚信，“法兰西如果不伟大，就不成其为法兰西。”[②]

戴高乐生于1890年，参加过第一次世界大战，经历过战争的洗礼。20世纪30年代初，希特勒上台后，戴高乐敏锐地观察到爆发战争的危险。他著书立说，主张加强国防，建设强大的坦克部队，以应对希特勒发动的侵略战争。第二次世界大战爆发后，法军抵挡不住德军的凌厉攻势，但戴高乐所领导的部队却打了几次胜仗，他被任命为国防部次长，军衔为准将。在法军节节败退、法国政府被迫接受城下之盟后，戴高乐前往伦敦领导自由法兰西运动，坚持抗战。1940年6月18日，他在伦敦通过BBC发表了《告法国人民书》的著名演说，号召法国人民坚持抗战，强调：“法国输掉的是一场战斗，但并没有输掉正义的战争，法国抵抗的火焰不应熄灭，也绝不会熄灭。”在戴高乐的领导下，法国人民坚持抗战，在海外大力发展自己的军事力量。在诺曼底登陆前，戴高乐已拥有一支近百万人的部队。1944年8月26日，戴高乐的部队与盟军部队一道解放了巴黎。戴高乐带领部队进入巴黎，受到法国人民的热烈欢迎。

1945年9月，法国举行全民公决，摈弃了第三共和国，建立了第四共和国。11月，戴高乐被议会选举为临时政府总理，组成新的临时政府。1946年1月20日，戴高乐厌恶当时法国政界的纷争，感到自己的政治抱负难以实现，遂辞去临时政府总理职务，挂冠而去。此后，法国陷入了内外交困的局面。

---

① 周荣耀：《毛泽东与戴高乐》，载《世界知识》，2004（3）。

② ［法］夏尔·戴高乐著，陈焕章译：《战争回忆录》，第1卷，1页，中国人民大学出版社，2005。

第二次世界大战结束，法国也是战胜国之一，成为安理会常任理事国。战后的法国经济尽管困难重重，但在“马歇尔计划”的援助下，法国经济恢复较快。

第二次世界大战期间和战后，法国国内左翼力量发展迅速，战后法国首次大选，法国共产党成为议会第一大党。在法国政坛上，各种政治力量不断进行激烈的较量，致使法国政府频繁更迭。法国面临的更为严重的挑战，是日益高涨的争取民族独立和解放的运动。法兰西殖民帝国拥有1100万平方公里的领土，地跨非洲、亚洲和拉丁美洲。法国统治下的许多殖民地的人民，要求民族独立。面对汹涌澎湃的民族解放运动，法国政府面临两种选择：一是武力镇压，二是通过谈判，允许他们取得独立。遗憾的是，当时的法国政府选择了前者。

1946年，面对越南、老挝等国人民要求独立的武装斗争，法国派兵镇压，投入了大量的人力、物力和财力。但是，印度支那人民争取民族独立和解放的斗争是不可阻挡的，法军在战场上不断失利。1946年至1954年，法军在印度支那战场上死9.2万人，伤11.4万人，2.8万人失踪，军费开支高达3万亿法郎。1954年，日内瓦会议结束了长达8年的印度支那战争。

印度支那战争刚刚结束，法国又遇到了更大的难题。1954年11月1日，阿尔及利亚民族解放阵线成立，领导民族解放军在奥雷斯山区发动了武装起义。阿尔及利亚面积有230多万平方公里，是法国本土面积的四倍。1830年，阿尔及利亚沦为法国的殖民地，1834年被宣布为法国领土。此后，法国向阿尔及利亚大量移民。阿尔及利亚民族解放阵线要为阿尔及利亚的独立进行斗争，法国还是首先选择了武装镇压，开始了阿尔及利亚战争。

1958年5月，阿尔及利亚爆发了法军的叛乱，法国面临爆发内战的危险。在这个危机的关头，戴高乐再次出山，接管了议会和政府的全部权力，出任总理。9 月，全民公决通过新宪法，第五共和国成立。在 1958 年 11 月的国会选举中，戴高乐和他的政党轻松赢得了多数的支持，12 月，以绝对多数的优势当选为第五共和国首任总统。1959 年 1 月 8 日，正式就任总统。

戴高乐上台后，采取果断措施，结束了阿尔及利亚战争。法国政府与阿尔及利亚民族解放阵线进行谈判，1962 年 3 月 28 日，双方达成了《埃维昂协议》，结束了长达 7 年 8 个月的战争和法国对阿尔及利亚 132 年的殖民统治。阿尔及利亚通过公民投票取得了独立。

戴高乐对外奉行独立自主的外交政策，同美国拉开了距离。1958 年 9 月，戴高乐以法国政府首脑的身份给艾森豪威尔总统和麦克米伦首相写了一份备忘录，要求改组北大西洋公约组织（简称“北约”）机构，建立一个由美英法三国组成的领导机构。该建议遭美英拒绝后，法国退出了北约军事一体化组织。1966 年，北约总部从巴黎迁往了布鲁塞尔。

戴高乐不顾美国的强烈反对，拒绝在本国领土上储存美国的核武器，坚持要建立一支独立的法国核打击力量。1960 年 2 月，法国在撒哈拉成功爆炸了第一颗原子弹。1963 年 8 月，法国同中国一起，抵制了美英苏三国部分禁止核试验条约。

戴高乐反对美国控制欧洲，他深知，要摆脱美国的控制，单靠法国一家力量不够，必须联合德国，才能建立“欧洲人的欧洲”。戴高乐与德国总理阿登纳从 1958 年 6 月起，先后会晤了 15 次，不仅实现了法德和解，而且还在此基础上，进一步推动了欧洲联合。

戴高乐对中国深有好感，他生前未能访问中国，这是中法外交史上的一大憾事。我在担任驻法大使期间，曾经宴请过戴高乐的儿子、孙子以及他们的配偶，他们都对戴高乐将军未能在有生之年去中国访问，会见毛泽东主席和周恩来总理感到十分惋惜。戴高乐的孙子让·戴高乐告诉我："我是除去我祖母外，在我祖父戴高乐将军1970年11月9日去世前两天见到他的唯一的亲人。我记得戴高乐将军颇为动情地说，'明年我要去中国，这个有着悠久历史的国家。我要见毛泽东主席，他是一位伟人'。"

1970年11月，戴高乐去世后，当时中国还在搞"文化大革命"，外界的消息很少。我在做翻译有机会见到周恩来总理的时候，介绍了我从法国《世界报》上所读到的有关戴高乐将军的逸事，诸如：戴高乐十分廉洁，公私分明；他的亲属到总统府来吃饭，他都要付费；他从不用公款来寄私人的信件，他的私人信件都是由他的秘书拿到总统府附近的邮局里去寄，自己出钱；戴高乐辞去总统职务后，不接受总统的退休金，靠自己出书的稿费来生活。"文化大革命"期间，周恩来总理十分繁忙，但对我讲的这些事情，很有兴趣，很注意听。从他的眼神中可以看出他对这位伟人的敬重。

（三）中国经济发展，国际地位逐渐上升

1949年10月1日，中华人民共和国成立。人民共和国成立后到中法建交前，经历了一段极不寻常的历程。

1950年至1953年，爆发了朝鲜战争，中国被迫参战，与美国打了个平手。这场战争的结果对于稳定新中国的国际地位，是有好处的。

朝鲜战争结束后，1953至1957年，我们实行了第一个五年计划。在苏联的援助下，计划实施得十分成功，中国的国力有所加强。

中国和苏联在1950年签订了《中苏友好同盟互助条约》。中国奉行"一边倒"政策，坚决倒向以苏联为首的社会主义阵营，

两国关系一度十分友好，在各个领域的合作发展得也很顺畅。但是到了 50 年代末，两国领导人在国际共产主义运动、世界形势和中国国内政策等问题上产生了严重的分歧。两国、两党从内部争吵逐渐发展为公开论战，中苏关系急剧恶化。中苏的争吵也极大地影响了我们同多数东欧社会主义国家以及与受苏联影响较大的发展中国家的关系。

1962 年爆发了中印边境武装冲突，我们在边界被迫开展了自卫反击战，战争使两国关系陷入了长期僵冷的状态。

第二次世界大战结束到中法建交前，正是全球争取民族独立和解放运动高涨的时候。中国对这一斗争不仅在政治上给予坚定的支持，而且提供了力所能及的援助。许多国家一宣布独立，我们立即同他们建立了外交关系。

1958 年，中国提出了“超英”、“赶美”的口号，实行“大跃进”、大炼钢铁、人民公社化等一系列的错误政策。这些政策的实施造成了灾难性的后果，1959 年至 1961 年，中国经历了三年经济严重困难的时期，出现了饥荒。此后，中国在经济上进行了调整，到中法建交前，经济逐渐有所恢复，总体形势是稳定的。

（四）中法建交的主要障碍清除，法国主动提出要与我建交

中华人民共和国成立后，当时的法国政府追随美国孤立中国的政策，还派遣军队参加了“联合国军”，在朝鲜战场上同中国人民志愿军作战。

此后，中法两国虽然没有外交关系，但是，1954 年日内瓦会议期间，周恩来总理兼外长会见法国总理兼外长孟戴斯 – 弗朗斯。这次会晤对推动达成《关于恢复印度支那和平的日内瓦协议》发挥了积极的作用。1957 年 5 月至 6 月，法国前总理富尔访华，毛主席和周恩来总理分别予以会见。此外，两国在文化、体

育领域也有所交流。

阻碍中法两国建交的两大障碍，一是美国的阻挠，二是阿尔及利亚战争。中国对于阿尔及利亚人民争取民族独立和解放的斗争，从一开始就给予坚决支持。我们不仅不顾法国的反对，承认了阿尔及利亚临时政府，而且向对方提供了援助。2003 年 6 月 1 日，在埃维昂八国集团与发展中国家对话期间，阿尔及利亚总统布特弗利卡亲自对胡锦涛主席说："我们在为阿尔及利亚的民族独立和解放进行武装斗争的时候，我们的战士穿的军装和鞋都是中国援助的，我们对此永志不忘。"

上述两大障碍，随着阿尔及利亚取得独立和戴高乐上台后奉行独立自主的外交政策，不复存在。

1963 年 8 月 20 日，法国前总理富尔前往中国驻瑞士大使馆会见李清泉大使，提出了再度访华的要求，希望会见中国领导人，就国际形势和法中关系交换看法。8 月 31 日，李大使前往达沃斯会见富尔，转达了中国人民外交学会会长张奚若对富尔夫妇 10 月下旬访华的邀请。

1963 年 10 月 21 日，富尔夫妇经香港抵达中国。10 月 23 日，周恩来总理与他进行了第一轮会谈。富尔代表戴高乐总统关于法中建交问题提出了三点方案：

1. 无条件承认方案。法国政府正式宣布承认中国，中国政府表示同意。

2. 有条件承认方案。法国政府表示愿意承认中国，中国提出接受承认的条件。

3. 延期承认方案。

二、中国政府面临的选择

法方提出的方案表明，法国既愿意同中国建立外交关系，但又不愿意公开承认中华人民共和国政府是代表全体中国人民的唯一合法政府，并断绝同台湾的外交关系。

法国的上述立场，使中国政府面临两个选择：

（一）如果法国不接受我上述两个条件，我们将暂缓与法国建交，待对方接受我上述条件后，再建立外交关系。

（二）在维护我基本立场的前提下，设法与法方通过谈判达成妥协，建立外交关系。

中国政府经过慎重考虑后，选择了后者。

三、操作过程

1963 年 10 月，富尔在抵达中国大陆之前，在香港声称，他这次对中国的访问，完全是“私人性质”的。抵达大陆后，他明确向中方表示，他这次携有戴高乐总统的亲笔信，是代表戴高乐总统来同中国谈判建交的。

富尔访华期间，周恩来总理和陈毅副总理兼外交部长，先后与他会谈了六次。时任中国外交部西欧司法国科负责人张锡昌先生参加了中法建交的全过程。张锡昌先生熟悉法国的情况，1998 年 10 月，我在赴法国任大使前，在北京专门向他进行了请教。他在《亲历中法建交》一文中是这样说的：

富尔开门见山地说道：“法国元首戴高乐将军希望同中国领导人就两国关系问题进行会谈。他认为，像我们这样两个大国的领导人现在还不能进行会谈是不正常的。因此，戴高乐将军要我来中国，代表他同中国领导人会谈。”

富尔表示，法国没有承认新中国，而保持同蒋介石的关系，这是不正常的。接着，他又摆出一副无求于人的样子：“我不愿意像一个商人那样来谈论这个问题。我们没有什么特别的要求提出来，因为目前的局面对我们没有什么特别的坏处。但是，这种局面是不正常的，是奇怪的。因此，我们愿意同你们交换意见。”

周总理表示，这几年来，戴高乐将军当政，在维护国家独立和主权方面采取了勇敢的步骤，有些大国可能不高兴，而我们觉得一个国家应该如此；另一方面，法国多年来没有解决的阿尔及利亚问题，已经根据阿尔及利亚民族自决的意志得到解决，法国承认阿尔及利亚的独立，这是件好事。周总理还指出，法国没有在美、英、苏三国部分禁止核武器试验条约上签字，中国也反对这个条约；双方事先并未交换过意见，但表现出来的行动却是一样的，因为中法两国都要维护自己的独立和主权，不愿受任何外国的干涉和侵犯；我们都赞成在国际上应该维护世界和平，不允许几个大国垄断世界事务。只有世界上所有国家取得平等地位，大家都有权过问世界事务，才能真正维护世界和平。周总理强调了中法之间的共同点，认为两国建交的时机已经成熟。富尔表示同意这一看法。

总理问道：“中法建立正式关系，法国同台湾的关系是一个困难。我想了解一下，除了这个困难，还有什么困难？”

机灵的富尔听出了弦外之音，立刻回答道：“戴高乐总统是以勇敢的精神、历史的眼光来考虑这个问题的，因为我们作出这个决定一定会受到苏、美的指责，但法国奉行独立政策，不需要征求苏、美的意见，自己可以作出决定。”

关于法台关系问题，富尔进一步说明法方意图：“法国在13

年前就犯了一次错误。我个人很愿意承认这次错误，但作为一个大国，很难承认这种错误。我愿意同你们共同找出一个办法，使法国不致对过去的错误表示忏悔。”他还强调，在戴高乐将军采取承认中国这一具有历史意义的步骤时，希望中方“不要强加使他不愉快或丢脸的条件”。

针对富尔提出的三点方案，周恩来总理也提出了三点方案：

（一）全建交方式，如瑞士和北欧诸国那样。即在解决法国对台关系问题的条件下实现中法建交，也就是法国先同台湾断交，然后同我们建交的模式。

（二）半建交方式，如英国、荷兰那样。这对双方都将是不大愉快的。

（三）暂缓建交。双方应采取积极创造条件，促进早日建交的态度，而不是消极等待，可先设民间贸易代表机构等。

中方欢迎积极的、直接的建交方式。

富尔表示，戴高乐希望法中之间立即建立正常的外交关系，绝不仿效英国拖泥带水的半建交方式；法国也不愿采取第三种方式，法国政府只是把延期建交方案作为备用，根本无意采取这个方案。但他再三表示，希望中国不要坚持法国先同台湾断交。富尔强调，法国不附和“两个中国”的主张，如果法国承认中国，那就是承认中华人民共和国，法国在联合国支持恢复中国的合法席位，将是合乎逻辑的。

张锡昌先生对中法两国各自的立场和面临的困难作了准确的描述。由于富尔坚持无条件建交，而中方反对“两个中国”的立场是坚定不移的，双方进行了四轮谈判，未能打破僵局。中方安排富尔夫妇先到外地去参观，然后去上海继续谈。

当时，毛泽东主席正在上海小住，周总理、陈毅副总理先行去上海。经毛主席首肯，周恩来总理在第五轮谈判中向对方提出，如果双方能够达成三项默契，我们可以同意直接建交。这三项默契是：

（一）法国政府只承认中华人民共和国政府为代表中国人民的唯一合法政府，不再承认在台湾的所谓“中华民国”政府。

（二）法国支持中国在联合国的合法权利和地位，不再支持所谓的“中华民国”在联合国的代表权。

（三）中法建交后，在台湾撤回它在法国的“外交代表”及其机构的情况下，法国也相应地撤回它驻在台湾的“外交代表”及其机构。

对于周总理提出的三项默契，富尔认为新方案不是无条件建交，也不是有条件建交，而是把二者融合在一起了，是附加解释的承认，表示这一方案是合情合理的，是可以接受的。

在最后一轮谈判中，双方对这个方案的措辞进行了反复推敲。富尔建议把第一项默契“不再承认在台湾的所谓‘中华民国’政府”删去。双方经过磋商，把删去的这句话改为：“这就自动地包含着这个资格不再属于台湾的所谓‘中华民国’政府”。

双方就建交方案达成协议后，富尔表示，他未被授权签署正式文件，他将把此方案呈戴高乐总统批准。为了准确反映中方的立场，周恩来总理决定，以周恩来总理谈话要点的形式，向富尔提供建交方案的书面文件，以便他能够据此向戴高乐汇报我方意见和谈判结果。

11 月 2 日，中方以《周恩来总理谈话要点》的形式，向富尔提供了建交方案的书面定稿。全文如下：

（一）富尔先生代表法国总统戴高乐将军表示了关于恢复中法正常外交关系的愿望。中国政府赞赏法国政府的这种积极态度，并且确认，中国政府对建立和发展中法关系抱有同样积极的愿望。

（二）中国政府根据中法两国完全平等的地位，从改善中法两国关系的积极愿望出发，提出中法直接建交的方案：

1．法兰西共和国政府向中国政府提出正式照会，承认中华人民共和国政府，并且建议中法两国立即建交、互换大使。

2．中国政府复照表示，中华人民共和国政府作为代表中国人民的唯一合法政府，欢迎法兰西共和国政府的来照，愿意立即建立中法两国之间的外交关系，并且互换大使。

3．中法双方相约同时发表上述来往照会，并且立即建馆，互派大使。

（三）中国政府之所以提出上述方案，是由于中法双方（周恩来总理和富尔先生）根据富尔先生所传达的法国总统戴高乐将军不支持制造“两个中国”的立场，对下列三点达成了默契：

1．法兰西共和国政府只承认中华人民共和国政府为代表中国人民的唯一合法政府，这就自动地包含着这个资格不再属于在台湾的所谓“中华民国”政府。

2．法国支持中华人民共和国在联合国的合法权利和地位，不支持所谓“中华民国”在联合国的代表权。

3．中法建立外交关系后，在台湾的所谓“中华民国”政府撤回它驻在法国的“外交代表”及其机构的情况下，法国也相应地撤回它驻在台湾的外交代表及其机构。

周恩来总理和富尔分别在直接建交方案上签了字。富尔申明，他的签字是非正式的，有待戴高乐将军作出正式决定。

1963 年 11 月 22 日，戴高乐在总统府接见富尔，表示同意报告的结论，准备法中两国相互承认。

1963 年 12 月 12 日至 1964 年 1 月 23 日，法国外交部欧洲司司长雅克·德博马歇前往伯尔尼，与中国大使李清泉就建交的具体事宜进行了四次正式谈判。

德博马歇根据戴高乐的指示，提出：以公报形式宣布两国建交，公报“越简单越好”；并表示难以接受“中华人民共和国政府是代表全中国人民的唯一合法政府”的提法。对于法方的这一建议，周恩来总理指示李清泉大使，北京达成的三项默契是底线，只要法方坚持三项默契，则具体的建交方式可以变通处理。

中法双方经过谈判，就建交公报达成协议，并同意双方事先通过互换照会确认三项默契，我方将会在宣布建交后单方面发表声明，宣示中华人民共和国是作为代表全中国人民的唯一合法政府和法国政府建交谈判，并重申台湾是中国的领土，反对制造“两个中国”。法国方面予以默认。双方还就《建交公报》发表的日期达成了一致意见。

1964 年 1 月 27 日，中法双方同时发表了《建交公报》，全文如下：

“中华人民共和国政府和法兰西共和国政府一致决定建立外交关系。两国政府为此商定在三个月内任命大使。”

戴高乐总统于 1964 年 1 月 27 日中午 12 时，在爱丽舍宫举行了一次有上千人参加的记者招待会，宣布了法中建交。

中法建交的消息迅速传遍世界，国际媒体称这不啻是一次“外交核爆炸”。

四、启　示

（一）外交是妥协的艺术

1963 年，戴高乐将军经过深思熟虑后，派前总理富尔来华谈判建交。他既想同中国建交，又不愿意接受任何条件，这是中法建交谈判中最大的难题。自中华人民共和国成立以来，凡同中国建交的国家，都在《建交公报》中承诺，断绝同台湾的关系，承认中华人民共和国是代表全中国人民的唯一合法政府。请看 6 年之后，我国与英国建立大使级外交关系的公报，也是这样写的：

中华人民共和国和大不列颠及北爱尔兰联合王国
关于互换大使的联合公报
（1972 年）

中华人民共和国和联合王国政府一致确认互相尊重主权和领土完整、互不干涉内政和平等互利的原则，决定自一九七二年三月十三日起将本国派驻对方首都的外交代表由代办升格为大使。

联合王国政府承认中国政府关于台湾是中华人民共和国的一个省的立场，决定于一九七二年三月十三日撤销其在台湾的官方代表机构。

联合王国政府承认中华人民共和国政府是中国的唯一合法政府。

中华人民共和国政府对联合王国政府的上述立场表示欣赏。

中华人民共和国政府代表	大不列颠及北爱尔兰联合王国政府代表
外交部副部长	驻中华人民共和国代办
乔冠华	J.M.Addis

戴高乐在同中国建交问题上持上述立场，是由三方面原因决定的。

首先，同中国建交会同时得罪美国和苏联这两个超级大国。1964年，越南战争已经爆发，中国是坚决支持胡志明主席领导的越南人民抗美救国斗争的，这是在同美国直接对抗。1964年，中苏关系已经闹翻。当时的世界是两极体制的世界，同时得罪两个超级大国，这是一个困难的决定。

第二，这也是法国所处的地位所决定的。法国虽然是一个重要的国家，但不是超级大国，做事情必然左顾右盼、瞻前顾后。法国不想对外造成与中国建交是有求于中国的印象。所以，富尔来华谈判建交，一上来就根据戴高乐的指示说："严格说来，我们无求于人。"

第三，更重要的，这是戴高乐本人的性格、特点和处事方式所决定的。戴高乐对蒋介石有好感。第二次世界大战期间，蒋介石拒绝承认德国扶植的法国维希政府，承认了戴高乐所领导的海外流亡政府。对此，戴高乐存有感激之情。我在戴高乐的故乡科隆贝双教堂戴高乐博物馆里，还看到当年蒋介石送给戴高乐的礼品在那里展出。富尔在建交谈判中也反复强调，拒绝公开宣布同台湾断交，这不是一个政治问题，而是一个"礼节"问题。公开宣布同台湾的断交，在戴高乐看来有些失礼，过于唐突，不符合他的处事方式。中法建交后，戴高乐还派专人去台湾向蒋介石当面作出解释。戴高乐做事的风格是特立独行，与别人就是不一样。其他国家以一种固定的模式与中国建交，而戴高乐就是不一样。

外交是国家行为，绝不是越强硬越好。外交是一种妥协的艺术。之所以是一种艺术，那就是既要维护本国的根本利益，又要照顾对方的合理需求，达到一种两全齐美的境界。

对中国来说，当时同法国建交，绝不是可有可无，而是十分必要，符合中国的根本利益，对中国十分有利。外交上，我可以打破美国对我的封锁禁运，扩大我外交上的回旋余地；内政上，对于中国经济发展而言，中法建交无疑是雪中送炭。

然而，法国方面又不愿意接受我一贯坚持的建交模式，怎么办？周恩来总理首先是通过前四轮的谈判向对方苦口婆心地说明，中国坚持的建交模式是站得住脚的，是有充分理由的。对于这些道理，富尔是无法驳斥的。同时，通过谈判，周总理进一步摸清了法方的立场，发现法方拒绝公开宣布并非不可以做的事情。外交上有很多事情是可以做，但不一定能公开说的。周恩来总理的外交艺术是炉火纯青的，他提出了三点默契的主张，打破了僵局，连富尔也认为这是合情合理的，并得到了戴高乐的最后同意。三点默契的高明之处是把法国不愿意公开宣布但愿意做的事情，通过默契的形式肯定下来。这样，我们既坚持了反对“两个中国”的原则立场，又不使戴高乐将军丢面子，这在外交上确实堪称范例。

（二）外交上重大的、具有历史意义的决策必须符合历史的潮流

戴高乐将军确实是 20 世纪为历史所证明的一位伟人。伟人的眼光绝不是拘泥眼前，而是能看到历史发展的趋势和潮流。中华人民共和国的诞生，是中国人民经过一百多年的奋斗所得来的

成果，这符合20世纪席卷全球的争取民族独立和解放的历史潮流。中国的独立和解放也是这股潮流的重要组成部分，谁也阻挡不了。

1964年1月8日，戴高乐召开了内阁会议，专门讨论中法建交问题，内阁成员一一表态，赞成建交。戴高乐最后作了总结发言，他指出：

“中国这个事实明摆在那里。这是一个幅员辽阔的国家。它拥有开辟未来的一切手段。我们不清楚，它需要多长时间来发展自己。但是，有一点是肯定的，总有一天，中国将成为一个巨大的政治、经济、甚至军事大国的现实。法国应当考虑到这一点。不承认中国有什么好处没有？谁也没有向我们提供什么报偿。我们同所有的人打交道，我们有盟国，我们保护联盟。采取承认中国这一具有转折性的步骤，说不定对我们的盟国也不无好处。”

你不能不佩服戴高乐将军的胆识，半个世纪前，戴高乐就预见到了今天全世界都在谈论的中国的崛起。

1964年1月27日，戴高乐在记者招待会上说，中国是“比有记载的历史还要悠久的文明古国”。同时他预言：“目前还在观望的某些政府，迟早会觉得应该仿效法国。”历史证明戴高乐的预见是何等的富有远见和正确，包括美国在内的多少西方大国都是在中法建交之后仿效法国同中国建交的。

尼克松在其《领导者》一书中专门记述了他与戴高乐有关中国的谈话。戴高乐奉劝他说：“你现在承认中国要比将来中国强大起来而被迫承认它更好一些。”尼克松后来承认，戴高乐与他的谈话对美国政府改变对华政策起了很大作用。

戴高乐将军不愧是一位巨人，他是站在历史潮流的前列，而不是做潮流的尾巴。

（三）大事与细节

做大事需要周密策划，周密策划离不开细节。中法建交是外交上的大事，双方都做了精心策划，连每个细节都考虑到了。有人说，细节决定成败。当然，事情有大有小，大事和细节是不一样的。但是有些细节关乎大局，弄得不好，就会功亏一篑。这是在策划大事时需要避免的。

戴高乐想与中国建交的方针已定，但派谁去同中国谈，这很有讲究。现在看，选富尔是选对人了。富尔不是戴高乐的亲信，与戴高乐又不是一个党的。富尔是激进社会党人，属左翼人士。左翼人士出面谈比右翼人士好，谈成了，容易得到更多人的支持。富尔曾经两次担任法国总理，办事有板有眼，不事张扬，在政界颇有威望。此人 1957 年曾经访问过中国一个月，见过毛主席和周恩来总理。富尔同戴高乐关系很好，对他的意图心领神会。他谈出的结果，戴高乐很快就同意了。

1963 年，同中国谈建交，这是一件高度机密又极为敏感的事情。富尔来华和离华的路线都经过精心策划，他在来中国之前，去了柬埔寨；与中国谈成了建交方案之后，又去印度云游了近一个月才回法国。

富尔来华谈建交携有戴高乐的亲笔信，这个设计虽是一个细节，却是用心良苦的。富尔不是法国政府的内阁成员，中法也没有建交，戴高乐的信不能写给中国领导人，只能写给富尔，但信又是要给中方看的。信的核心内容是："完全相信富尔对中国领导人所说的以及富尔听到中国领导人所说的。"话不长，但实际上是等于告诉中方，富尔是他委派的全权代表。

富尔与中方谈成了建交的方案，但由于富尔非官方的身份不好正式签字，这时候就需要法国外交部出面了。法国派到瑞士与中国大使李清泉谈判的不是管亚洲的司长，而是管欧洲的司长雅克·德博马歇。他去见中国大使谈什么，连法国驻瑞士的代办都不知道，可见法方何等注意保密。

法国决定同中国建交，美国非常恼火。当时美派熟悉蒋介石的中央情报局的高级官员克莱因专程去台湾劝蒋介石不要主动同法国断交。这一招是很厉害的，钻了法国不愿公开宣布同台湾断交的空子。戴高乐对此警惕性很高，1964 年 2 月 6 日，戴高乐总统在给蓬皮杜总理和德姆维尔外长的手谕中指出：

“从国际法的观点看，只有一个中国；而且所有中国人，特别是北京政府和台北政府，都这样认为。既然我们与北京政府协议建立正常大使级外交关系，我们就认为，北京政府就是中国政府。对我们来说，有理由不承认台北代表机构的外交地位，并尽快向其告知此意，并为此进行相应的物质准备。”

根据戴高乐指示的精神，1964 年 2 月 10 日，法国政府正式通知台湾当局驻巴黎的“外交代表”：一俟北京外交人员到达巴黎，台湾外交代表机构就将失去其存在的理由。

以上的措辞相当外交，但实际上是在下逐客令。台湾当局没有办法，只有在同一天宣布同法国断交。这样，美国要台湾不与法国断交的阴谋就彻底破产了。

法方对中法建交的策划，现在回头看是周密的、稳妥的。中方与法方的谈判是在周恩来总理和陈毅副总理直接领导下进行的，中方的应对也是十分高明的，充分反映了周恩来的外交风格。

谈判陷入僵局之后，周恩来总理没有硬谈下去，而是请对方在钓鱼台吃饭放松一下。这看来是一个细节，但其寓意是清楚的。表明中方没有放弃，还想继续谈下去。

然后，总理亲自安排富尔夫妇到山西大同和内蒙古去参观，这是想得很周到的。法国是一个文化大国，政界人士一般文化素养都很高。安排他们去看看云冈石窟这样文化积淀很深的地方，法国人是十分喜欢的。

三点默契是周恩来打破僵局的高招，但周总理没有一下子直接打出去，而是让张锡昌先去他那里，他把三点默契对张讲一讲，让他译成法文，先与富尔沟通，看一看对方反应如何。当张锡昌按照总理的安排把三点默契打出去后，富尔喜出望外，总理才亲自出面与富尔直接谈。总理这样的安排，是考虑到三点默契是打破僵局的关键，如果一下子由他本人打出，会显得有点唐突。让张锡昌先去沟通，好处是使富尔对三点默契有一个消化和理解的过程，这样就十分稳妥了。

外交部的人都知道总理说的“外交无小事”。外交当然有大事和小事之分。我体会总理讲“外交无小事”，是指外交是国家行为，小事有时也会有很大的影响，必须认真去做，一丝不苟，绝不能掉以轻心。

案例七

中国援建坦赞铁路

坦赞铁路是20世纪60年代中国在自身经济条件仍很困难的情况下，对非洲援助的大项目。这条铁路的修建虽然困难重重，付出了很大的代价，但它的建成发挥了重大的作用：不仅对促进坦赞两国的经济发展和推动非洲大陆的民主解放运动作出了贡献，而且建立了中非之间真诚的友谊，为中国赢得了在第三世界的信誉、威望和影响力，对新中国的外交带来极大的益处。

援建坦赞铁路是我国政府 20 世纪 60 年代的一项重大战略决策。这条铁路东起坦桑尼亚首都达累斯萨拉姆，西至赞比亚的卡皮里姆波希，全长 1860.5 公里。从 1965 年 2 月坦桑尼亚政府提出希望中国援建坦赞铁路的意向，到 1976 年 7 月坦赞铁路全线建成，前后经历了十余年的时间。中国拿出了当时外汇储备的 1/3 多用于援建坦赞铁路，是 20 世纪中国最大的援外项目。坦赞铁路的成功修建，对中非关系的发展产生了深远影响，是一笔宝贵的外交遗产。

一、背　景

（一）中国面临的国际环境总体严峻，但也有突破

20 世纪 60 年代中期，中国所处的国际环境十分严峻，可以说是腹背受敌。美国对中国奉行经济上封锁、政治上孤立、军事上威胁的政策。中国在南面坚决支持越南人民的抗美救国斗争，与美国处于直接对抗的状态。在北面，由于中苏关系恶化，苏联在蒙古和中苏边界大量陈兵，边境冲突不断，苏联对我构成严重的安全威胁。在西南面，1962 年，中印之间爆发了一场战争，我

们被迫进行自卫反击。中印边境武装冲突后，两国关系长期僵冷。

在此形势下，由于我外交政策得当，也实现了一些重要突破。1964 年 1 月，中法建交，震动了世界。

20 世纪 50 年代末至 60 年代初，中国大力支持非洲人民反对殖民主义的斗争，积极发展同非洲国家的友好合作关系。在这一时期，中国同 18 个非洲国家建立了外交关系，同几内亚、加纳、刚果（布）、马里和坦桑尼亚等国签订了友好条约。

（二）非洲民族解放运动进入攻坚阶段

战后，非洲民族解放运动风起云涌，到了 20 世纪 60 年代进入了高潮。北非、东非和西非国家几乎全部取得了独立。然而，殖民主义者不甘心自己的失败，他们固守在南部非洲。纳米比亚、南罗得西亚（独立后称津巴布韦）、莫桑比克等地成为殖民主义者在非洲的最后堡垒，非洲的民族解放运动进入了最后的攻坚阶段。南部非洲国家的人民，为自己的独立和解放正在进行坚持不懈的斗争，非常需要外部世界的支援和帮助。那些政治上刚刚获得独立的非洲国家，由于长期受帝国主义、殖民主义剥削和压迫，经济上也极为困难，急需发展民族经济，改善人民生活。

（三）中国经历三年严重困难时期，经济上正处于恢复期

1953 年，朝鲜战争结束后，中国百废待兴，我们立即投入了第一个五年计划的建设。在苏联的援助下，第一个五年计划的实施是十分成功的，中国的国力有所增强。然而，1958 年，我们采取了“大跃进”、“大炼钢铁”、“人民公社”等一系列的错误政策，提出了不切实际的“超英”、“赶美”的口号，造成了灾难性的后果。1959 年至 1961 年，中国经济度过了三个极为困难的年

头。1962 年，中国政府调整了政策，使情况有所好转，经济逐渐恢复。

（四）坦桑尼亚和赞比亚都迫切需要修建坦赞铁路

坦桑尼亚和赞比亚分别在 1961 年和 1964 年获得独立。两国矿产丰富，坦桑尼亚蕴藏有大量的煤、铁资源，赞比亚为世界著名的产铜国。但交通运输的落后状况严重影响了两国的矿产资源出口，阻碍了经济发展。赞比亚是个内陆国家，没有出海口，原有的三条供出海用的铁路在其独立后相继被封锁或半封锁，只剩下一条通往坦桑尼亚达累斯萨拉姆的土路，致使年产铜 55 万吨的赞比亚运输发生了严重困难，急需一条通往坦桑尼亚出海口的交通命脉。

坦桑尼亚和赞比亚独立后大力支持南部非洲人民的解放斗争，成为非洲支持南部非洲人民的前哨阵地。

此外，坦桑尼亚南部是欠发达地区，要发展也需要修建一条通往赞比亚的铁路。

由于上述原因，坦桑尼亚总统尼雷尔非常希望把这条铁路建起来。

二、中国面临的选择

修建坦赞铁路当时已成为坦赞两国的迫切愿望。但是这两个国家经济均较落后，这么大的工程，单靠两国自身的国力无法完成，必须依靠外援。坦赞两国先是向世界银行请求援助，后来又向美国、英国、西德、法国、日本以及苏联等多个国家提出过援助请求，但都遭到了拒绝。在多次碰壁后，坦赞两国最后把希望寄托在了中国身上。坦桑尼亚政府1965年2月向中国提出了援建坦赞铁路的意向。

中国面临以下三种选择：

（一）考虑到当时我国国内的经济状况，婉拒援建该项目。

（二）支持修筑坦赞铁路，但由于我国国力有限，中国可以作为援建方之一，部分参与坦赞铁路建设。

（三）接受坦赞两国政府的要求，同意援建坦赞铁路。

中国政府经过反复研究与综合考量后，最终选择了第三条。

三、操作过程

（一）坦桑尼亚政府提出要求援建坦赞铁路的初步意向

根据我国原外交部副部长、时任中国驻坦桑尼亚大使何英回忆，坦桑尼亚向中国请求援建坦赞铁路的消息，最早是由坦桑尼亚政府商业合作部部长巴布向其透露的。[①]何英在《援建坦赞铁路的决策过程》一文中写道：

“1965年2月，在坦桑总统尼雷尔访华前，巴布率贸易代表团访华为尼雷尔总统访问打前战。巴布出发前，何英大使会见了他，在谈到尼雷尔访华究竟要谈什么具体问题时，巴布表示尼雷尔总统非常希望修建坦桑尼亚—赞比亚铁路，可能会提出要求中国帮助修建。巴布说，去年，坦赞政府曾一起向世界银行提出援助修建坦赞铁路的要求，但被婉拒；坦桑尼亚副总统卡瓦瓦访问

① 巴布全名是阿卜杜勒·拉赫曼·穆罕默德·巴布，是具有阿拉伯血统的桑给巴尔人，他在桑给巴尔共和国成立时任外交部部长，在坦桑尼亚联合共和国成立时任商业合作部部长，尼雷尔总统对他很器重。参见周伯萍：《非常时期的外交生涯》，30页，世界知识出版社，2003。

苏联时，又要求苏联政府援建这条铁路，但苏联政府不假思索地拒绝了，尼雷尔总统对此非常失望。在遭到各方拒绝后，他曾说过靠自己的牺牲也要修成这条铁路。巴布认为，这条铁路的修建在政治上具有巨大意义，可以加强坦桑尼亚和赞比亚的联合，促使赞比亚采取和坦桑尼亚政府同样的政策。在遭到世界银行和苏联政府的拒绝后，估计尼雷尔总统向中国提出援建的要求不会直截了当，而会婉转地提出。巴布建议，如果尼雷尔总统提出援建铁路，希望中国领导人不要立即作出否定的答复，可一般性的表示有兴趣，愿予研究。”①

何英大使很快将与巴布会谈的情况和相关建议写成报告呈送外交部。在该报告中，何英对修建坦赞铁路的可行性等情况作了比较详细的说明。②

（二）周恩来总理主持作出初步决策

何英大使的报告引起了中央的高度重视。副总理兼外交部长陈毅收到报告后，立即呈送给了周恩来总理。周恩来在认真看完报告后，同陈毅初步交换了意见，最终商定："要听听各有关部委的意见，特别是对外经济联络委员会与铁道部的意见。希望他们多从困难的角度考虑，这样有利于中央和主席作出决策。"③

国务院紧急征询有关各部委对援建坦赞铁路的意见，周恩来总理还专门问了时任对外经委主任方毅和铁道部长吕正操的看法。在听取了各方意见后，周恩来总理最后总结说：

---

① 何英：《援建坦赞铁路的决策过程》，张树德：《红墙大事：共和国历史事件的来龙去脉》，447页，中央文献出版社，2005。

② 尹家民：《援建坦赞铁路内幕》，载《党史博览》，1999（12）。

③ 张铁珊：《友谊之路：援建坦赞铁路纪实》，37页，中国对外贸易出版社，1999。

该铁路对坦桑尼亚和赞比亚来说不但具有经济意义，而且还具有军事和政治意义。坦赞铁路可以使坦赞两国摆脱帝国主义、殖民主义、种族主义的控制、讹诈，还可以使他们把世界反帝、反殖国家为支援非洲民族解放事业所提供的生活物资和军事物资运送到非洲南部、中部和西部谋求解放的自由战士手中。

如果中国同意修建，肯定会引起西方一些国家的恐慌。为了维护它们在非洲的传统利益和影响，它们有可能被迫接受承建任务，也许是一个国家，也许是几个国家共同承担。这样尼雷尔总统和卡翁达总统手中就掌握了一张谈判的王牌；他们可以在西方国家提出附加条件或特权时，打出这张王牌，也可以在西方国家虽然允诺而又故意刁难或故意拖延时间时，打出这张王牌。这里的关键问题是，中国必须是真心实意地同意帮助修建，而不是哗众取宠、捞取政治好处的空头支票。

大家知道中国还是个比较贫穷的国家，还是个需要帮助的国家。对外经委有的同志担心，一下子拿出几个亿来援建这条铁路，会超出我们的国力。这些同志的担心不是没有道理的。但是，如果不是一下子，而是分几年，比如 6 年、8 年、10 年，这样每年分担的数目不就相应地减少了吗？如果我们只援建坦桑尼亚境内的铁路，赞比亚境内的铁路由别的国家援建，每年分担的数目不就更少了吗？尽管我们的国民经济正在复苏，可是复苏的速度很快，而且会越来越快。这就是说，我们的综合国力和经济实力也不会停留在现有水平，而是随着国民经济的增长而增长。现在看是超出了国力，几年之后就会在国力允许之内。据外交部提供的资料表明，赞比亚目前还不敢贸然接受中国这样庞大的援助。它要求我们援建的那座电台就是很好的证明。人世间穷人帮穷人大都出于真心实意，不会有什么企图，被帮助者会受惠勿忘。富人帮穷人即使没有企图，也会使人感到是恩赐或施舍，被帮助者不会受之坦然。人与人是这样，国与国何尝不是如此？我们这种无私的援助定会赢得更多的朋友。①

根据总理的分析和指示，形成了中国政府援建坦赞铁路的初步决策，主要包含以下几条：

第一，修建坦赞铁路确为坦赞两国的迫切需要。两国总统不顾帝国主义的威胁利诱，积极支持南部非洲的民族解放运动，这种精神极为可贵。尼雷尔总统亲来求援，应该满足其要求。

第二，在财力和技术上我国可以承担。援建费用可能要几个亿，一次拿出当然困难，但勘测、设计、施工整个过程将需八九年，每年所需费用不过几千万，我国经济每年都会有发展，这笔费用承担得起。卡翁达总统尚未下决心要求中国援建，如只援建坦境路段，更不成问题。

第三，集中力量援建这样一个大工程，其效果和影响绝非在其他国家多搞一些中小项目所可比拟。

第四，远隔重洋，在热带地区建设这样宏大的跨国工程，必然会遇到许多新问题、新困难。不能掉以轻心，而需派出精干的专家组进行考察，查明情况，提出对策，妥善安排。

第五，我国同意援建坦赞铁路，势必引起西方一些国家的

① 何英：《援建坦赞铁路的决策过程》，《红墙大事：共和国历史事件的来龙去脉》，447页。

恐慌。它们为了维护传统利益和影响，有可能被迫同意援建。这也未尝不好，尼雷尔总统可以用中国同意援建作王牌，反对它们可能提出的苛刻条件。①

（三）中央拍板

根据上述意见，外交部立即给中央写了一个请示报告，提出“中国应该承担这项工程”的建议。报告的主要内容如下：

1. 坦赞为发展经济，建设国家，特别是赞比亚为摆脱南罗得西亚和葡萄牙的控制，急于寻找新的出海口，想修建这条连结东、中、南非的铁路。

2. 第二次世界大战后，东非铁路、海港公司曾经进行过踏勘并提出考察报告，认为修建这条铁路是可行的；英国亚历山大·吉布合股公司也认为可以修建这条铁路，但必须“采取有效措施发展沿线地区”，否则不应修建；一些西方国家则认为“没有必要修建”这条铁路显然是带政治性的而不是经济性的目的。

3. 坦赞两国领导人是坚定的泛非主义者，他们坚决支持中、南部非洲的民族解放运动，修建坦赞铁路不仅可以促进坦赞两国民族经济的发展，而且还能给予中部和南部非洲民族解放运动以大力支持。如我承担援建坦赞铁路，还可使非洲各国看到中国是真心实意地帮助他们，是他们真正的朋友。

周恩来在外交部的请示报告上批示道：“呈主席，少奇同志审阅。为援助非洲新独立的国家和支持非洲民族解放斗争，如果尼雷尔总统访华时提出援建坦赞铁路问题，我意应同意，当否，

① 周伯萍：《周恩来与坦赞铁路》，载《百年潮》，2000（6）。

请指示。”[①]毛泽东、刘少奇后来均圈阅同意。

毛泽东当时还对周恩来说：“恩来，援助是相互的，要教育我们的干部不能以大国自居。当年在莫斯科与斯大林会晤时，你我的感受不会忘记吧？我们要为受援国设身处地想一想啊。”

（四）尼雷尔总统访华与原则协议的达成

1965年2月16日，尼雷尔总统开始了对中国的国事访问，先是抵达上海，次日上午飞至北京。在首都机场，尼雷尔总统受到了高规格的接待，中国国家主席刘少奇、国务院总理周恩来、副总理兼外长陈毅一同前往机场迎接。[②]

2月18日，中坦两国领导人在北京钓鱼台进行了第一次正式会谈。除刘少奇、周恩来、陈毅外，李先念、方毅、张爱萍、乔冠华、何英等有关方面负责人也出席了会议，冀朝铸担任首席翻译。

尼雷尔总统显得有些忐忑不安，他不知道提出援建坦赞铁路的要求，中方会作何反应。但是他还是把这个要求提出来了：

“……我国南部是最富有的，也是最不发达的地区。1960年我去美国时，要求世界银行贷款，在南方修建铁路。世界银行说，南部没有什么可开发的，修了铁路没有用处，不给贷款。……应赞比亚的要求，世界银行派出了一个考察团。考察团在考察后写了个报告，名义上是经过勘察后写的，其实是在华盛顿就写好的。报告里说，他们不喜欢这条铁路，原因是修这条铁路不经济。但对我国和赞比亚来说，这是打破恶性循环的唯一办

① 王俊彦：《大外交家周恩来》，576—577页，经济日报出版社，1998；陈敦德：《探路在1964：周恩来飞往非洲》，272页，解放军文艺出版社，2007。

② 中华人民共和国外交部外交研究室编：《周恩来外交活动大事记》，436页，世界知识出版社，1993。

法！……修建这条铁路所需投资很大，而投资的主要部分在坦桑尼亚境内。我坦率地向你们提出，使你们了解这一点，请你们考虑怎么办。”

刘少奇答复异常平静：“可以考虑，但需要较长时间，第一步是进行勘察。”周恩来见尼雷尔对刘少奇答复感到疑惑，便解释说：“刘主席已经说过，总统阁下提出的问题可以考虑。马里总统向刘主席提过，要求帮助修一条公路，从马里至阿尔及利亚。他比你们要修的铁路长得多，战略上也重要，我们答应了。东非的铁路，西非的公路，都是有战略意义的，对非洲人民的解放事业是很重要的。我们了解它的重要意义。问题是修成这条铁路需要较长的时间。”

尼雷尔听了总理这番话十分激动：“这是多么好的消息！当我谈这个问题的时候，我的心跳得多么厉害！在证实你们的回答之前，我连呼吸都不敢了！”双方人员听完都笑了起来。

刘少奇接着说：“帝国主义不干的事情，我们干，我们一定帮助你们修！”尼雷尔自言自语道：“我兴奋得不能喘气了！”

刘少奇还指出：“只要我们团结一致，并肩战斗，就没有克服不了的困难。投资大，时间长，分成几年，每年需要的投资就不多了。”周恩来补充了一些细节：“铁路建成后，主权是属于你们和赞比亚的，我们还要教你们技术，教会你们如何管理铁路。”

尼雷尔总统没想到会谈进展得如此顺利，他重复了他说过的话：“我再次向阁下声明，我们不希望增加你们太多的困难。我们知道，你们不仅是援助一个国家，而是援助许多亚非国家。只要你们说有困难，我们是完全可以理解的，完全可以接受的。”

刘少奇回答说：“我也再次说明，如果这条铁路对你们，对赞比亚是重要的，我们将为你们修建……坦赞铁路建设与赞比亚有关，你们可以同赞比亚商量，我们也可以同赞比亚商量。

不管赞比亚持什么态度，我们将尽快派勘察组在坦桑尼亚境内勘察、选线，然后再进行设计。”[①]

2 月 19 日，刘少奇、周恩来同尼雷尔进行了第二次正式会谈。随后，毛泽东亲切会见了尼雷尔，他说：

“中国人民见到非洲的朋友很高兴。我们很高兴，因为是相互帮助，不是谁要剥削谁，都是自己人。我们不想打你们什么主意，你们也不想打我们什么主意。我们都不是帝国主义国家，帝国主义国家是不怀好心的。”

中坦双方达成了援建这条铁路的原则协议后，双方商定，暂不予公布。

（五）中、坦、赞三国签署修建坦赞铁路的协议

坦赞铁路的价值，对赞比亚来说远大于坦桑尼亚，但因当时决定接受中国的援建是需要一定政治勇气的，卡翁达最初的态度不如尼雷尔积极。卡翁达本来是寄希望于西方国家的。在南罗得西亚“片面独立”后，赞比亚在交通运输和经济发展上面临更严重的困难，使其越来越认识到拥有一条通往可靠出海口的铁路的重要性。当他看到西方无意援建这条铁路后，开始探询中国的态度。他先派卡曼加副总统访华，了解到中方持积极态度后，他本人于 1967 年 6 月正式访华。在其访华期间，中方明确表示，只要坦赞两国总统下决心，中国愿意承担投资修建。

毛泽东在会见卡翁达时说：“这条铁路不过 1800 多公里，投资也只有 1 亿英镑，没有什么了不起！”卡翁达回复说：“我们只

① 外交部档案馆，档号：108−01389−02，“刘少奇主席、周恩来总理同坦桑尼亚总统尼雷尔第一次会谈记录”，1965 年 2 月 18 日，10−12 页。转引自尹家民、张铁珊：《中国为何援建坦赞铁路》，载《文史博览》，2007（2）。

有通过帮助其他地区的自由战士，使他们获得独立，才能报答你们的帮助。”[①]

经过反复沟通，特别是针对西方的各种阻挠和障碍，中方做了大量工作，消除了坦赞两国的疑虑。两国政府最终决定派代表团来京正式商谈有关修建坦赞铁路的事宜。

1967年9月3日，中、坦、赞三国政府代表在北京进行了第一次正式会谈，签订了《中华人民共和国政府和坦桑尼亚联合共和国政府、赞比亚共和国政府关于修建坦桑尼亚—赞比亚铁路的协定》（简称《三国协定》）。《三国协定》的主要内容是：中国政府同意帮助坦赞两国修建自坦桑尼亚的基达杜至赞比亚的康博（卡皮里姆波希附近）全程约1600公里的坦赞铁路；中国政府同意在适当的时候考虑帮助坦赞两国修建从基达杜到达累斯萨拉姆铁路。协定还规定，修建上述铁路项目，主要分三个步骤进行：

1. 中国政府先后派出必要数量的专家赴坦赞，就铁路工程进行考察。

2. 中国政府派出必要数量的专家和技术人员，对铁路工程进行勘测，根据考察、勘测结果，由中国方面进行设计。

3. 根据设计结果，由中国政府派出必要数量的专家和技术人员，帮助坦赞政府组织上述铁路工程的施工。[②]

《三国协定》签订后，中国政府正式开始着手勘测、设计和修筑坦赞铁路。

---

① 尹家民、张铁珊：《毛泽东、周恩来与坦赞铁路》，载《中华儿女》，1994(6)。

② 对外经济联络部编印：《中国和坦桑尼亚、赞比亚关于修建坦赞铁路协议汇编》，1971。

(六)坦赞铁路顺利修建成功

坦赞铁路穿越两国部分高山、峡谷、湍急的河流、茂密的原始森林，有的路基、桥梁和隧道地基土质为淤泥、流沙，沿线许多地区荒无人烟，全线工程浩大，技术复杂，施工条件异常困难。然而，在如此艰难的局面下，中国仍然提前保质保量地完成了坦赞铁路的援建工作。援建坦赞铁路的决策者和建设者们为此付出了艰苦卓绝的努力。

该项目于1968年4月开始勘测设计，1970年10月正式动工兴建，1976年7月全部建成移交。仅用了5年零8个月的时间，这条曾被西方舆论断言不可能建成的铁路比预期时间提前建成了。全线建桥梁320座，总延长16 520米；涵洞2231座，总延长42 975米；隧道22座，总延长8898米；兴建车站93个；建设房屋总面积37.6万平方米；通信电线路1941.4公里。[①]

为建设这条铁路，中国政府提供无息贷款9.88亿元人民币，共发运各种设备材料近100万吨，先后派遣工程技术人员近5万人次，高峰时期在现场施工的中国员工队伍多达1.6万人，在工程修建及后来技术合作过程中，中方有67人为之献出宝贵生命。[②]铁路建成后，交由坦赞两国组成的铁路局共管。其后，为保障铁路的正常运营，中国继续提供无息贷款，予以技术合作援助，并派出专家和技术人员参与管理或提供咨询。

坦赞铁路顺利建成，对坦赞两国发展经济、巩固独立、支援

---

① 《赞比亚设计基础资料汇编》编委会：《援外成套项目设计基础资料汇编：赞比亚》(第三篇)，内部资料，1979年，148页。

② 据1978年统计，坦赞铁路总造价约为人民币22.6亿，中国向坦赞两国提供的实际援助额为10.06亿人民币，其中9.88亿元为长期无息贷款，1.06亿元属无偿赠送。参见《赞比亚设计基础资料汇编》编委会：《援外成套项目设计基础资料汇编：赞比亚》(第三篇)，362页；李本深、黄金如：《在坦赞铁路修建的日子里》(续)，载《郑州文史资料》(第21辑)，72页，日兴印务有限公司，1999。

南部非洲的民族解放斗争，都发挥了巨大作用。中国对坦赞铁路的援建，不仅检验了中国的自身实力，为中国培育了大批国际工程施工队伍，积累了援外经验与教训，而且中国援助的真诚无私，备受坦赞两国政府和人民以及许多非洲国家和人民的信任与好评，密切了中国同坦赞两国的双边关系，促进了中非关系向前发展。尼雷尔在坦赞铁路通车仪式上曾激动地说："没有中国的援助，这条铁路不可能建成，中国是真正的朋友。"

1976 年底，我国常驻联合国代表黄华大使在联合国总部电影厅举办了一场招待会，邀请全部非洲使节参加。首先放映坦赞铁路成功修建的电影（我本人在现场），非洲使节们看得津津有味。放映电影后举行酒会，非洲使节们纷纷向黄华大使表示："这条铁路修得好！中国是非洲人民的真朋友。中国万岁！"

四、启　示

修筑坦赞铁路是中国外交史上的一个大手笔，对于促进两国的经济社会发展、加快非洲大陆的民族解放运动以及推动中非关系的发展都发挥了很大作用，提升了中国在第三世界的信誉、威望和影响力。

（一）国际合作必须占领道义的制高点

中国政府作出援建坦赞铁路这一战略决策，绝非偶然，这也是"中国政府援外八项原则"（具体内容可参见外交案例《周恩来总理访问非洲十国》）的具体体现。这八项原则可以说是独树一帜，字字都体现了中国对其他国家的援助是真诚的、无私的。把这八项原则放在当时的时代背景下来审视，就更可以看出其高明。

20 世纪 60 年代，是民族独立解放运动高涨的年代。西方国家在强大的压力下不得不接受许多国家宣布独立。对于这些国家来说，取得政治上的独立仅仅是获得独立的第一步。在这些国家取得独立后，西方国家通过经济手段对他们的控制丝毫没有放松。新独立国家百废待兴，急需外来援助。西方国家对于援助附加了种种条件，其本质是要把这些国家的经济命脉牢牢地抓在自己手里。我国政府援外的八项原则与西方国家当时的做法形成了鲜明的对照。

在国际关系中，占领道义的制高点至关重要。什么是道义的制高点？一个国家的私利绝不是道义的制高点，真诚地帮助其他国家而不是控制这些国家，帮助这些国家发展、改善人民生活，而不是单方面追求自己的私利，这才是道义的制高点。

1976 年 7 月 14 日，在坦赞铁路的交接仪式上，坦桑总统尼雷尔讲话时说："中国援建坦赞铁路是对非洲人民的伟大贡献，历史上外国人在非洲修建铁路，都是为掠夺非洲的财富，而中国人相反，是为了真诚地帮助我们发展民族经济。"

尼雷尔这番话不长，但总结得多好啊！帮助非洲发展，这就是道义的制高点。发展意味着什么？意味着更多的非洲人能够摆脱贫困，享有做人的尊严。

今天大家都在谈论国际关系中的"软实力"，我以为，"软实力"是与道义制高点密切相联系的。如果一个国家的行动完全是出于私利，那就谈不上占领道义的制高点，也就没有什么"软实力"可言。而中国政府提出的援外八项原则，这确确实实占领了道义的制高点。我本人从事外交工作多年，在与外国人谈起这八项原则时，外方不得不承认这八条很站得住脚，对受援国大有好处。尽管当时我们的国力十分有限，但是我们占领了道义的制高点，为中国在非洲，在其他发展中国家赢得了很好的名声。

中国人正在走向世界，中国政府一再强调，我们走向世界的时候必须高举平等、互利、合作、共赢的旗帜，这是十分重要的。中国人走向世界，占领道义的制高点，就要真正为我们所去的国家人民谋利益，使他们感受到，中国人来了对他们有好处，他们的利益得到发展，他们的生活得以改善。行动是最有说服力的，坦赞铁路就是一个典范。走向世界的中国人，必须学习坦赞铁路的榜样。在国力还很弱的时候，我们就坚持了如此高尚的原则，占领了道义的制高点。今天，在国力逐渐增强的时候，我们完全有理由比过去做得更好。

（二）大政策需要大行动来支撑，大行动要水到渠成

在当时的国际背景下，中国提出的援外八项原则是一个大政策，与西方的做法截然不同。好的政策会产生巨大威力，但好的政策必须要有大行动来支撑。周恩来总理当时就一针见血地指出："集中力量援建这样一个大工程，其效果和影响绝非在其他国家多搞一些中小项目所可比拟。"

在国际关系中，我们经常看到人们的言论和行动往往不是一回事，二者之间差距很大。我们中国人讲的"听其言，观其行"，就是这个道理。一项大的政策提出来，不管你内容多好，但是人家不一定相信，以为你只是说说而已，只是讲得漂亮。世界上的漂亮话太多了！你援外的中小项目搞得好，这固然是好事，但中小项目的影响毕竟有限。像坦赞铁路这样的大项目则不然了，它会吸引全世界的眼球。坦赞铁路保质保量圆满竣工，雄辩地证明了我们援外的八项原则绝不是空话，中国人说到做到，这样就会大大提高了中国这项大政策的公信力。

对于非洲国家来说，中国是一个大国，他们是小国。大国和

小国打交道的时候，切忌强加于人。在这个过程当中，不能急，要有耐心，任何事物的发展都有一个过程，要等待，水到渠成是最好的。

我们在谈判援建坦赞铁路时，就做得很好。尽管坦赞两国寻求世界银行、西方国家乃至苏联的援助碰壁，我们在同他们谈时，一上来，我们也没有采取大包大揽的态度，而是由对方来选择。我们表示，如果其他国家愿意，我们做一方来参与建设也是可以的。至于其他方不愿意来，这是人家的事。谈判过程中，尼雷尔总统很积极，但赞比亚总统卡翁达则有些犹豫。我们采取了等待的态度，丝毫没有咄咄逼人地催促对方，而是等待对方自己拿主意，这样做的效果是好的。

卡翁达总统在铁路运营十周年庆祝仪式上的讲话中说："患难识真友，在我们困难的时候，中国帮助了我们。""坦赞铁路已出色完成了它的政治使命，使非洲前线国家陆续解放，它今后的使命更加繁重，不仅为南部非洲发展协调会议成员国①服务，而且还要为东部和南部非洲优惠贸易区作出贡献，这给予我们新的希望、骄傲和勇气来面对过去、现在和将来的困难。"

1996 年初至 1998 年底，我在担任中国常驻联合国日内瓦办事处和瑞士其他国际组织代表、特命全权大使的时候，曾经多次会见过已经卸任的坦桑尼亚总统尼雷尔。每当谈到坦赞铁路和周恩来总理时，他对中国的由衷谢意和对周总理的敬重溢于言表。2007 年，我在担任外交学院院长的时候，已经卸任的赞比亚总统

① 南部非洲发展协调会议（SADCC）成立于 1980 年 4 月 1 日，有 9 个成员国——安哥拉、博茨瓦纳、莱索托、马拉维、莫桑比克、斯威士兰、坦桑尼亚、赞比亚、津巴布韦。1992 年 8 月 17 日，南部非洲发展协调会议成员国首脑在纳米比亚首都温得和克举行会议，签署条约，正式成立南部非洲发展共同体（简称南共体，SADC）。

卡翁达到外交学院对学生讲话，他说："我最大的遗憾是周恩来总理去世太早了，未能在坦赞铁路建成后去看一看。"他在讲这番话时，十分激动，眼眶都湿了。

(三)帮助是相互的，这是千真万确的

我年轻做翻译的时候，经常听到外国领导人在会见毛泽东、周恩来并感谢中国援助时，毛主席和周总理总是回答说："帮助是相互的。"我当时以为，这是些客气话，现在回头想，这是真心实意的!

国与国之间的关系本质上是人与人之间的关系。当中国通过援建坦赞铁路的实际行动，表明中国对非洲的支持是真诚的，把非洲人的事情当作自己的事情来做，非洲人被感动了。既然中国人把非洲人的事当作自己的事，那非洲人也要把中国人的事当作自己的事来做。在当时的情况下，非洲人能够向中国提供最大的帮助，就是支持中国恢复在联合国的合法席位。

为了恢复中国在联合国的合法席位，非洲人出了大力。1971年，尼雷尔总统亲自去纽约，坐镇指挥恢复中国在联合国的合法席位的斗争。这是一场多边外交中的大战，战斗在第一线的外交官的素质至关重要。坦桑尼亚把自己最优秀的大使萨利姆派到联合国去当大使，为中国冲锋陷阵。我认识萨利姆大使，他是非洲一位不可多得的外交人才，能言善辩，熟悉联合国的议事规则。大家读一读1971年10月25日联大关于恢复中国代表权问题的会议全文记录，你会看到萨利姆大使的发言可以成为外交官的范本。时任阿尔及利亚外长的布特弗利卡（现任阿尔及利亚总统）就在现场指挥。在支持恢复中国合法席位的76票中，非洲就有26票，占了三分之一强。当二十六届联大表决通过恢复我在联合国合法席位的决议后，会场沸腾了，一些非洲人在联合国走廊

里翩翩起舞，其中就有萨利姆大使。萨利姆大使跳舞的照片第二天出现在《纽约时报》的头版，美国人十分恼火。1981 年 10 月，萨利姆竞选联合国秘书长，安理会投票，14 票赞成，美国反对，竞选未能成功。有人认为，美国是为了报 1971 年萨利姆在联合国跳舞的“一箭之仇”。超级大国的气量并不大。

恢复中国在联合国的合法席位，标志着中国的外交进入了一个新阶段。1971 年，与中国的建交国总数为 64 国，今天，到了 172 国，绝大多数国家，包括美国等大部分发达国家，与中国建交都是在我恢复在联合国合法席位之后。请大家想一想：1978 年，我们实行改革开放的新政策，我们的开放是对全世界开放。如果 1971 年不能恢复中国在联合国的合法席位，那我们后来的开放与发展就很难像今天这样如此顺利。恢复中国在联合国的合法席位，为改革开放创造了一个良好的国际环境，这是何等的重要！这样一个大好的国际环境，有利于中国改革开放、发展的国际环境，你花多少钱都买不来。恢复中国在联合国的合法席位对于我国后来的开放、发展与进步太重要了。非洲对中国的帮助不是小帮助，而是大帮助，帮到了点子上。

案例八

周恩来与柯西金北京机场会晤

1969年9月11日，周恩来总理和苏联部长会议主席柯西金在中苏关系恶化的背景下，于北京机场举行了会晤，成为日后中苏关系改善的先声，这不仅是中苏关系中的大事，也对激活中美苏大三角关系起到了至关重要的作用。这一案例对我们如何在困境中抓住机遇，及从国际关系的全局来观察和思考双边关系等都有很好的启发。

中国和苏联曾经结盟，但两国、两党关系在20世纪50年代末开始恶化，从中苏论战，发展到1969年3月珍宝岛事件两国兵戎相见。1969年9月11日，周恩来总理和苏联部长会议主席柯西金在北京机场举行了会晤，这是中苏关系中的大事，也是对国际局势产生重大影响的大事。

一、背 景

（一）中苏关系不断恶化，发展到兵戎相见

中苏关系的恶化，是从两国主要领导人对于国际形势、国际共产主义运动和双边关系等一系列重大问题看法上出现严重分歧开始的。1960年4月开始，中苏之间爆发了公开论战。1960年8月，苏联单方面撕毁了中苏达成的援助中国的协议，召回全部援华专家，两国关系急剧恶化。

随着中苏论战的展开，两国边界上的摩擦和冲突频率上升，中国方面曾经试图通过谈判解决两国边界问题。1964年2月25日，应中方倡议，中苏两国在北京就边界问题举行谈判。中方提出《瑷珲条约》和中俄《北京条约》都是不平等条约，但中方愿

意以此为基础来确定两国边界走向。但是，苏联拒不承认上述两个条约是不平等条约，谈判随后破裂。

1966 年 5 月 16 日，毛主席发动了“文化大革命”。在“文化大革命”中，国内斗争的矛头指向“走资本主义道路的当权派”；在国际上则指向美帝国主义、苏联现代修正主义和各国“反动派”。“文化大革命”使中苏关系进一步恶化。

8 月 24 日，40 万红卫兵走上街头，把苏联驻华使馆所在的“扬威路”改名为“反修路”。这一行动得到中国官方的支持，9 月 5 日《人民日报》发表文章赞扬红卫兵的行动是“革命行动”，是“创举”。

1967 年 1 月 25 日又发生了“莫斯科红场事件”。69 名中国留学生奉调回国，途经莫斯科，在红场“宣传毛泽东思想”，与苏联警察发生冲突，部分学生受伤。“红场事件”使本来紧张的中苏关系雪上加霜。

1967 年夏天，康生、王力等人在外事口煽动夺权，鼓吹批判“三降一灭”，认为“走资派”在外交上奉行的是“三降一灭”的外交路线。“三降”是指向帝国主义投降，向修正主义投降，向各国反动派投降；“一灭”是指要扑灭民族独立和解放运动。在他们的蛊惑和煽动下，“极左”思潮在外事口大泛滥。6 月 18 日、7 月 3 日、8 月 5 日先后发生了红卫兵冲砸印度大使馆、缅甸大使馆和印尼大使馆的恶性事件。8 月 22 日，外事口的“造反派”和北京的一些红卫兵冲击并焚烧了英国驻华代办处，引起了英国政府的强烈抗议。

在中苏两国关系恶化的背景下，边界上不断爆发冲突。从 1964 年 10 月 15 日至 1969 年 3 月 15 日，苏联共挑起边境事件达 4189 起，比 1960 年到 1964 年的事件总数增加 15 倍。最严重的是 1969 年 3 月 2 日和 15 日两国在珍宝岛发生的两次武装冲突，苏联方面死 94 人伤 58 人，我方死 29 人伤 62 人 1 人失踪。事件发生后，中苏两国国内都爆发了大规模针对对方的游行，两国报纸点名攻击对方的主要领导人，两国外交机构也不断向对方发出抗议声明、照会和攻击性的文章。苏联在不断增加中苏边境驻军的同时，苏国防部长格烈奇科公然把中国列为头号敌人。

（二）中美苏大三角关系孕育着新的变化

大三角关系是 60 年代末国际上出现的一个新提法，是指中美苏之间的关系。随着美苏全球竞争的加剧和中苏关系的恶化，大三角关系孕育着新的变化。

20 世纪 60 年代和 70 年代，苏联领导人利用美国在越南泥足深陷之机，踌躇满志，在全球进行扩张，形成了“苏攻美守”的态势。有的苏联领导人头脑发热，主张对中国实施“外科手术式”核打击，把中国的核武器连锅端掉。

苏联方面曾就此向美国进行过试探。根据基辛格回忆录《白宫岁月》透露，1969 年 8 月 20 日，苏联大使多勃雷宁紧急约见了基辛格，探询如果苏联对中国实施核打击，美国会作何反应。基辛格向尼克松报告后，尼克松认为，西方国家的最大威胁来自苏联，一个强大中国的存在符合西方的战略利益。根据这一判断，美方对于苏联要对中国实施核打击的试探明确表示了反对意见。

当时，越南战争如火如荼，中国坚决支持越南，中美之间是严重对抗的形势。美方认为，如果把苏联的试探直接通报给中国，中国人不会相信。但如果通过媒体披露出去，对拉近美中关系无疑是有益的。于是《华盛顿明星报》在 1969 年 8 月 28 日醒目的位置刊登了一篇文章，题目是“苏联欲对中国做外科手术式核打击”。文中说：“据可靠消息，苏联欲动用中程弹道导弹，携带几百万吨当量的核弹头，对中国的重要军事基地酒泉、西昌导弹发射基地，罗布泊核试验基地，以及北京、长春、鞍山等重要工业城市进行外科手术式的核打击。”

1969年初，毛主席指示叶剑英、陈毅、徐向前、聂荣臻四位元帅研究天下大事。这项工作是通过周恩来总理向四位老帅部属的，由陈毅元帅牵头。毛主席要求四位老帅研究天下大事，这反映出他本人对中苏、中美关系和国际形势进行了全面的思考。1969年6月到9月，四位老帅开过若干次会议。根据周总理的安排，熊向晖和姚广两位同志列席四位老帅的议论，并协助他们整理材料。四位老帅经过深入研究后认为，在可预见的将来，美苏联合或者单独发动大规模侵华战争的可能性都不大。中苏矛盾大于中美矛盾，美苏矛盾大于中苏矛盾。四位老帅将议论后的结论上报给了毛主席和周总理。

在中国国内，根据毛主席“深挖洞，广积粮，不称霸”的指示，全国上下积极备战，到处挖洞。中国的报纸不时向全国发出战争动员，强调“要准备大打，早打，打核战争”。我本人当时在外交部翻译室工作，翻译室根据外交部和中央的统一部署，人员大量精简，大部分下乡，只留下很小的精干班子，准备在战争爆发后随中央转移。与此同时，中央机关和中央各部委的人员也大批下放到农村和干校。

（三）胡志明主席葬礼期间，柯西金提出在北京机场会见周总理的要求

1969年9月2日，胡志明主席在河内病逝。在获悉胡主席逝世的消息后，周恩来总理立即赶到河内，对胡主席的逝世向越南党政领导表示深切哀悼，并瞻仰了胡主席的遗容。离开河内之前，周恩来总理告诉越南方面，待越南方面正式为胡主席举行葬

礼时，中国将派出党政代表团出席。

1969 年 9 月 8 日，中共中央政治局委员、国务院副总理李先念率领的党政代表团抵达河内，出席胡志明主席的葬礼。当时，苏联也派出了以苏共中央政治局委员、部长会议主席柯西金为首的党政代表团抵达河内参加葬礼。我本人是代表团的翻译，因为李先念同志在葬礼期间要与其他国家领导人进行接触。鉴于当时中苏关系严重对立的形势，中国党政代表团抵达河内后，团内宣布了一条纪律：见了苏联人，不打招呼，不接触，不握手。

1969 年 9 月 9 日，在河内巴亭广场举行了有 50 万人参加的胡志明主席的葬礼。李先念和柯西金都坐在主席台上，柯西金似有话要对李先念说，但是李先念看不见他，有话递不过来。葬礼结束后，苏联代表团要求越方向中国代表团转达如下要求：

1. 苏联代表团专机定于 10 日晨离开河内回国；在回国途中是否可以路过北京？

2. 苏联专机将在北京停留两三个小时；在此期间，柯西金能否见到周恩来总理？

李先念团长收到越南方面的传话后，立即报回北京。

柯西金提出上述要求看来并非偶然。1965 年 2 月，柯西金在访问越南和朝鲜途中，先后两次在北京停留，并同中国领导人进行了会谈。珍宝岛事件后，柯西金曾试图与毛泽东主席直接通电话，但没有成功。电话接线员三次挂断了柯西金想与毛主席通话的电话，并称：“我们的毛主席坚决不与苏联修正主义坏蛋柯西金通话，所以我不能给你接通毛主席的电话。”

二、面临的选择

对于柯西金提出的要求，中国面临两个选择：

（一）拒绝。

（二）同意。

中国选择了后者。

三、操作过程

在李先念同志向中央报告柯西金拟来华在首都机场会见周恩来总理的同时，9 月 9 日晚，苏联驻中国大使馆临时代办叶利扎维金向外交部转达了同样的信息。外交部也立即报告了毛主席和周总理。9 月 10 日，经毛主席和周总理批准，外交部发电河内，通知李先念同志，中方同意柯西金归国途中经停北京机场会见周恩来总理的要求。李先念同志立即向越南方面转告了上述信息。9 月 10 日晚，我外交部也向叶利扎维金通报了上述信息。当柯西金获悉中方同意他经停北京机场与周恩来总理会晤的消息时，他的专机已经离开河内，飞抵当时苏联吉尔吉斯斯坦共和国首都杜尚别。

柯西金代表团中，有时任外交部副部长的贾丕才。他在回忆录中是这样描述的："傍晚飞机降落在杜尚别，我们住进了政府宾馆。当我们围坐在桌旁吃烤肉时，有人叫柯西金去接电话。莫斯科方面通知说，中国当局同意苏联飞机飞经中国领土，并且周恩来准备在北京机场同柯西金会晤。柯西金随即决定让苏共中央书记卡图谢夫、我、他的助理巴扎诺夫和他一起去北京。”①

1969 年 9 月 11 日上午 10 点半，柯西金一行抵达北京机场，周恩来、李先念、谢富治、乔冠华等前往机场迎接，走进机场大楼贵宾室落座后，双方旋即开始了会谈。

（一）苏联主张：先修复双边关系

会谈一开始，柯西金便提出当务之急是要尽力缓和中苏之间的紧张局势，促使双边关系正常化。尽管目前中苏边境紧张，但苏联无意与中国开战，并希望就边界问题进行任何级别的谈判。

对于中苏边界上的“争议地区”，柯西金一开始表示不明白什么是“争议地区”，并提出“争议地区”究竟在何处也不明确。尽管如此，他还是对中苏目前的情况提出了一个临时解决方案：1. 保持边界现状；2. 与争议地区有关的一切问题由边防军协商解决；3. 采取措施防止再度发生边界武装冲突。他认为，有了这三条措施，就可以保证中苏边界不会再发生军事冲突。

（二）中方主张：先解决边界问题

针对柯西金提出的应首先改善苏中紧张关系这一说法，周恩来总理明确指出：中苏之间的主要问题是边界问题。这个问题直接反映了苏联对中国的不平等态度。即使要改善中苏关系，前提也是通过和平谈判解决好边界问题，两国互相尊重领土完整，互不侵犯对方领土。

周恩来总理表示，中国同样无意诉诸战争，有军事意图的反而是苏联。苏联长期在远东保存大量军队，而这恰恰是造成边境

---

① ［俄］M. C. 贾丕才著，马贵凡译：《柯西金与周恩来在北京机场的会谈》，载《中共党史研究》。1997（1）。

形势紧张的原因。此前在新疆等地发生的一些事件已经显示“苏方走得太远了”。

因此，周恩来总理建议，为避免更多的武装冲突，双方应都从有争议的地区撤出军队。他质问说：“你们调了那么多军队到远东，到底是谁想打仗？我们核武器的水平你们清楚，你们说要用先发制人的手段摧毁我们的核基地。”说到这里，周恩来的语气变得严肃起来：“如果你们这样做，我们就宣布，这是战争，这是侵略，我们坚决抵抗，抵抗到底。”

对于柯西金提出的立即派政府代表团开始谈判边界问题，周恩来认为问题不止这么简单。要想解决问题，需要明确两点：一是条约问题，二是保持现状问题。关于条约问题，周恩来指出，中俄在清末签订的条约是不平等的，但中方并不认为必须废除这些条约，应该以现有的条约以及边界现状为基础来解决边界问题。至于保持现状，则指的是中国公民过去在某些岛屿从事生产活动，现在也继续允许他们这样做，暂时不谈边界线问题，因为边界线还没有确定。

柯西金对中方所提出的“有争议的问题”的具体所指表示同意，另外也对允许居民不携带武器上岛从事生产活动表示赞同。

会谈结束后，周恩来和柯西金均表示要向各自的最高领导报告，并将通过外交途径来确认双方达成的协议。这次会谈后，中苏共同决定将在两周内开始谈判，确认双方均无动武之意图，边界问题应该通过和平谈判来解决。

1969 年 9 月 11 日，新华社对中苏两国总理的机场会晤，进行了报道，全文如下：

“国务院总理周恩来今天在首都机场会见了从河内参加胡志明主席葬礼回国途经北京的苏联部长会议主席柯西金。双方进行了坦率的谈话。”

“机场会晤”的直接成果是1969年10月中苏副外长在北京举行了边界问题谈判。“机场会晤”也成为日后中苏关系改善的先声——毕竟中苏高级别的接触又重新开始了。

四、启 示

(一)大三角关系中的“三角”是相互影响的

中美苏大三角关系对于当时的国际形势确实有重大影响。大三角中的“三角”关系不是孤立的，而是相互影响的。中苏关系如何，不仅对中苏两国影响巨大，还对中美关系和美苏关系产生直接影响。我们在观察和处理大国关系时，眼光不能只局限于双边关系，而应当力图把这种关系放在国际关系的全局中来观察和思考，这样才能作出正确的决断。1969年9月11日，中苏两国总理的“机场会晤”就是一个很典型的例子。

1969年，中国尚处在“文化大革命”期间，“极左”思想在全国大泛滥，对我国的外交工作造成了极大的破坏。就是在这样的情况下，中苏两国总理在北京机场会晤，无疑是中国外交上一次漂亮的、意义深远的行动。中苏总理的这次会晤激活了大三角关系。

在中苏总理北京机场会晤之前，“大三角”处在一个僵冷的状态，美苏来往频繁，但中美、中苏没有任何来往。然而，中苏两国总理“机场会晤”，使得大三角关系顿时活跃起来。

在大三角关系中，苏联能同中国举行高层会晤，而美国则与中国没有任何接触，美国外交上所处的不利局势明显暴露出来。据了解，在中苏总理会晤后，尼克松指示情报部门，设法了解中苏总理会晤的情况。另一方面，通过美国国务院指示美国驻波兰大使斯托塞尔，想方设法与中国临时代办接上头。

中美两国在华沙的大使级会谈，是中美双方接触的唯一的正式渠道。但是1966年中国爆发“文化大革命”之后，中国的驻外使节在1967年初纷纷被召回北京，名曰“回国闹革命”。中国驻波兰大使王炳南也被召回。王炳南一回到国内，就受到当时外交部“造反派”的批斗。王炳南在国内一待就是好几年。1969年，王炳南依然在国内。中国驻波兰大使回国，只有代办雷阳在那里守摊子。

在上述背景下，1969年12月3日，美国大使小沃尔特·斯托塞尔出席了在华沙举行的南斯拉夫时装表演。在时装表演结束后散场时，斯托塞尔伺机主动上前与中国驻波兰大使馆武官处波兰语翻译景志成进行接触，用波兰语对景志成说：“我是美国大使，我想会见你们的代办先生。”景志成加紧脚步往前走，不想与美国人多说话。他边走着边回答美国大使说：“我转达。”这时，因为赶得急，斯托塞尔气喘吁吁，他坚持用波兰语对景志成说：“最近我在华盛顿见到了尼克松总统，总统说他要和中国进行重大的、具体的会谈。”

这一接触促成了1970年初美国大使与中国代办在华沙恢复中美大使级会谈。这次会谈一改过去的做法，没有在波兰所提供的会场进行，而是改在中国大使馆进行。中美恢复大使级会谈，这可是在当时的国际形势下一条重要新闻。中苏总理会晤牵动了全局，也牵动了中美关系。

（二）善于在困境中捕捉机遇

1969年，中国外交上的处境十分险恶。中苏战争一触即发，中美尖锐对立，我与周边国家关系也有不同程度的恶化。这是自朝鲜战争结束以来，中国外交上最危险的时候。再加上

“文化大革命”对国内经济的巨大破坏和冲击，中国的国力十分虚弱。

处境险恶，不等于没有机遇，柯西金要求归国途中经停北京机场会见周恩来总理，这是送上门来的机遇。这个机遇的出现也绝非偶然，这是大三角关系相互影响带来的机遇。当时的世界是两极世界，苏联想对中国动手，必须征得美国的同意，至少是默许，但美国表示反对。国际争端解决起来无非是两种办法：打或谈。既然不能打，那只有谈。中苏两国总理北京机场的会晤就是在上述背景下进行的。

中苏两国总理北京机场会晤达成了以下共识：一是维持边界现状，二是双方就边界问题举行副外长级会谈。这两条对于缓和中苏当时的紧张局势都发挥了重要作用。中苏的紧张形势有所缓和，无疑有助于改善中国的外交处境。毛主席、周总理决定同意柯西金来华会晤的决策是英明的，抓住了中国外交困境中出现的机会。

（三）大国外交必须保持高层对话渠道的畅通

国与国之间的关系，有时好，有时坏，这是经常发生的。中苏两国总理机场会晤的成功案例告诉我们，即便在两国关系十分紧张、战争一触即发的形势下，保持高层对话渠道的畅通也是必要的。

这种对话如何启动十分关键。1969 年，中苏之间的力量对比苏强我弱的态势十分明显。在这种形势下，如果我主动提出与苏联高层进行对话，容易给对方造成示弱的印象。而苏联作为强者，主动提出要求对话，则没有这样的问题。对话比对抗好，苏联既然主动要求对话，我方是不能拒绝的。

高层直接对话的好处是，便于摸清对方的意图，阐明我方的立场，避免出现误判。外交上最糟糕的情况是相互不来往，不接触，不对话。这样，你就难以真正了解对方的意图，只能通过各种迹象来进行猜测。靠猜测来作出重大决定是十分危险的。保持大国间高层对话渠道的畅通，是有百利而无一害的。

案例九

乒乓外交

1971年中美之间的乒乓外交，以“小球推动大球”，为中美关系打开了大门，成为世界外交史上的一段佳话。乒乓外交不仅向世人传达了中美两国改善关系、谋求交流与合作的信息，为基辛格和尼克松访华作了铺垫，而且对中美邦交正常化也起到了不可忽视的作用。在这一过程中，伟人的决策是关键。同时，许多“小人物”也起到了重要的推动作用，这对于外交工作者来说是富有教益的。

1971 年 4 月 10 日，美国乒乓球队 9 名运动员、4 名乒协人员、3 名记者通过香港到达北京进行访问。这是新中国成立以来，美国到达中国内地的第一个正式访华代表团。周恩来在人民大会堂接见了他们并与他们进行了亲切交谈。这一事件，历史上称作“乒乓外交”。而此“小球”最终推动“大球”，为中美关系正常化作出了贡献。

一、背　景

（一）中美关系孕育着变化

1969 年 1 月 20 日，尼克松在危难之时宣誓就任美国第 37 届总统。当时，美国一方面深陷越南战争的泥潭，国内反战运动一浪高过一浪；另一方面，苏联利用美国疲于应付越战之机，在全球范围大举扩张。为了摆脱被动局面，在美国的外交棋盘上，中国的地位在上升。尼克松是一位具有全球视野的战略家，就任总统之前，他就在思考如何调整对华政策。

1987 年，我在担任中国常驻联合国代表团政务参赞期间，曾经在华盛顿应邀与美国前任负责亚太事务的助理国务卿马歇尔·格林共进午餐。格林在1965年至1969年曾经担任美国驻印度尼西亚大使。他告诉我，1965年，尼克松访问印度尼西亚，格林邀请他到官邸来吃饭，两人进行了长谈。尼克松当时就曾问格林对中国应当采取什么样的政策。格林表示，中国是一个大国，人口占到世界人口的四分之一，美国不同中国来往，绝非长远之计。尼克松听后非常高兴，觉得格林讲得很有道理，并要求对格林的谈话进行录音，格林同意了。

1967年10月，尼克松在《外交季刊》上发表的文章中，提到中国时说："在这个小小的星球上，不能让最具有潜在能力的7亿人民生活在愤怒的孤立之中！从长远眼光来看，我们承担不起把一个世界上人口最多的国家孤立于世界之外的责任。"

1970年10月25日，美国总统尼克松要求即将访问北京的巴基斯坦总统叶海亚·汗转告中国政府，美国准备改善两国之间的关系。他对叶海亚说："中美两国对骂了二十年，相互敌视，互不来往。我想结束这种状况。""美国绝不会参加孤立中国的任何安排。你可以把我的想法在最高一级转达给中国人。"

1970年10月27日，罗马尼亚总统齐奥塞斯库访美。尼克松与齐奥塞斯库会谈时说，美国反对苏联提出的亚洲安全体系，在亚洲建立反对中国的小集团是错误的。美国的政策是同中苏两国都建立良好的关系。他真诚地向齐奥塞斯库表示："我想在我的任期中，改善美国同中国的关系，能否请您从中斡旋，向中国人传递我的意愿？"

（二）中国外交处境险恶，正酝酿调整对美政策

1971年，中国的外交处境是十分险恶的。中苏两国总理1969年9月11日在北京机场会晤后，两国的紧张关系虽然有所缓和，但苏联在中苏边界仍然陈兵百万，对中国的安全威胁依然

存在。

越南战争如火如荼，中美两国尖锐对立。中国坚决支持越南人民抗美救国的战争，并一再声明：中国是越南人民抗美救国斗争的大后方，7 亿中国人民是越南人民的坚强后盾。

1962 年，中印边境武装冲突后，中印关系持续紧张。

1966 年爆发的“文化大革命”对中华人民共和国成立以来的外交政策造成了巨大冲击，我与周边邻国的关系出现不同程度的恶化。

面对严峻形势，中国当然要找出路，而改善中美关系则是关键一步。毛泽东主席当然注意到了尼克松上台后对华释放出的善意。然而，中美毕竟对抗了二十多年，打破僵局谈何容易。毛主席走了一步棋，把他当年的老朋友，美国记者埃德加 · 斯诺夫妇请到中国来访问。

1970 年 10 月 1 日，天安门举行国庆节庆祝活动。毛泽东亲切接见了斯诺夫妇，并且特意和他们站在一起检阅游行队伍。事后，毛泽东解释说：“醉翁之意不在酒。我先放个试探气球，触动触动美国的感觉神经。”第二天，《人民日报》在第一版显著位置发表一张新闻照片，照片上只有毛泽东和斯诺夫妇等 4 人。

如此重要的信息却被尼克松和基辛格所忽略。事后，基辛格回忆：“他们传过来的信息是那么拐弯抹角，以致我们这些粗心大意的西方人完全不了解其中的真意。”“事情过后我才终于理解到，毛是想以此为象征表示现在他亲自掌握对美关系。”

12 月 18 日，毛泽东在中南海书房再次与斯诺长谈，公开向尼克松伸出了橄榄枝。他说：“我欢迎尼克松上台。”“他早就到处写信说要派代表来，我们没发表，守秘密啊！他对于波兰华沙那个会谈不感兴趣，要来当面谈。所以，我说如果尼克松愿意来，我愿意和他谈，谈得成也行，谈不成也行，吵架也行，不吵架也行，当作旅行者也行，当作总统来谈也行。总而言之，都行。”

斯诺告诉毛泽东，尼克松将在1972年参加总统选举。毛泽东预测道：“我看，这年的上半年他可能派人来，他自己不来。要来谈是那个时候。”他们的谈话步步深入，斯诺又问：“你看中美会不会建交？”毛泽东肯定地回答：“总要建交的。中国和美国难道就100年不建交啊？我们又没有占领你们Long Island（长岛）。”毛泽东风趣地比喻说：“我在和尼克松‘吊膀子’，要找红娘啊。”

毛泽东会见斯诺后，中国方面采取了一个异乎寻常的举动：外交部向斯诺提供了毛泽东与他谈话记录的英文书面文本。中方的用意是显而易见的。

（三）几经周折，中国乒乓球队出席第31届世界乒乓球锦标赛

1966年，中国爆发了“文化大革命”，这对各行各业的工作造成了极大冲击，对外交往几乎停顿。

当时，担任日中文化交流协会理事长的中岛健藏，是一位坚定主张日中友好的人士。当得知1971年3月28日将在日本的名古屋举行第31届世界乒乓球锦标赛时，中岛先生觉得是一个契机。他就去做名古屋爱知工业大学的校长（兼日本乒乓球协会会长和亚洲乒乓球协会联合会会长）后藤钾二的工作。他对后藤钾二说：“你要把中国队请来啊！你举办这届世乒赛才有影响，才能够真正体现世界乒乓球运动的水平。如果不请中国来参加，这不能算是世界乒乓球锦标赛。”中岛还对后藤钾二说：“你在政治上，在台湾问题上，一定要态度明确。你的行动言论必须符合周恩来总理提出的对日政治三原则（不执行敌视中国的政策；不参

加制造‘两个中国’的阴谋；不阻挠日中两国正常关系的恢复）。日本很多政党，友好团体，都认为这是合情合理的。”

做通后藤钾二的工作后，中岛先生向中国体委通报了情况。体委立即与外交部商量，并报告了周总理。周总理指示，欢迎后藤钾二来，而且还特别嘱咐请他来北京过春节。

1971 年 2 月 4 日，后藤钾二一行接受中国乒协和对外友协的联合邀请来华访问，与中方谈判中国队参加第 31 届世界乒乓球锦标赛事宜。

中国乒乓球队能否出席世界乒乓球锦标赛的关键，是能否将台湾从亚洲乒乓球协会联合会驱逐出去。由于“文化大革命”的干扰，中国乒乓球队已经阔别世界乒坛多年了，那些拿过世界冠军的尖子运动员大多受到批判，第 29 届、第 30 届世界乒乓球锦标赛中国队都没有参加。在此期间，台湾乒协以“中国”名义占据了在亚洲乒乓球协会联合会的席位。

后藤钾二抵京后与中方的谈判一度陷入了僵局。在周总理的亲自干预下，僵局才被打破。周总理亲自会见了后藤钾二，对他说：“你承认政治三原则很好，特别是你愿意到新加坡去主持亚乒联的会议，把台湾开除出去，这个行动非常好。”随后，中日双方签订了中国代表团参加世乒赛的会谈纪要。

1971 年 2 月 6 日，后藤钾二没有回日本，而是直接从香港转机飞赴新加坡，召开亚乒联联合会临时会议。会上，后藤钾二动议，开除台湾，邀请中国乒乓球队参加第 31 届世界乒乓球锦标赛。动议付诸表决，结果一票赞成（日本），十票反对，一票弃权（新加坡），动议被否决。后藤钾二十分气愤，当场辞掉了亚乒联合会会长的职务，拂袖而去。

那时，亚洲乒乓球水平最好的就是中国、日本和朝鲜。后藤钾二就与中国、朝鲜商量，决定另起炉灶，另外成立了一个新的组织——亚洲乒乓球联盟。很快，亚洲16个国家和地区的乒乓球协会决定参加新的亚洲乒乓球联盟，老的亚洲乒乓球联合会就垮掉了。

经过一番较量，中国乒乓球队参加第31届世界乒乓球锦标赛的障碍被清除了。毛泽东主席亲自批示："我队应去，并准备死几个人，不死更好。要一不怕苦，二不怕死。"

这样，1971年3月21日，中国派出以赵正洪为团长的中国乒乓球代表队60余人到达日本参赛。代表团到达东京机场后，散发了发言人书面讲话，称"近几年来，世界乒乓球运动有了很大的发展，日本更是一个乒乓球运动十分普及、水平很高的国家。我们能有机会与日本以及其他国家的乒乓球界朋友和运动员欢聚一堂，相互学习，交流经验，感到非常高兴。友谊第一，比赛第二。我们愿意通过这次学习和比赛，增进中日两国运动员和人民的友好关系，为各国人民之间的友谊作出贡献"[①]。

（四）美国乒乓球队提出了访华的要求

中国乒乓球队代表团多年没有出席国际比赛，所以在名古屋一出现，就成为各国代表团以及媒体关注的焦点。中国国内对乒乓球队在日本的活动也十分关注。代表团每天向国内打三次电话通报情况，后来增加到五次。

3月27日晚，中国队在参加日本名古屋举行的一次招待会时，与美国运动员不期而遇，当时双方互打招呼。中国代表团立即报告北京："美国队的人和我们接近，讲了很多话。"此后，双方代表团的领导也有所接触，美方代表团提出了访华的要求。

中国代表团秘书长宋中回忆了这一过程：

---

① 转引自钱江：《"乒乓外交"幕后》，156页，东方出版社，1997。

世乒赛举行期间的 3 月 30 日，在国际乒联会议上，我当选为国际乒联执委。非常巧合的是，在国际乒联大会期间，我无意中与美国代表团团长斯廷霍文坐到了一张桌子上。斯廷霍文对我说："15 天前，美国国务院决定对持有美国护照去中华人民共和国的人员取消一切旅行限制。"我回答说："这样你们有一天就可以去中国喽！"对方很高兴。中午散会后，我们两人又走到一块，斯廷霍文委婉地表示："听说中国方面已邀请了南斯拉夫乒乓球队在世锦赛后访华一周。中国乒乓球运动水平很高，如果美国选手去一次中国，一定能学到许多有益的技术。也希望中国的乒乓球队选手到美国去。"

当天晚饭后，他向代表团党委汇报了上述情况，大家一致认为，美国乒乓球队表示友好，想去中国访问。代表团应当立即向北京报告。

国内接到前方的报告后，十分重视。4 月 3 日，国家体委关于是否邀请美国乒乓球队访华的报告经外交部会签后，上呈给周总理。

4 月 4 日，当中国代表团从练球场乘车到体育馆时，美国运动员格伦·科恩上错了车，上了中国代表团的大巴。

庄则栋是当事人，他回忆说：

"车子正准备起动时，一个长头发、穿着紫色印花喇叭裤、运动服上有'USA'字样的男子匆匆忙忙跨上汽车。可能是看到一车黄皮肤黑头发的中国人，科恩大吃一惊，站在车门口不知咋办。当时满车的中国人也吓了一跳，由于当时中美关系不好，大家也不敢主动去搭理他。"

"车上静极了，我坐在最后一排，想到临行前周恩来总理特意嘱咐过，这次比赛要'友谊第一，比赛第二'，毛泽东主席也曾说过，'现在我们要寄希望于美国人民'，于是，我从手提包里拿出了一幅黄山织锦画，拉着翻译站了起来，走到科恩的面前。对他说：‘虽然美国政府对中国人民不友好，但是美国人民都是中国人民的好朋友。’并把织锦画送给了他。科恩很高兴地收下了这份礼品。当时代表团有些人对我的做法有些不以为然，劝我别这样，我也没有理会。”

汽车到达体育馆，敏感的日本记者发现庄则栋和科恩两人站在一起愉快地聊着，用照相机拍下了这个镜头。第二天，日本三大报《朝日新闻》《每日新闻》《读卖新闻》的头版显著位置，图文并茂地刊载了两人握手、交谈的图片，有的还加了横栏标题：中美接近。

二、中国面临的选择

美国乒乓球队代表团明确提出了访华要求，对于这一要求，中国面临三种选择：

（一）欢迎美国代表团访华。

（二）婉拒其访华要求。

（三）拖一拖，以后再说。

中国方面经过了一番周折，最后决定选择第一条。

三、具体操作过程

国家体委和外交部研究后认为，美国乒乓球队现在访华的时机还不成熟。他们上呈的报告向中央提出的建议是：“可以告诉美国队现在访华的时机还不成熟，相信今后会有机会。”[①]周恩来同意这个意见，并加了一段话：“可留下他们的通讯地址，但对其首席代表在直接接触中应表明，我们中国人民坚决反对‘两个中国’、‘一中一台’的阴谋。”4 月 4 日，报告上呈到毛主席那里。

毛主席犹豫了两天，4 月 6 日，毛泽东圈阅了这份报告，表示同意周恩来的意见，即暂不邀请美乒乓球代表团访华。6 日下午 4 点 30 分左右，正在参加世乒赛的中国代表团接到了国内暂不邀请美乒乓球代表团访华的指示。代表团忙于第二天的赛事，没有马上通知美国队。

6 日晚上 11 点多钟，毛泽东在服用安眠药之后，要求身边的护士长吴旭君给外交部的王海容打电话，说要“邀请美国队访华”。毛泽东曾经说过，吃了安眠药说话不算数。因此，吴旭君谨慎地确认了两次，得到毛泽东的肯定答复后，立刻给王海容打电话，转达了毛主席的意思。

毛泽东事后曾说：“决定邀请美国球队访华，我是从大局考虑的。这是中美两国人民的心愿。你看庄则栋和科恩的接触极其自然，他们之间没纠葛，不存在什么恩恩怨怨。中国人、中国共产党员到底是不是像人们所宣传的三头六臂、青面獠牙那样凶神恶煞，可以请他们来看看嘛，不请，别人怎么好意思来啊！又没有外交关系。”[②]

4 月 7 日上午，中国乒乓球代表团在下榻的藤久观光旅馆的花园里举行联欢会，与日本、尼日利亚等多国代表团成员联欢。此时，代表团接到北京的电话，邀请所有提出访华要求的代表团

① 钱江：《“乒乓外交”幕后》，195 页。

② 转引自《毛泽东与“乒乓外交”》，载《党史博采》，2001（3）。

访华，包括美国乒乓球代表团。宋中意识到这是件大事，立即带上英文翻译王家栋和日文翻译周斌去找美国人。

周斌是这样回忆的："我们到处找美国代表团团长，找了三四个小时，没有找到，最后，终于在一个旅馆的咖啡厅里找到了美国代表团副团长哈里森。宋中对哈里森说：'中国方面考虑了你们的访华要求，现在我正式通知你，欢迎你们去访问。'哈里森不相信：'你再说一遍'。宋中又说了一遍，欢迎访问。哈里森高兴得跳起来，把咖啡当香槟酒就这么往后一洒。"

美国代表团立即到美国驻日使馆，要求将护照上不允许持照的人去中国的一句话删去。美国驻日使馆官员同意了他们的要求。为了保险起见，美代表团团长斯廷霍文又特地打电话给美国驻日使馆，确认乒乓球代表团访华没有政治上的障碍。一等秘书坎宁安给予了肯定答复，明确指出美国政府已经取消了对美中两国之间体育选手、教育和文化工作者进行交流的禁令。

美国驻日本大使迈耶为谨慎起见，立刻就此事发电给美国国务院。电报到了国务卿罗杰斯那里，他指示立即送往白宫，并附上了国务院的意见："虽然我们还无法断定到底是怎么回事，但这个邀请至少是一个姿态，部分回应了美国最近采取的主动行动。"①

尼克松看到这份电报又惊又喜，他后来在回忆录中称，从未想到他想打开美中关系的愿望会以乒乓球队访问的形式得以实现。美国政府立即批准接受邀请，而中国方面还专门允许几名美国记者随同访华，以使他们可以报道球队的访问。

基辛格也在回忆录中称，得知北京方面的邀请后，他与尼克松、罗杰斯认为，这是北京对美国政策的制定者一个充满含

① 钱江：《"乒乓外交"幕后》，226页。

义的微妙示意，这绝不是一段孤立的插曲，而是盼望已久的一个重大外交进程的开端。①

1971 年 4 月 10 日，美国乒乓球代表团从香港经由罗湖口岸进入中国大陆。他们此行受到了全球媒体的关注，随团的美国《乒乓话题》编辑蒂姆·博根更是受到美国乃至世界媒体的“围攻”，请他提供独家新闻。在北京期间，代表团到天安门、长城等处游览，参观清华大学并与师生交流，感受到了中国人民的热情。周恩来还特批开放已经关闭的故宫，允许美国代表团参观。在离京前的晚上，他们还应邀观看了“八个革命样板戏”之一的现代京剧《智取威虎山》。然后，他们又访问了上海、广州等地。4 月 14 日，周恩来在人民大会堂会见了美国、加拿大、哥伦比亚、英国、尼日利亚等国的乒乓球代表团，并与每一位来宾握手。

周恩来会见了美国代表团，欢迎他们访华，并询问他们的观感。代表团团长斯廷霍文说：“不管我们到什么地方，我们的主人总是问我们有什么批评、建议。我就想尽办法找，看有什么地方可以批评的，最后我找到了一点。”周恩来问是哪一点，斯廷霍文幽默地说：“就是你们给我们吃得太多了。”格伦·科恩还询问周恩来总理对于嬉皮士的看法，得到了周恩来睿智的回答。美国记者罗德里克曾与周恩来在延安相识，没想到 20 多年后能在北京再见。罗德里克激动万分，表示自己一直关心着美中关系。周恩来回答说：“现在，门打开了。”

同一天，大洋彼岸的美国总统尼克松发表了一项声明，决定采取 5 个对华政策新步骤：1. 美国准备迅速发给从中华人民共和国到美国来访问的个人或团体的签证。2. 将放宽美国货币方面的

① 参见［美］亨利·基辛格：《白宫岁月》，367 页，世界知识出版社，1980。

控制，以使中华人民共和国能够使用美元。3. 将取消对供应前往中国或来自中国的船只和飞机的燃料的美国石油公司的限制，但前往或来自北越、北朝鲜或古巴的中国拥有或租借的运输工具除外。4. 美国船只或飞机今后可在非中国的港口之间运送中国货物，美国拥有的悬挂外国旗帜的运输工具可以前往中国的港口。5. 将开出一个可按照一般执照的规定直接向中华人民共和国出口的非战略性项目的清单。在批准这个清单上的具体项目以后，还将许可从中国直接进口指定的项目。这意味着美国政府实行了长达20年之久的对华贸易禁令之墙终于大块大块地崩塌了。①

四、启　示

（一）外交谈判要掌握好“度”

乒乓外交，“小球”推动“大球”是中美之间的事情，但是，这件事却是由日本乒协主席、亚乒联合会会长后藤钾二启动的。他对乒乓外交功不可没。当然，后藤钾二这个行动绝非偶然，这是中华人民共和国成立之后，毛主席、周总理、陈毅副总理、廖承志等领导人长期坚持不懈地做日本各界人士和日本人民工作的结果。在日本，有一大批诸如中岛健藏这样长期以来矢志不移致力于日中友好的人士。

后藤钾二一行在北京与中方举行会谈时，为了说服中方同意参加世界乒乓球锦标赛，他愿意把周总理提出的“对日政治三原则”写进会谈纪要。此外，他还主动表示，一俟日中两国乒协签署了会谈纪要，他立即前往新加坡主持亚乒联会议，整顿亚乒

① 钱江：《“乒乓外交”幕后》，251—318页。

联，将台湾从亚乒联开除出去。[1]但中方代表仍不满意，强烈要求把“台湾是中国的一个省，是中国的神圣领土”写进会谈纪要。日方感到为难，会谈陷入了僵局。后藤钾二很苦闷，借口身体不好，待在饭店房间里闭门谢客。

周总理得知真相后很不高兴，说：“怎么能这样呢？人家接受我提出来的政治三原则，已经是很大的进步了。你们为什么这么‘左’，为什么比我还‘左’呢，你这样不是为难人家嘛！”

回顾这段历史，可以清楚地看出，周恩来总理对外交谈判的“度”是把握得非常好的。外交谈判高要价，提高方案是经常发生的事情，但绝不是要价越高越好。谈判是手段，不是目的。目的是要把事情办成。“度”把握得好，就能把事情办成。周总理严厉批评了中方代表太“左”。因为“左”，就会把事情办砸，达不到谈判的目的。“左”既挫伤了对方的积极性，又损害了自身的利益，把能够办成的事情办砸了。如果按照当时“左”的方案去办，就根本不会有后来的乒乓外交。

（二）外交上转大弯子要有铺垫

中美关系对抗了二十多年，要改善关系，要转这个大弯子，绝非易事。打开中美关系，乒乓外交做了极好的铺垫。中国人喜欢乒乓球，美国人也喜欢乒乓球，大家都喜欢体育运动。在这个领域双方意识形态、社会制度的分歧，双方对立的情绪相对是比较少的。所以，在名古屋，中美两国乒乓球队员相互接触、交流，走到一起十分自然。

对于庄则栋与科恩接触的情况，外电作了充分报道，中美两国老百姓看了都很高兴。毛主席从《参考消息》上获悉此事。他

① 钱江：《“乒乓外交”幕后》，29、43页。

让护士长吴旭君把这个消息念了两遍，十分高兴，说："这个庄则栋，不但球打得好，还会办外交，此人有点政治头脑，比我们某些外交家还会办外交。"

1971年4月10—17日，美国乒乓球队访华；1971年7月9—11日，基辛格访华；7月16日，中美双方同时发表《公告》，宣布尼克松总统将于次年访华。

设想一下，如果没有乒乓外交，基辛格访华和后来的尼克松访华就会显得非常唐突。中美两国也好，世界也好，接受起来还会有相当的难度。但是，由于有了乒乓外交的铺垫，从民间交往着手，后来的一切就显得比较自然，比较顺乎常理了。

（三）"小人物"的作用不可或缺

回顾乒乓外交的历程，这个行动太漂亮了。"小球"推动"大球"，伟人的决策是关键。但是，这么漂亮的外交行动也离不开"小人物"的参与与贡献。他们是：后藤钾二、庄则栋、科恩、宋中、吴旭君和美国驻日本大使馆政治处一等秘书威廉·坎宁安等。

4月7日上午10点30分，美国代表团副团长哈里森打电话给美国驻日本大使，但大使不在，只有一秘坎宁安值班。哈里森说，美国乒乓球队打算接受中国的邀请，去中国访问，对于如此重大的事件，坎宁安完全可以推脱，说大使不在，等大使回来后再定。但是，时间不允许。一向以服从为天职的外交官坎宁安大胆承担责任，鼓励和支持美国队访华，并明确表示，美国队访华与美国的外交政策不相抵触。坎宁安后来回忆说，他当时意识到，如果美国队拒绝邀请，其后果将十分严重。基辛格后来赞扬他的大胆和勇气。就是这位敢于担当的美国外交官，为美国队争取了时间，保证了乒乓外交的顺利实施。

对于重大历史事件，人们记住的往往是作出决策的大人物。殊不知，这些重大历史事件之所以能够发生，“小人物”的作用不可或缺。参与外交工作的人，多数是“小人物”。这些“小人物”懂得大局，能够在关键时刻自觉地顺应历史潮流的方向去行动，那事情才能办成；反之，一些重大历史事件的发生就会被推迟，或者成为不可能。这对于众多的、直接或间接参与外交工作的“小人物”来说，是有教益的。

案例十

尼克松访华

1972 年 2 月 21 日至 28 日，美国总统尼克松访问中国，这是一次“破冰之旅”，意义重大，堪称 20 世纪世界政治史上的里程碑。关于这次重大外交行动成行之前中美关系如何“转大弯子”，以及中美联合公报的磋商和谈判过程，都有很多值得深入研究的地方。毛泽东、周恩来、尼克松、基辛格等观察和处理国际问题时，所具有的高瞻远瞩的战略眼光及驾驭全局的能力，留给我们深刻的启发。

1972年2月21日至28日，美国总统尼克松访问中国，这是一次历史性的访问。2月28日，《中美联合公报》（又称《上海公报》）发表，标志着中美关系进入了一个新阶段。

基辛格曾经告诉我，《上海公报》发表前，周恩来总理对他说："这个公报将会震撼世界。"历史证明周总理这个预言是完全正确的。尼克松这次对中国的访问不仅对中美关系，而且对亚洲乃至世界的形势均产生了深远的影响。

一、背　景

（一）美苏争霸呈现出苏攻美守的态势

自1962年古巴导弹危机之后，苏联大力发展军备，与美展开了激烈的军备竞赛。到20世纪60年代末，美苏核武库当量大体上处于均势。苏联霸权主义逐渐步入扩张期。

自1961年开始，美国的卷入越战的程度越来越深，从"代理人"战争发展到直接干预。越南人民在我大力支持下，抗美救国斗争愈战愈勇。美国虽然不断向越南战场上增兵（到1969年底达到50多万人），但收效不大。美军在越南的种种暴行又被媒体曝光，遭到全世界包括美国国内公正舆论的强烈谴责，美国国内反战浪潮一浪高过一浪。

在东欧一些社会主义国家内，对苏联霸权主义不满的情绪在滋长，1968 年爆发了“布拉格之春”。苏联公然违反联合国宪章和国际法准则，组织华沙条约国部队，对捷克进行赤裸裸的军事干涉，逮捕了捷克斯洛伐克共产党中央第一书记杜布切克。苏联的上述行径，受到包括中国在内的国际舆论的严正谴责。我们对苏联入侵捷克定性为“社会帝国主义”。

苏联还充分利用美国的困难处境，在亚洲、非洲和拉丁美洲频频发起攻势，挖美国的墙脚。此时冷战中的苏攻美守态势十分明显。

（二）中国外交处境恶劣，进行战略反思

如前文所述，20 世纪 60 年代，中国外交上的处境是最为险恶的。外交上的危险处境促使中国进行外交战略的反思。1969 年 5 月至 9 月，毛泽东主席通过周恩来总理，给叶剑英、陈毅、聂荣臻、徐向前四位老帅布置了一项任务，要他们议论天下大事。“文化大革命”期间，四位老帅都靠边站了，没什么事情，要他们议论天下大事，实际上是要进行外交战略的反思。周总理请陈毅副总理兼外交部长负责牵头四位老帅的议论。

四位老帅第一天议论后，陈毅副总理兼外交部长兴致勃勃地去向周恩来总理汇报，说四位老帅一人带了一位秘书，第一天议论了哪些问题，有些什么新的见解。周恩来总理一听四人都带了秘书，就皱起眉头来，问道：“你们带秘书干吗？”

周恩来的这个问题反映出当年党内生活十分不正常，“以阶级斗争为纲”，一个运动接着一个运动。周恩来是担心四位老帅带了秘书，将来万一有风吹草动，秘书们就会“反戈一击”，揭

发老帅们炮制了“大毒草”。陈毅副总理对周总理的提问心领神会，但他回答道：“我们四人年纪都不小了，总得有人帮我们记录，抄抄写写吧。”周总理觉得陈毅副总理讲得有道理，于是给四位老帅派了两名助手，即熊向晖和姚广。

熊向晖是一位传奇式的人物，为中国革命立了大功。胡宗南1947年率领几十万大军攻打延安。毛主席身边只有2万人，但指挥若定，听到炮声隆隆后才转移。毛主席之所以能够如此泰然自若，很重要的原因之一是熊向晖当时是胡宗南的机要秘书。胡宗南下达的命令还没有到他的部队，毛主席就知道了。1971年，熊向晖是我国出席第二十六届联大代表之一。他后来撰写了有关四位老帅纵论天下大事的回忆。

姚广是一名优秀的外交家，曾经担任过外交部第二亚洲司司长和欧美司司长，先后出使波兰、加拿大、墨西哥、埃及、法国，担任过外交部常务副部长。1998年10月，我在即将赴法国就任大使前，还专门登门向姚广大使求教。

四位老帅分别于7月和9月提出两份报告，报告的结论是：在中美苏大三角关系中，美苏矛盾大于中苏矛盾，中苏矛盾大于中美矛盾。这个结论至关重要，说明中美在共同对付苏联的问题上有着巨大的共同利益。

（三）尼克松上台后调整对华政策，中方积极响应

尼克松是一位有战略眼光的政治家，早在1969年1月20日就任美国第37届总统之前，他对美国的亚洲战略特别是美中关系就有了深入的思考，酝酿着调整美对华政策。1969年2月1日，尼克松在给基辛格的备忘录中，提出要探索与中国改善关系的可能性。

从1969年开始，美方作出了一系列意在改善对华关系的举

措，如允许美国人访问中国，解除购买中国货的禁令，允许美国人购买价值不超过100美元的中国货等等。10月，基辛格会见巴基斯坦空军元帅阿里·汗，告知美国将停止两艘驱逐舰在台湾海峡的巡逻活动，以此作为缓和对华关系的表示，并请巴基斯坦总统叶海亚·汗向中方转达上述信息。

1969年12月，在华沙举行的一次南斯拉夫的时装表演上，美国大使斯托塞尔奉政府指示主动与中国外交官接触，希望会见中国代办雷阳。

中国政府对于美方释放出的和解信号高度重视，对美大使要见雷阳一事予以积极的响应。

1970年初，中美恢复了华沙大使级会谈。斯托塞尔表示，美国政府准备派代表去北京或接受中国政府的代表到华盛顿进行直接商谈。雷阳代办则表示，如果美国政府愿意派部长级代表或总统的特使到北京进一步探讨中美关系的根本原则问题，中国愿予接待。详细情况请参看本书外交案例《中美大使级会谈》。

1970年2月，尼克松向国会提出外交报告，其中针对中国的部分指出，不应继续孤立中国，认为改善美中关系符合美国利益，也有利于亚洲和世界的和平与稳定。3月，美国国务院宣布放松对华旅行的部分官方限制。4月，宣布进一步放宽对华贸易管制。6月4日，美国众议院在对外援助法案中取消了反对中国加入联合国的决定。10月初，尼克松在接受《时代》杂志采访时，表示："如果说我在死以前有什么事情想做的话，那就是到中国去。如果我去不了，我要我的孩子们去。"[①]10月下旬，尼克松会见赴纽约出席庆祝联合国成立25周年大会的罗马尼亚和巴

① ［美］理查德·尼克松，任伍等译：《尼克松回忆录》，655页，世界知识出版社，2001。

基斯坦总统，请他们向中国转达美国改善对华关系的愿望，并表示希望派遣特使秘密访问北京。尼克松还在欢迎罗马尼亚总统的晚宴的祝酒词中，第一次使用了“中华人民共和国”来称呼中国政府，引起广泛关注。

对于美国释放的善意，中方也及时作出了回应。1970 年 7 月，宣布释放 1958 年以间谍罪被捕的美国传教士华理柱。10 月 1 日，毛泽东主席在天安门城楼接见了中国人民的老朋友埃德加·斯诺夫妇，并且合影留念。12 月 28 日，毛泽东主席会见斯诺，表示欢迎尼克松访华，作为旅游者来也行，作为美国总统来也行，双方谈得成也行，谈不成也行，总之欢迎他来。①

中国外交部根据毛主席的指示，向斯诺提供了毛主席与他谈话的书面英文全文记录。这一做法是异乎寻常的。与此同时，周恩来总理也通过巴基斯坦总统和罗马尼亚总统向美方表示欢迎尼克松访华。

到了 1971 年，又一件在中美交往史上具有特殊意义的事情发生，出乎预料地推动了中美两国相互了解的进程，这就是后来被称之为“小球推动大球”的乒乓外交。乒乓外交增进了中美两国人民的友谊和相互了解，为中美关系的改善营造了良好氛围。详细情况请参看本书外交案例《乒乓外交》。

（四）基辛格秘密访华是两国之间的破冰之旅

1971 年 4 月 27 日，周恩来通过巴基斯坦渠道向美国发出一个口信，口信指出，“要从根本上恢复中美两国关系，美国必须从中国的台湾和台湾海峡地区撤走它的一切武装力量。这一关键

① 参见中华人民共和国外产部、中共中央文献研究室编：《毛泽东外交文选》，592—594 页，中央文献出版社，1994。

的问题只有通过两国高级负责人的直接商谈才有可能找到解决办法。因此，中国政府重申，愿意公开接待美国总统的特使（如基辛格先生）或美国国务卿甚至美国总统本人来北京进行直接晤谈。”这个口信极大地鼓舞了尼克松和基辛格的信心。尼克松经过慎重考虑后，决定派遣基辛格作为特使先行秘密访华，为他的访问做准备。

随后，基辛格的助手们开始为基辛格的访问做准备，为他搜集了大量的有关中国的介绍资料。基辛格自己也阅读了很多关于中国文化、历史、哲学方面的书籍。他还与美国驻巴基斯坦大使共同策划了秘密访华的计划。

1971 年 5 月 26–29 日，中共中央召开政治局会议讨论中美关系，提出了改善中美关系的指导原则和如何向党内作出说明。6 月 4 日晚，中共中央工作会议召开，周恩来总理在会上作了关于中美会谈的报告，在党内统一思想。

6 月 2 日，基辛格收到巴基斯坦驻美大使希拉利送来的外交邮袋，里面装着的是周恩来给尼克松的回信。在信中提到了毛泽东主席对尼克松访华的欢迎，同时周恩来也欢迎基辛格对中国进行秘密访问，为尼克松的访华做准备。

7 月 1 日，基辛格启程访问亚洲，此行的主要目的是对中国进行破冰之旅，代号为“波罗一号”（借用马可 · 波罗的“波罗”暗喻对中国的访问）。根据事先的安排，他这次访华对外放的烟幕弹是到亚洲各国进行一次“实地考察”。基辛格先访问了南越、泰国、印度，然后到了巴基斯坦。根据对外公布的行程安排，他在访问巴基斯坦后应接着赴法国巴黎参加与越南北方的谈判代表会议。然而，在 7 月 8 日抵达巴基斯坦首都后，在下午的招待宴会上，基辛格就以身体欠佳为由，被巴基斯坦总统叶海亚 · 汗邀请到位于山区的巴总统别墅进行休养。第二天凌晨 4 时，基辛格戴着墨镜，登上了专机，在早已等候的中国外交官的陪同下向北京飞去。

7月9日下午4时，周恩来就来到基辛格下榻的钓鱼台国宾馆，与他进行了首次会谈。基辛格介绍了此访的意图和任务，双方着重讨论了台湾问题。周恩来指出，解放台湾是中国的内政，美军必须限期撤离，《美台防御条约》是无效的。7月10日下午，周恩来与基辛格举行第二次会谈，就双方的战略意图进行了沟通，并商定尼克松在1972年春天访问中国。

在会谈中，双方就宣布尼克松访华的新闻公报进行了磋商，双方争论的焦点在于尼克松访华是中方还是美方采取了主动。最后还是毛主席的意见推动双方达成了妥协，他说：尼克松来访，谁也不主动，双方都主动。周恩来总理对毛主席的指示心领神会，巧妙地提出了一个双方都能接受的措辞。公报全文如下：

“获悉，尼克松总统曾表示希望访问中华人民共和国，周恩来总理代表中华人民共和国政府邀请尼克松总统于1972年5月以前的适当时间访问中国。尼克松总统愉快地接受了这一邀请。”①

1971年10月20日至26日，基辛格再次访华，与周恩来进行了10次会谈，双方就尼克松访华一事作了深入的交流和周密的准备。

1972年1月3日至9日，美国国家安全事务副助理亚历山大·黑格准将访华，为尼克松访华做最后的准备。除了就联合公报的修改与姬鹏飞举行会谈外，还就尼克松访华的技术性问题同中方进行了磋商。

① 《人民日报》，1971年7月16日。

（五）1972 年 2 月尼克松访华

1972 年 2 月 21 日，尼克松对中国进行了历史性的访问。尼克松回忆说："这一旅程正像很早以前在地理上发现新大陆的航行一样不可预卜，并且在某些方面一样危险。"在欢送仪式上，尼克松发表了演说，对即将到来的访华行程表达了现实主义的审慎、乐观和建设性的态度。他说，中美 20 年的敌对情绪不会因为短短的一周访问而完全消除。中美两国政府之间存在巨大的分歧，"但是我们必须做的事情是寻求某种办法使我们能够有分歧而不至于成为战争中的敌人。"①

尼克松一行先抵达上海，然后在中国外交部副部长乔冠华等的陪同下飞赴北京。在总统专机降落之前，他反复要求所有随行人员，飞机降落后必须留在机舱里，保证他和第一夫人率先走下舷梯。

1954 年日内瓦会议期间，美国国务卿杜勒斯和周恩来总理同时出席一场招待会。我曾经听见周恩来总理亲口说过这段轶事：在这次招待会上，周恩来总理是准备与杜勒斯握手的。但当他走近杜勒斯时，发现杜立刻把左手上的酒杯换到右手，周总理立刻明白了，杜不愿与他握手。

尼克松这次来到中国时则不然，走下舷梯后，快步走向周恩来，与他握手。在热烈的掌声中，两位伟人的手紧紧地握在了一起，这次"跨越太平洋的握手"持续了一分多钟。

尼克松抵达北京后，最重要的活动是会见毛主席。可是毛主席此时的健康状况并不好。1972 年 1 月 6 日，陈毅副总理去世。10 日，在八宝山为陈毅同志举行葬礼。毛主席临时决定参加陈毅的追悼会，在睡衣外面加了一件大衣就去了。追悼会的大厅当时

---

① 李长久、施鲁佳主编：《中美关系二百年》，230 页，新华出版社，1984。

没有暖气，毛主席出席葬礼受了凉，大病一场。

尼克松到达北京后，何时见毛主席要视其健康状况决定，这是双方都很纠结的问题。可是，2 月 21 日当天，毛主席精神很好。2 月 21 日下午两点三十分左右，周恩来亲自来到钓鱼台国宾馆通知基辛格说，毛主席要在半小时后会见尼克松。

毛主席在中南海书房内会见了尼克松和基辛格，这次会见原定为 15 分钟，结果谈了近 80 分钟。在会见中，毛泽东风趣地对尼克松说："昨天你在飞机上给我们出了一个难题，说是我们几个要吹的问题限于哲学方面。"[①]这句话引起现场众人的一阵笑声，也确立了毛泽东和尼克松谈话的基调，也就是说，他们两人的谈话将主要围绕中美两国长远发展的战略高度来进行。毛泽东在谈话中并没有将台湾问题作为一个主要的问题，而只是表明这是中国自己的问题，中国人最终有办法自己解决。尼克松表示，世界的新形势把两国带到了一起。美国已经认识到，重要的不是一个国家的国内政治哲学，而是它对外部世界以及它对美国的政策。对于中美关系，毛泽东表示两国不存在相互侵略的问题。对于中美关系的僵局，他认为双方都存在一些问题。毛泽东最后表示，中美要对话，不要一直"僵着"，对于两国的对话与谈判，要有耐心和信心。谈话结束后，毛主席还亲自把美国客人送到了门口。

晚上，周恩来在人民大会堂举行国宴欢迎尼克松一行。周恩来首先致祝酒词。他说，中美两国人民是伟大的人民，希望在和平共处五项原则的基础上，"通过双方坦率地交换意见，弄清楚彼此之间的分歧，努力寻找共同点，使我们两国的关系能够有一

① 熊向晖：《试析 1972 年毛泽东同尼克松的谈话》，载《党的文献》，1996(3)。

个新的开始”[①]。

尼克松在致答词时首先指明两国之间存在巨大的分歧，表示“虽然我们不能弥合我们之间的鸿沟，我们却能够设法搭一座桥，以便我们能够越过它进行会谈”。他还引用毛泽东的诗句“一万年太久，只争朝夕”来表达希望推进中美关系的心情。

在接下来的访问中，尼克松和周恩来就国际和两国关系中的重要问题举行了五次会谈。在台湾问题上，尼克松表示，美国承认只有一个中国，台湾是中国的一部分。美国将谋求实现与中国关系正常化，并在四年内逐步从台湾撤军。但他表示目前美国不能丢弃台湾，不能承认中华人民共和国是中国唯一合法政府，并且希望中国保证以和平方式解决台湾问题。周恩来针锋相对地指出，美国说不愿丢掉老朋友，实际上老朋友已经丢了一大堆了。至于解决台湾问题的方式问题，我们只能说争取和平解放台湾。因为这是涉及海峡两岸双方的事情，要看蒋介石方面的态度。并表示中国对台湾问题已经等了 20 多年，我们还可以再等上几年。

关于越南问题，周恩来不同意尼克松所谓的美国撤出越南将会导致该地区出现力量真空的问题，认为美国撤出越早越对其有利。对于美苏核军备竞赛，周恩来表示希望美苏达成协议，减少核军备竞赛。

尼克松此次访华最重要的成果是《中美联合公报》。1971 年 7 月基辛格访华时，还没有考虑到尼克松访华时要发表公报的事。当基辛格向尼克松汇报了他第一次访华情况后，两人得出共识，需要发表一个“联合公报”，以显示访华成果。

围绕中美联合公报的谈判，分为两个阶段。1971 年 10 月 21 日至 26 日，由周总理亲自与基辛格会谈。1972 年 2 月 22 日至

① 《人民日报》，1971 年 2 月 22 日。

27 日为第二阶段，由乔冠华副外长与基辛格会谈。

1971 年 10 月 21 日基辛格第二次访华，主要任务就是与中方共同起草公报稿。10 月 22 日，基辛格提交了美方草拟的第一个公报稿，内容分三部分：（一）双边关系的基本原则；（二）对世界形势的看法；（三）双边关系的具体问题（包括台湾问题）。在“一般原则”部分，美方同意把“互相尊重领土主权、互不侵犯、互不干涉内政、平等互利和和平共处”作为指导两国关系的原则。这一部分是十分可取的，获得中方赞同。在“对世界形势的看法”部分，虽然内容多取自周总理与基辛格会谈中提到的一些问题和观点，但美方把一些重大分歧一带而过，主要是讲双方的“共同利益”和“共同点”。

（六）罗杰斯提出要修改双方已达成协议的《中美联合公报》

毛主席会见尼克松，美方的陪见人员只有基辛格，引起了一起来访的公开地位比基辛格高的国务卿罗杰斯的不满。

1972 年 2 月 25 日，乔冠华与基辛格就联合公报草案问题达成了协议，分别呈送给毛泽东主席和尼克松总统，得到两位最高领导人的批准。2 月 26 日，尼克松总统在周恩来总理陪同下飞杭州。然而美国国务卿罗杰斯没有参加中美联合公报稿的谈判，公报谈成、得到双方最高领导批准后，他才看到了中美联合公报稿。罗杰斯和国务院官员对此大为不满，他们对《中美联合公报》进行了研究，提出了 15 条修改意见。尼克松对罗杰斯这一表现十分恼火，但是如果无视罗的意见，就会引发国务院与白宫有关公报的争吵，这会影响他的访华成果。于是，尼克松考虑再三，决定让基辛格找乔冠华谈修改公报。

二、中国面临的选择

尼克松总统这次对中国的访问是十分成功的，回顾这次访问的筹备以及访问本身，有两大难题：一是关于中美联合公报的写法，是只写共同点，还是分歧和共同点都写进去？二是在双方就公报达成协议并报经毛泽东主席和尼克松总统批准后，美方代表团内部又出现分歧，国务卿罗杰斯提出要修改该公报，对此我们该如何处理？

对于第一个问题，中方有两种选择：

（一）接受美方方案，突出共同点，对分歧一笔带过。

（二）既讲分歧，又讲共同点。

对于第二个问题，中方也有两种选择：

（一）不同意与美方再谈公报。

（二）坚持原则，同意与美方谈。

对于这两个难题，中方都选择了第二条。

三、操作过程

（一）美方接受了公报应既谈分歧又谈共同点的主张，双方就台湾问题的措辞达成了妥协

针对美方突出共同点、基本不谈分歧的公报稿，周恩来总理认为不可取，并对美方做了耐心的解释工作。周恩来说，中美双方对世界形势有不同的看法和立场。如果双方掩盖分歧，达成不说真话、也不打算遵守的陈词滥调的文件，只会给两国人民一些幻想，也将使他们失望，反而不利于两国关系。因此，他主张双方把各自的不同看法写进公报。

周总理这番话使基辛格受到了很大震动，当晚与洛德等进行密商，认为周恩来的主张是有道理的。因为美国内部对此也有不同意见，美国的盟友对此也不理解。公报讲分歧也讲共同点有好处。双方继续会谈时，基辛格表示“同意这一改变，这样写也有可取之处”。但他强烈希望中方在用词上要温和一些。

台湾问题是中美关系中最敏感的问题，双方在讨论公报稿时，围绕台湾问题的措辞进行了激烈的争论。美国不愿公开承认台湾是中华人民共和国领土的一部分，并要求中国承诺只能用和平方式解决台湾问题，并在从台湾撤出美军的问题上含糊其辞。乔冠华指出，中国不能承诺只用和平的方式解决台湾问题。美方既然承认台湾是中国领土，理所当然应逐步撤走在台湾的美军。中方不同意美方提出的“逐步削减”，而应是“逐步减少直至全部撤出”。双方经过激烈的交锋，美方也不得不作出必要的妥协，最后还是基辛格提出的妥协方案被双方所接受。其措辞是：

“美国认识到，在台湾海峡两边的所有中国人都认为只有一个中国，台湾是中国的一部分。美国政府对这一立场不提出异议。它重申它对由中国人自己和平解决台湾问题的关心，考虑到这一前景，它确认从台湾撤出全部美国武装力量和军事设施的最终目标。在此期间，它将随着这个地区紧张局势的缓和逐步减少它在台湾的武装力量和军事设施。”

（二）中方照顾了美方的困难，同意就已达成协议的联合公报稿再度进行谈判

2 月 26 日，美方代表团抵达杭州后，基辛格根据尼克松的指示找到了乔冠华，要求对已经达成的公报稿重新谈判。乔冠华听说要重新谈判，头都大了，表示：毛泽东主席和中共中央政治局已经批准了公报。中方为了照顾美方，在谈判中已经作出了很多

让步。现在离公报发表的时间已经不足24小时，修改公报怎么来得及呢?

乔冠华见了基辛格后，立即向周恩来总理作了汇报。周恩来总理认为，对美方重谈公报的要求不能拒绝。他说："《公报》的意义不仅仅在它的文字，而在它背后无可估量的含义。《公报》把两个曾经极端敌对的国家带到一起来了。两国之间有些问题推迟一个时期解决也无妨。《公报》将使中国和世界产生多大的变化，是无法估量的。"①

周恩来立即打电话给毛主席，汇报了最新情况。毛泽东思考一会儿后说："除了台湾部分我们不能同意修改外，其他部分可以商量。"

乔冠华和基辛格26日连夜举行会谈，讨论公报的修改，中方接受了罗杰斯等人的部分意见。2月27日凌晨2时许，双方达成了协议。乔冠华和基辛格把双方达成的协议稿向各自的最高领导作了汇报，并得到了认可。

2月27日下午，在上海锦江饭店小礼堂，举行了中外记者招待会，发表了《中美联合公报》即《上海公报》(全文见附件)。小礼堂挤得满满的，有好几百位外国记者参加，共同见证了这一改变中美关系、改变世界的事件。

当晚，周恩来总理举行欢送宴会，宾主双方对这次访问取得的成功都十分满意。宴会的气氛非常好，成为尼克松此次访华的高潮。尼克松踌躇满志，喜悦心情溢于言表。他情不自禁地端起斟满茅台酒的酒杯，走到麦克风前发表即席演讲，他说：

"我们在公报中说的话，远不如我们在今后几年要做的事那么重要。我们要建造一座跨越16 000英里和22年敌对情绪的桥

① 孟红：《中美关系三份公报出台实录（一)》，载《党史纵览》，2012（2)。

梁，可以说，今天的公报是搭起了这座通向未来的桥梁……”

28日上午10时，尼克松总统和夫人一行乘专机离开上海回国。周恩来总理亲自到虹桥机场送行，中美双方告别的氛围十分热烈和融洽。尼克松的“破冰之旅”就此画上了圆满的句号。尼克松后来回忆说，他对中国的访问是他“个人政治生涯的最高峰”。

四、启 示

（一）没有妥协就没有外交

古往今来，没有妥协就没有外交。那种排斥任何妥协，认为妥协就不好，就是屈膝投降，就是出卖本国利益的说法是错误的。关键要看妥协和大局的关系，会带来什么结果，对本国的根本利益有何影响。

妥协之所以能够实现，因为双方都有需要，否则就不可能有妥协。妥协的大小取决于双方需求的大小，如果妥协是双方大局的需要，那就可以打破常规。

大妥协对双方领导人的要求是很高的，双方领导人都必须有远见卓识，有驾驭全局的能力，都必须是在关键时刻敢于担当的战略家，不会被各种思潮和舆论所左右。如果一方领导人是战略家，另一方不是，大妥协也是不可能实现的。

中美敌对了二十余年，在朝鲜战场上、在越南战场上双方打得昏天黑地。中美之间成见很深，分歧很大。中方同意尼克松1972年2月访问中国，这本身就是一个大妥协。因为当时美国还保持着同台湾的“外交关系”，与台湾有“美台共同防御条约”，在台湾还有驻军。在这种情况下，作为美国总统来访问中国似乎是绝对不可能的。但是，毛泽东主席早在1970年会见斯诺时就表示了欢迎尼克松访华，没有提出任何先决条件。

毛主席作出的这个决断，是从大局出发的。当时的中国，国际上的处境非常困难，苏联大军压境，对我构成最直接的威胁。尽管中美之间没有外交关系，但是尼克松来了，就使我的战略处境迅速改善。这不仅结束了同美国对抗的状态，而且形成了双方事实上的联手，共同对付苏联。这种大妥协正是外交大智慧的表现。这种妥协不仅没有损害反而有效地维护了中华民族的根本利益。

从尼克松来说，此刻访问中华人民共和国也是一个大妥协。台湾是美国的盟友，尼克松的做法简直是对盟友的背信弃义，会遭到美国和世界右翼人士各种各样的指责。但尼克松从大局出发，对这些指责的全然不顾。大局是美苏争霸世界，苏攻美守，美处境被动。尼克松访华使美国的处境有了很大的改善。美中接近最大的输家是苏联。

（二）大国首脑外交需要可信、有效的传递信息的渠道

外交的决策需要对对方的意图有准确的了解，媒体固然重要，但媒体所传播的信息往往不一定准确和真实。

什么是可信、有效的渠道？这个渠道应当是能够直通最高领导人的，传达的信息是客观、准确的，信息传递的过程是绝对保密的。

回顾中美关系打开的历程，可以明显地看到，当中美双方最高领导人都希望改善中美关系的时候，双方缺乏可信的、有效的传递信息的渠道。

1970年，毛主席邀请斯诺再度访华，与他谈话后，又把谈话记录全文的英文稿给他，希望他把信息传递给尼克松。但事实证

明这个渠道并不有效。后来，还是尼克松采取主动，通过罗马尼亚总统齐奥塞斯库、巴基斯坦总统叶海亚 · 汗向中方传递信息。美方用了这两条渠道，中方后来也用了。

大国领导人之间保持可信的、有效的信息传递渠道，在今天依然是重要的。尽管我们生活在信息时代，大国领导人见面频繁，他们之间还可以通电话，交换信件，进行直接的沟通，但是这一切不能完全取代领导人之间可信的、有效的信息传递渠道。外交渠道固然非常重要、可靠，但是外交工作是由人去进行的，官员的素质、立场的不同和个人的好恶都会对所传递的信息产生影响。情报系统的信息也很重要，但是古今中外的情报系统都出现了很多假情报。因为国与国之间的关系涉及各方的利益，有些利益集团为了自身利益的需要，会设法制造一些假情报，这在国际关系中并不罕见。特别是在国与国之间关系出现困难和紧张的时候，保持可信的、有效的信息传递渠道就显得更加重要。

（三）转大弯子要尽可能顺乎自然

尼克松 1972 年访华是中美关系的一个大转圜，其集中体现是《上海公报》。这个公报如何措辞颇费了一番周折。美方拿出的第一稿就遵循了公报的传统写法，突出共同点，分歧一笔带过。这种写法在很多情况下是可取的。然而具体到中美两国，双方敌对了二十多年，再采取这样的写法就不行了。

基辛格有一次对我说，《上海公报》的写法，先谈分歧后谈共同点，是周恩来总理提出来的。他开始不理解，后来想通了，觉得周总理的建议很有道理。中美对抗了 22 年，如果按照美方提出的传统写法，那样的公报就缺乏公信力。

尼克松后来回忆说："这个公报打破了外交上的常规，坦率地说出而没有掩饰双方在主要问题上的重大分歧。”①

美国前驻华大使、曾陪同基辛格秘密访华的洛德认为：“不同于以往任何公报，《上海公报》先摆明分歧，再表明共同立场，具有持久的现实意义。”②

顺乎自然可能是外交上一条不成文的原则。外交行动需要经得起公众推敲和接受历史的评价。不自然就会有一些牵强附会的地方。中美关系打开，两国关系转了一个大弯子。《上海公报》鲜明地摆出了两国之间的分歧，说明中国还是中国，美国还是美国；然后说出了双方的共同点。这样就比较自然，就站得住脚了。

（四）外交上不能把对方的问题只看成是对方的问题

尼克松一行抵达杭州后，美方提出，由于国务卿罗杰斯对双方达成的公报有意见，要求重新谈判。乔冠华后来向周总理汇报时说，这个公报经过双方最高领导批准了，美方内部有意见，这是美方的事，我们可以不管，让他们自己去处理。

乔冠华上述这番话听起来很有道理。在今天的中国外交界，也经常听到这样的话。然而，周恩来总理否定了乔冠华的意见，主张同意同美国人重谈公报，并得到了毛主席的肯定。周总理对这个问题的处理，反映了他独特的外交风格，总理想问题想得很深，也看得很远。美方内部出现的问题，当然是他们的事，你不管也没有错。但是如果尼克松访华结束后，国务院和白宫就《上海公报》吵起来，引起一场大辩论，那尼克松访华的成果就会大

---

① 《尼克松回忆录》，691页。

② 《美前助理国务卿：40年前中国行是我外交生涯最重要事件》，新华网纽约2012年2月11日电。

打折扣，公报的公信力也会大为逊色。如果出现这种情况，对中方也不利。

罗杰斯有意见，也不是没有一点道理。他作为国务卿，是掌管美国外交的。但中美公报在达成之前，他一无所知。木已成舟后才给他看，他完全成了局外人。这大概也说不过去。此外，尼克松访华最重要的一场活动是会见毛主席，罗杰斯没有参加，他也有意见。罗杰斯有意见也有他合理的地方。这个问题不是中方造成的，但外交是复杂的。美方也可能把不让罗杰斯参加毛主席会见的责任推给中方。这样的事情，中方也无法向他作出解释。

周恩来总理做得非常巧妙。1972 年 2 月 27 日，尼克松一行抵达上海在锦江饭店安顿下来后，周恩来总理亲自登门看望罗杰斯，罗杰斯深为感动。

美国前大使、亚洲协会会长卜励德，当时就在罗杰斯身边。他在回忆录中，关于周恩来总理这次突然到访，是这样写的：

"一位大国总理在没有事先安排通报的情况下，突然到酒店套房来拜访一个国家元首的内阁成员，这种事真是闻所未闻……罗杰斯和我一样感到惊讶，他以最自然友善的态度紧急接待了周总理。"①

周总理一见面，就肯定美国国务院对中美关系的贡献。他说："这次中美两国打开大门，是得到罗杰斯先生主持的国务院大力支持的，几年来国务院做了大量工作。我记得当中国邀请贵国乒乓球队访华时，贵国驻日大使馆开了绿灯……"一席话说得罗杰斯笑逐颜开。

周总理还当场答应赠送两套中国《二十四史》及《鲁迅全

---

① ［美］卜励德著，李轶海等译：《中美关系中的"中国男孩"：卜励德回忆录》，上海人民出版社，2013。

集》给国务院和白宫。周总理还把章士钊先生新出版的《柳文指要》赠送美方翻译傅利民先生。

周恩来总理是中国当代外交之父，他给我们留下的外交遗产是丰厚的。继承这份遗产，需要对他的外交思想和外交风格进行深入的研究，特别要研究重大的外交行动。周总理接待尼克松访华就是最重要的、影响深远的外交行动。

附：《中美联合公报》(又称《上海公报》)全文

中华人民共和国和美利坚合众国联合公报

(《上海公报》)

1972年2月28日

应中华人民共和国总理周恩来的邀请，美利坚合众国总统理查德·尼克松自一九七二年二月二十一日至二月二十八日访问了中华人民共和国。陪同总统的有尼克松夫人、美国国务卿威廉·罗杰斯、总统助理亨利·基辛格博士和其他美国官员。

尼克松总统于二月二十一日会见了中国共产党主席毛泽东。两位领导人就中美关系和国际事务认真、坦率地交换了意见。

访问中，尼克松总统和周恩来总理就美利坚合众国和中华人民共和国关系正常化以及双方关心的其他问题进行了广泛、认真和坦率的讨论。此外，国务卿威廉·罗杰斯和外交部长姬鹏飞也以同样精神进行了会谈。

尼克松总统及其一行访问了北京，参观了文化、工业和农业项目，还访问了杭州和上海，在那里继续同中国领导人进行讨论，并参观了类似的项目。

中华人民共和国和美利坚合众国领导人经过这么多年一直没有接触之后，现在有机会坦率地互相介绍彼此对各种问题的观点，对此，双方认为是有益的。他们回顾了经历着重大变化和巨大动荡的国际形势，阐明了各自的立场和态度。

中国方面声明：哪里有压迫，哪里就有反抗。国家要独立，民族要解放，人民要革命，已成为不可抗拒的历史潮流。国家不分大小，应该一律平等，大国不应欺负小国，强国不应欺负弱国。中国决不做超级大国，并且反对任何霸权主义和强权政治。中国方面表示：坚决支持一切被压迫人民和被压迫民族争取自由、解放的斗争；各国人民有权按照自己的意愿，选择本国的社会制度，有权维护本国独立、主权和领土完整，反对外来侵略、干涉、控制和颠覆。一切外国军队都应撤回本国去。中国方面表示：坚决支持越南、老挝、柬埔寨三国人民为实现自己的目标所作的努力，坚决支持越南南方共和临时革命政府的七点建议以及在今年二月对其中两个关键问题的说明和印度支那人民最高级会议联合声明；坚决支持朝鲜民主主义人民共和国政府一九七一年四月十二日提出的朝鲜和平统一的八点方案和取消“联合国韩国统一复兴委员会”的主张；坚决反对日本军国主义的复活和对外扩张，坚决支持日本人民要求建立一个独立、民主、和平和中立的日本的愿望；坚决主张印度和巴基斯坦按照联合国关于印巴问题的决议，立即把自己的军队全部撤回到本国境内以及查谟和克什米尔停火线的各自一方，坚决支持巴基斯坦政府和人民维护独立、主权的斗争以及查谟和克什米尔人民争取自决权的斗争。

美国方面声明：为了亚洲和世界的和平，需要对缓和当前的紧张局势和消除冲突的基本原因作出努力。美国将致力于建立公正而稳定的和平。这种和平是公正的，因为它满足各国人民和各国争取自由和进步的愿望。这种和平是稳定的，因为它消除外来侵略的危险。美国支持全世界各国人民在没有外来压力和干预的情况下取得个人自由和社会进步。美国相信，改善具有不同意识形态的国与国之间的联系，以便减少由于事故、错误估计或误会而引起的对峙的危险，有助于缓和紧张局势的努力。各国应该互相尊重并愿进行和平竞赛，让行动作出最后判断。任何国家都不应自称一贯正确，各国都要准备为了共同的利益重新检查自己的态度。美国强调：应该允许印度支那各国人民在不受外来干涉的情况下决定自己的命运，美国一贯的首要目标是谈判解决，越南共和国和美国在一九七二年一月二十七日提出的八点建议提供了实现这个目标的基础；在谈判得不到解决时，美国预计在符合印度支那每个国家自决这一目标的情况下从这个地区最终撤出所有美国军队。美国将保持其与大韩民国的密切联系和对它的支持；美国将支持大韩民国为谋求在朝鲜半岛缓和紧张局势和增加联系的努力。美国最高度地珍视同日本的友好关系，并将继续发展现存的紧密纽带。按照一九七一年十二月二十一日联合国安全理事会的决议，美国赞成印度和巴基斯坦之间的停火继续下去，并把全部军事力量撤至本国境内以及查谟和克什米尔停火线的各自一方；美国支持南亚各国人民和平地、不受军事威胁地建设自己的未来的权利，而不使这个地区成为大国竞争的目标。

中美两国的社会制度和对外政策有着本质的区别。但是，双方同意，各国不论社会制度如何，都应根据尊重各国主权和领土完整、不侵犯别国、不干涉别国内政、平等互利、和平共处的原则来处理国与国之间的关系。国际争端应在此基础上予以解决，而不诉诸武力和武力威胁。美国和中华人民共和国准备在他们的相互关系中实行这些原则。

考虑到国际关系的上述这些原则，双方声明：

——中美两国关系走向正常化是符合所有国家的利益的；

——双方都希望减少国际军事冲突的危险；

——任何一方都不应该在亚洲—太平洋地区谋求霸权，每一方都反对任何其他国家或国家集团建立这种霸权的努力；

——任何一方都不准备代表任何第三方进行谈判，也不准备同对方达成针对其他国家的协议或谅解。

双方都认为，任何大国与另一大国进行勾结反对其他国家，或者大国在世界上划分利益范围，那都是违背世界各国人民利益的。

双方回顾了中美两国之间长期存在的严重争端。中国方面重申自己的立场：台湾问题是阻碍中美两国关系正常化的关键问题；中华人民共和国政府是中国的唯一合法政府；台湾是中国的一个省，早已归还祖国；解放台湾是中国内政，别国无权干涉；全部美国武装力量和军事设施必须从台湾撤走。中国政府坚决反对任何旨在制造“一中一台”、“一个中国、两个政府”、“两个中国”、“台湾独立”和鼓吹“台湾地位未定”的活动。

美国方面声明：美国认识到，在台湾海峡两边的所有中国人都认为只有一个中国，台湾是中国的一部分。美国政府对这一立场不提出异议。它重申它对由中国人自己和平解决台湾问题的关心。考虑到这一前景，它确认从台湾撤出全部美国武装力量和军事设施的最终目标。在此期间，它将随着这个地区紧张局势的缓和逐步减少它在台湾的武装力量和军事设施。

双方同意，扩大两国人民之间的了解是可取的。为此目的，他们就科学、技术、文化、体育和新闻等方面的具体领域进行了讨论，在这些领域中进行人民之间的联系和交流将会是互相有利的。双方各自承诺对进一步发展这种联系和交流提供便利。

双方把双边贸易看作是另一个可以带来互利的领域，并一致认为平等互利的经济关系是符合两国人民的利益的。他们同意为逐步发展两国间的贸易提供便利。

双方同意，他们将通过不同渠道保持接触，包括不定期地派遣美国高级代表前来北京，就促进两国关系正常化进行具体磋商并继续就共同关心的问题交换意见。

双方希望，这次访问的成果将为两国关系开辟新的前景。双方相信，两国关系正常化不仅符合中美两国人民的利益，而且会对缓和亚洲及世界紧张局势作出贡献。

尼克松总统、尼克松夫人及美方一行对中华人民共和国政府和人民给予他们有礼貌的款待，表示感谢。

案例十一

中日邦交正常化

1972年9月29日，中日两国正式实现了邦交正常化，这标志着中日关系进入了一个新的阶段，对中日两国乃至亚洲和世界的形势均产生了深远的影响。由于日本发动了侵华战争，给中国人民带来深重的灾难，以及战后日本对台湾的态度，把中日关系带入了最黑暗的境地。因此两国实现关系正常化的谈判无疑面临着重大障碍。但是毛泽东、周恩来等领导人在“中日复交三原则”下搁置争议，从全局出发，做了大量工作，实现了谈判的成功。在解决问题的意识与方法上，这一案例留给我们很多值得研究和学习的地方。

1972年9月下旬，日本首相田中角荣和外务省大臣大平正芳率团访问中国。9月29日，双方签署了《中日联合声明》，实现了中日邦交正常化，结束了没有正式外交关系的不正常局面。中日关系正常化标志着中日关系进入了一个新的阶段，对中日两国乃至亚洲和世界的形势均产生了深远的影响。

中日邦交正常化，是在毛主席亲自领导下和周恩来总理主持下完成的，是中华人民共和国外交史上的一个重要案例。

一、背 景

（一）中国调整外交战略，外交上实现大突破

前文有述，20世纪60年代，中国外交危险重重。在毛泽东主席的直接领导和周恩来总理的直接主持下，中国在外交战略上进行了重大调整。战略的调整使中国外交在70年代初实现了两大突破：中国在联合国的合法席位得以恢复和尼克松访华。

1. 中国恢复了在联合国的合法席位

中华人民共和国成立后，我国政府一直在寻求恢复我在联合国的合法席位，但遭到了美国的百般阻挠。

20世纪60年代，我国迎来了新中国成立后第二次建交高潮。我与一批新独立的非洲国家以及法国（1964年1月27日）、加拿大（1970年10月13日）、意大利（1970年11月6日）等国建立了外交关系。恢复我在联合国合法席位的形势正在发生有利于我的变化。这个变化，尼克松有所察觉。他后来回忆说，1971年春，他就预感到“反对接纳北京的传统投票集团已经无可挽回地瓦解了”。

1971年9月21日，第二十六届联大召开。阿尔巴尼亚和阿尔及利亚再次提出恢复中国在联合国的合法席位的提案。10月下旬，联大开始审议中国代表权提案，而此时，基辛格正在中国为尼克松访华作准备。由于基辛格这次前往中国的行程是公开的，一些长期追随美国反对恢复中国在联合国的合法席位的国家开始认识到，美国对华态度已经发生重大变化，而美国又要求自己充当反对恢复中国合法席位的急先锋，这样做得不偿失。联合国内反对恢复中国合法席位国家阵营的内部出现分化。

10月25日，第二十六届联合国大会，以76票赞成，35票反对，17票弃权通过了“两阿提案”，中国由此恢复了在联合国的合法席位。中国外交由此进入了一个新阶段。

2.尼克松访华，震动了世界

20世纪六七十年代，苏联利用美国在越南泥足深陷的局面处处紧逼，致使美国在美苏争霸中处于守势。这种被动的局面，也促使美国调整对华政策。

1968年，尼克松当选美国总统。早在1967年他就在《外交季刊》上撰文《越战之后的亚洲》，提出要与中国接触。1969年1月20日，尼克松在就职演说中强调：“我们寻求一个开放的世界……在这个世界里，国家无论大小，它们的人民都不能生活在愤怒的孤立状态之中。”[1]显然，这实际上是在指中国。

1970 年，尼克松向国会提交了一份外交报告，其中提到“中国人民是伟大的、富有生命力的人民，他们不应该继续孤立于国际大家庭之外……美国的政策不大可能很快对中国的行为产生多少影响，更不用说对它的思想观点了。但是我们采取力所能及的步骤来改善同北京实际上的关系，这肯定是对我们有益的，同时也有利于亚洲和世界的和平与稳定。”[2]

1972 年 2 月 21 日到 28 日，尼克松总统对中国进行了成功的访问，会见了毛泽东主席，与周恩来总理举行了会谈，双方发表了《上海公报》。

尼克松成功访华，结束了中美自 1949 年以来长期对抗的局面，开启了中美关系的新阶段。尼克松访华震动了世界，对于中美苏大三角关系以及全球形势产生了巨大的影响。中美关系打开，使美国在大三角关系中处于较为主动、有利的地位；苏联则相对比较被动，我国外交回旋余地扩大了。

（二）中美关系改善冲击日本，经济快速增长也使日本自信心增强

战后的历届日本政府对美国亦步亦趋，在对华政策上也是如此。然而，尼克松政府改善对华关系，事前未向日本作任何通报。1971 年 7 月 15 日，尼克松发表电视讲话，宣布将于 1972 年访问中国，宣布前 5 分钟才通知日本首相佐藤荣作；中美《上海公报》发表前 3 小时才通知日本。这种做法引起了日本的强烈不满，认为美国是在搞“越顶外交”。

---

① 《尼克松回忆录》（中），545 页。

② 《尼克松回忆录》（中），545 页。

尼克松总统试图改善对华关系，日本方面也是有所察觉的。时任日本外务省中国课课长渡边先生曾告诉我：1971 年 7 月，基辛格访问巴基斯坦，他就预感到美中关系会有某种新的变化，遂发电给日本驻巴基斯坦大使馆，要求他们密切注视基辛格的动向。基辛格在拉瓦尔品第机场称病，说要去休养，但日本方面发现送基辛格去机场的车辆回程时是空的。日本驻巴基斯坦大使曾约见美国大使，了解基辛格的去向，美大使守口如瓶，一口咬定基辛格生病去休养了。

《上海公报》发表后，美国要逐步同中华人民共和国建立外交关系的大趋势已经十分明显了。究竟应当采取什么样的对华政策，在日本政界引起了一场大辩论。辩论的核心是，日本是在美中建交之后，再与中国建交，还是走在美国前面。这是摆在日本政府面前的一个十分尖锐的问题。

战后的日本经济恢复较快。在朝鲜战争和越南战争中，美国是以日本作为后勤补给基地的，这客观上对日本经济的恢复与发展有很大的推动。1955 年后，日本经济走上了快速发展的道路，经济的年均增长率保持在两位数。十几年的大发展，使日本的国力大增。1964 年的东京奥运会举办得十分成功；1968 年，日本国内生产总值超过了当时的西德，成为全球第二大经济体；1970 年的大阪世博会参观人数超过了七千万人，创造了世博会历史上最高纪录。经济实力的增长，奥运会和世博会的成功举办，使得日本人的自信心增强。与此同时，日本与美国的贸易摩擦增多，双方之间的矛盾在发展。

1971 年 7 月 6 日，尼克松在堪萨斯城的讲话中指出：“西欧和日本都是我们的朋友和盟国，但又是我们的强大对手。他们为了在世界上争夺领导地位，同我们进行着竞争，而且竞争得很厉害。”①

（三）日本国内政局发生变化，田中角荣上台

直到 1972 年田中角荣上台之前，日本历届政府大多对中国采取敌视的态度。1948–1954 年，在日本执政的吉田茂政府与台湾签订了所谓的“日台条约”。1957—1960 年，在日本执政的岸信介政府坚持反共反华。岸信介本人更是亲自访问台湾，与蒋介石商谈“反攻大陆”的问题。1964 年，佐藤荣作上台组阁，他不仅亲自访问台湾，还与美国一起阻挠恢复中国在联合国的合法席位。

随着国际形势的变化和中美关系的改善，战后一直在日本执政的自由民主党内部，在对华政策上也出现了明显的分歧。以田中角荣为代表的自民党内的一批人士，明确主张发展日中关系。

田中角荣 1918 年生，是日本战后成长起来的新一代政治家。他 36 岁时，就担任了日本内阁邮政大臣，此后，又先后担任过大藏大臣、通商产业大臣。在自民党内，他先后出任过自民党政务调查会长和自民党干事长。1972 年，田中角荣在日本政坛是一颗正在上升的明星，对发展日中关系持积极态度。早在尼克松访华之前，他就了解了中国方面提出的“日中复交三原则”：中华人民共和国是代表中国人民的唯一合法政府；台湾省是中华人民共和国领土不可分割的一部分；所谓“日台条约”是非法的、无效的，应予废除。他认同上述三原则，并表示：“一旦我取得政权，便立即实现日中复交……中国方面的原则是正确的，几乎都可以接受。至于细小之点，可不必太介意。……因此，从日本来

① 林代昭：《战后中日关系史（1945—1992)》，203 页，北京，北京大学出版社，1992。

说，不仅需要日美安全条约，还要与中国结成友好关系。有了日美中三国的等边三角形关系，就可以维护远东和平。日本与中国的邦交正常化，是比在亚洲成立另一个北约更强有力的安全保障。”[①]田中角荣还通过各种渠道把上述主张向中方通报。

1972年7月5日，日本自民党举行临时党代表会选举总裁，田中角荣以282票对190票击败福田赳夫当选。他当选后在当晚举行的记者招待会上，宣布“恢复日中邦交正常化的时机已经成熟，将以认真态度对待（日中邦交）正常化”。

7月7日，田中角荣在其组阁后的第一次内阁会议上表示：“在动荡的世界形势中，要以实现同中华人民共和国的邦交正常化为急务，以便强有力地推动和平外交。”

二、中国面临的选择

对于田中角荣表示要早日与中国建交的愿望，中方也立刻做出了积极的反应。周恩来总理指出，日本政府要加紧实现中日邦交正常化的举动是值得欢迎的，同时“欢迎田中首相来北京，商谈两国复交问题”。

中日两国邦交正常化与其他国家不一样。日本是在中华民族几千年的历史上，对中国发动战争，并对我造成最大伤害的国家。两国要建立正常的外交关系，面临着一些棘手的难题。对此，中方面临两种选择：

（一）高要价，待日方满足我要求后，再建交。

（二）坚持原则，抓住机遇，实现邦交正常化。

---

① 林代昭：《战后中日关系史（1945—1992）》，212页。

中方经过慎重考虑后，选择了第二条。

三、操作过程

（一）前期准备

田中在竞选时曾宣称“三个月实现中日邦交正常化”，上台之后，田中就立即着手此事。日本方面相继有佐佐木更三和竹入义胜前来中国，受到了周恩来总理的接见。竹入义胜向周总理传达了田中角荣和大平正芳的主张和设想，周总理则向他介绍了中方的联合声明草案。会后，竹入将详细的会议记录带回日本，也就是所谓的“竹入纪要”，其主要内容是：(1) 中日两国永远友好；(2) 理解邦交正常化三原则，承认中华人民共和国是代表中国的唯一合法政府；(3) 两国的战争状态以共同声明方式宣告终了；(4) 废除“日台条约”；(5) 承认和平共处五项原则；(6) 确认和平解决纠纷问题；(7) 不谋求霸权；(8) 放弃战争赔款；(9) 缔结友好条约，在此之前先缔结航海条约、航空协定等；(10) 承认台湾是中国的领土，是中国的内政问题；(11) 日本与台湾断绝外交关系；(12) 解放台湾后，保障日本的投资。

中国对日工作也在加紧进行，1972 年 8 月，上海芭蕾舞剧团访日，团长是长期从事中日民间外交的孙平化。孙受到了田中角荣和大平正芳的接见，田中首相表示已决定访问中国，但需要抚平党内外“台湾帮”的意见，做好周全的准备。此后不久，中国农业代表团访日，任副团长的是外交部日本处处长陈抗。访问结束后，陈抗就留在了日本与孙平化一起为中日恢复邦交做准备工作。周恩来总理指示陈抗：“我讲田中内阁要加紧实现中日邦交正常化值得欢迎，是因为毛主席对我说，应该采取积极的态度，毛主席的思想和战略部署我们要紧跟。（对方）能来谈就好，谈得成也好，谈不成也好，总之到了火候要抓紧。”

1972年8月31日，田中角荣飞抵夏威夷，向时任美国总统尼克松通报日中准备复交，并向美国保证坚持日美安全条约体系，同时紧急进口7.1亿美元的美国商品，以缩小日美贸易的逆差。尼克松则对日中复交表示理解。同时，日本政府也派人前往台湾说明情况，却遭到冷遇。

为了做在日中邦交正常化问题上处于观望态度的日本政界人士的工作，田中角荣要求中方接受一个自民党议员代表团访华，中方表示同意。1972年9月14日，以小坂善太郎为首的自民党议员代表团访华，团员由23名参众议员组成。周恩来总理亲自出面对这些议员做工作，取得了很好的效果。这次访问对日本自民党内统一思想发挥了积极作用。

经过中日双方的共同努力，在田中角荣正式访华前，两国政府对于实现邦交正常化的基本原则已经达成共识。1972年9月20日，中日两国同时宣布：“日本内阁总理大臣田中角荣愉快地接受中华人民共和国总理周恩来的邀请，将于9月25日至30日访问中国，谈判解决中日邦交正常化问题。”

（二）田中访华期间集中解决的两个问题

尽管在前期准备工作中，中日双方进行了较为充分的沟通，但还剩下两个问题尚未得到解决：一是战争遗留问题，二是台湾问题。

1. 战争遗留问题

关于中日之间的战争遗留问题主要涉及两个方面：

一是日本对战争的态度。在9月25日，周恩来总理为日方举行的欢迎宴会上，田中角荣在致辞中称，日本对华侵略战争给中国人民“添了许多麻烦”。在场的许多中方人士，听后十分反感。抗日战争中中方蒙受了巨大的损失，死了三千多万人，怎么只是“添了许多麻烦”？太轻描淡写了。

在第二天的会谈中，周恩来总理严肃地指出，“添了麻烦”引起了中国人民的强烈反感。尽管我们很欣赏田中首相对过去的不幸深表遗憾的态度，但日本军国主义侵略战争给中国人民带来深重灾难，这轻描淡写的一句话在中国人民中间是行不通的。

双方在这个问题上进行了反复磋商，谈判一度陷入了僵局。9 月 27 日，大平正芳要求与姬鹏飞外长会面，在去长城的车上，两国外长进行了一次恳谈。大平正芳向姬外长表示，作为个人认同中方的观点，并讲述了自己和田中首相在战争中的经历，对于战争有着清醒的认识，日方对于战争“不存在任何辩解的理由”。但是考虑到当时的国际形势与日美同盟关系，如果联合声明中完全按照中方意见来表述，则实在太难，希望中方理解。大平正芳还表示，此番来到中国不达成目的，他和田中都难以返回日本，因此日方会尽最大努力作更大限度的让步，“豁出自己的政治生命乃至肉身来干这件事情”。姬鹏飞外长立即将上述情况报告了周恩来总理。

9 月 27 日晚，毛主席在中南海住所会见了田中角荣首相和大平正芳外务大臣。会见气氛十分融洽，双方谈得很好。会见结束时，毛泽东主席赠送给田中首相和大平外务大臣每人一套《楚辞集注》作为礼物。这次会见对会谈的成功有着积极的推动作用。

在双方的努力下，中日达成了关于邦交正常化的《中日联合声明》。关于日本对战争的态度问题，声明中的措辞是：“日本方面痛感日本国过去由于战争给中国人民造成的重大损害的责任，表示深刻的反省。日本方面重申站在充分理解中华人民共和国政府提出的‘复交三原则’的立场上，谋求实现日中邦交正常化这一见解。中国方面对此表示欢迎。”

二是中日之间的战争状态以及战争赔偿问题。1952 年 4 月 28 日，台湾当局与日本政府签订了“日台条约”，条约中规定“利用日本国民为‘中华民国’从事生产打捞及其他工作，以作为补偿。除此以外，‘中华民国’放弃一切赔偿要求，放弃‘该国’及其‘国民’因日本国及日本国民在作战过程中所采取任何行动而产生之其他要求”。这一条约里的规定被日本方面拿出来当作中日之间战争状态业已结束并且中国放弃赔款权的依据。所谓的“日台条约”在签订之时，周恩来总理就以外长身份发布了一份声明表示强烈谴责，这份条约本身是违反国际法的，因为反法西斯国家签订的《联合国家宣言》《开罗宣言》和《波茨坦公告》等国际条约中都规定同盟国家不得与敌国单独媾和，若要签订对日和约需先经过中、苏、美、英一致同意才可。

在 9 月 26 日举行的第二次中日会谈中，周恩来总理指出：所谓的“日台条约”是日本政府与蒋介石集团签订的，他们败逃台湾，代表不了全中国人民，这份条约是非法的。因此中日之间的战争状态并没有结束。此外，“日台条约”中台湾当局声明放弃战争赔款，是“慷他人之慨”，遭受战争损失的主要在大陆上，我们完全有权要求日本赔偿。但是中国人民深受赔偿之苦，从两国人民的友好关系出发，我们不愿意日本人民因赔偿负担而受苦，所以放弃赔偿要求。日方对中方放弃赔偿的立场表示深受感动。

2．台湾问题

台湾问题一直是我国与他国建交时最为核心和敏感的问题，与日本也是如此，尤其是日本曾与台湾签有“和约”。中国的复交三原则是明确的，即（1）中华人民共和国政府是代表中国的唯一合法政府；（2）台湾是中华人民共和国领土不可分割的一部分；(3)“日台条约”是非法的、无效的，应予废除。

在复交的前期准备过程中，田中和大平曾多次表示“充分理解”这三项原则，但在正式谈判过程时，日方又提出，日本需要遵守“日台条约”，而且，日方不能完全认为台湾是中华人民共和国的一部分，毕竟中国的统治权并没有到达台湾。因此日方希望避免在联合声明中出现宣布台湾是中国领土和废除“日台条约”的表述。

关于台湾问题，中日双方达成的妥协方案是：由中国政府在声明中“重申台湾是中华人民共和国领土不能分割的一部分”，日本则对这一立场表示理解和尊重。至于“日台条约”，中方同意，联合声明中不予以提及，而是在联合声明签署后，由大平正芳外相声明日本接受《波茨坦公告》中关于强调《开罗宣言》里规定台湾归还中国的规定，而作为中日邦交正常化的结果，“日台条约”也宣告结束。

在9月28日举行的最后一次会谈中，周恩来总理写下了“言必行，行必果”赠送给日方。田中首相则手书“信为万事之本”回赠中方。

1972年9月29日，中日双方在北京人民大会堂举行了隆重的《中日联合声明》签字仪式，由周恩来总理和田中角荣首相分别代表中日双方在联合声明上签字。至此，中日两国间的不正常状态宣告结束，中日邦交正常化圆满实现。

四、启　示

（一）国之交在于民相亲，做人民的工作至关重要

虽然中日邦交正常化是1972年9月才完成的，但在1949年

中华人民共和国成立之后，毛主席、周总理、陈毅副总理、廖承志同志等老一辈领导人非常重视对日工作。周恩来总理多次指出，我们一定要把发动战争的日本军国主义分子与日本人民分开。日本的侵华战争，日本人民也是受害者，我们不能把发动战争的责任加在日本人民头上。毛主席说：日本人民是伟大的。中日两国人民要世代友好。在毛主席、周总理的亲自领导下，我们开展了大量的、卓有成效的对日本人民的工作。

我们要发展同日本人民友好往来的方针，得到日本方面的积极响应。1950年，日中友好协会在东京成立。中日之间民间的友好活动和贸易往来逐步扩大，日方先后成立了“日中贸易促进会”、“日中贸易促进议员联盟”和“日中贸易会”。1962年，《廖承志和高碕达之助关于发展中日两国民间贸易的备忘录》的签订，扩大了中日贸易的范围，并在对方的首都设立了半官方性质的常设机构，为两国关系正常化作了铺垫。1963年，应日本友好团体的要求，中日友好协会成立，郭沫若为名誉会长，廖承志为会长。

中方对日本人民的工作十分细致，涵盖面广，包括日本政界、经济界、文化界、学术界等各界人士。甚至对日本的右翼，我们也不把他们看成铁板一块，而是在区别的基础上，积极开展工作。我们总的目标是，争取日本人民的大多数，中日两国人民要世世代代友好下去。

1956年至1964年间，经过毛泽东主席亲自批准，中方分批释放了在押的日本战犯。这些人深深感谢中国政府的赦免，他们返回日本之后，积极从事日中两国人民友好的工作。2011年10月，我在访问日本期间，还会见了这些团体的负责人。他们当中有些人年事已高，但仍然孜孜不倦地为日中两国人民友好而努力。

中国方面对日本人民的工作，在日本引起了良好的反响。日中邦交正常化的主张在日本越来越深入人心，日本创价学会的创始人池田大作 1968 年 9 月 8 日对两万多名日本大学生讲话，公开主张日中邦交正常化，受到热烈欢迎。日中邦交正常化之前，民意测验表明多数日本人民赞成两国关系正常化。

1972 年中日复交前夕，在东京日比谷露天音乐厅举行了一场集会，来自日本各地、各行业的 6000 多名民众表示支持田中首相早日访问中国。

1972 年 9 月 29 日，中日两国终于实现了中日邦交正常化，确实是大势所趋、人心所向的结果。中日邦交正常化的历程告诉我们，在任何时候都不能放松对各国人民的工作。政府之间有时关系很好，有时也会出现这样那样的问题，这是很正常的。只要人民的工作做好了，中国人民与各国人民之间的关系越来越密切，我们与各国之间关系的基础就会越来越牢固。即使政府之间出现了一些麻烦，也不能扭转人民友好的大趋势。

（二）今天解决今天能够解决的问题

钓鱼岛自古以来就是中国的领土，在历史上属于台湾省的宜兰县管辖。日本战败后，根据《开罗宣言》和《波茨坦公告》，台湾应当归还给中国，这当然包括钓鱼岛。然而，1970 年，美国决定把琉球群岛的管辖权交还给日本，其中也包括钓鱼岛。1970 年 8 月 12 日，美国驻日本大使馆发言人称："钓鱼台列岛是琉球群岛的一部分，美国政府决定交还日本。"这引发了华人世界保卫钓鱼岛的运动，这场运动首先在美国发起，逐步扩大到整个华人世界。

田中角荣和大平正芳来到北京后，与周总理进行的一次小范围会晤中，田中角荣提出想解决钓鱼岛问题。周恩来明确指出：

这次田中首相在北京只待几天时间，就是你在北京待几个星期，也解决不了钓鱼岛问题。你们此行的主要目的，是实现两国邦交正常化。钓鱼岛问题还是留给我们后代去解决，后代比我们更聪明。

田中首相表示，考虑到尖阁列岛（钓鱼岛）是日本国内十分关注的问题，他这次北京之行，完全不提不行，这次他提了，周总理作了回答，这就可以了。

显然，1972 年田中首相访华时，中日双方对搁置钓鱼岛争议是达成了默契的。

1978 年 10 月 25 日，邓小平副总理访问日本期间，在记者招待会上，有记者再次问到了钓鱼岛问题，邓小平回答说：

"'尖阁列岛'我们叫钓鱼岛，这个名字我们叫法不同，双方有着不同的看法，实现中日邦交正常化的时候，我们双方约定不涉及这一问题。这次谈中日和平友好条约的时候，双方也约定不涉及这一问题。"

"倒是有些人想在这个问题上挑些刺，来阻碍中日关系的发展。我们认为两国政府把这个问题避开是比较明智的，这样的问题放一下不要紧，等十年也没有关系。我们这一代缺少智慧，谈这个问题达不成一致意见，下一代比我们聪明，一定会找到彼此都能接受的方法。"①

周恩来总理和邓小平同志上述的表态，显示了他们政治上的大智慧。任何问题的解决都需要条件，只有条件具备时才能解决。今天只能解决今天能够解决的问题，如果硬要把明天或者后天才能解决的问题拉到今天来解决，那样做不仅解决不了，而且会影响大局。钓鱼岛问题到今天也没有解决，如果 1972 年一

① 《钓鱼台档案》编写组编：《钓鱼台档案》，1488 页，红旗出版社，1998。

定要解决钓鱼岛问题，不仅解决不了，而且会推迟中日邦交正常化的时间。那样，中日邦交正常化以来合作的大发展就不可能出现。

（三）解决重大外交问题，必须选择好谈判的对象

1972 年初，尼克松总统访华后，时任日本首相的佐藤荣作有点着了慌。他向中国政府传话，表示愿意访问中国，实现中日邦交正常化。要不要同佐藤荣作谈两国邦交正常化，这是当时摆在中国政府面前的一个重要问题。

佐藤荣作 1901 年生，曾经担任过三届首相，在日本政坛上有一定的威望，但此人对华态度一向不好。1964 年刚刚就任日本首相，就推行“两个中国”政策，大谈台湾“归属未定论”。他阻挠日中两国的友好往来，佐藤上台后做的第一件事，就是拒绝彭真率领的代表团入境。1966 年，佐藤又拒绝 670 名日本青年代表来华参加中日青年大联欢。他还积极配合美国，阻碍中国恢复在联合国的合法席位。

中国方面经过再三考虑，没有选择与佐藤谈两国邦交正常化问题。事实证明，这样做是正确的。倘若选择与他谈，不仅会增加谈判的难度，而且谈判的结果也很难预测。

另一方面，当时的日本政坛正在发生变化，田中角荣在日本自民党内异军突起，影响上升。田中角荣有战略眼光，在对华态度上一向比较积极。田中角荣担任首相后，与他搭档担任外务省大臣的是大平正芳，此人坚定主张实现日中邦交正常化。中方选择与田中角荣和大平正芳谈两国邦交正常化，这是完全正确的。

对于重大的外交问题，谈判的对象一定要选择好，选择好了，解决起来会比较顺利；选择不好，不仅困难重重，而且会贻误大事。

案例十二

中美建交

虽然1972年尼克松访华已经打开了中美关系的大门，但由于在涉台问题上双方没有达成共识，导致中美双方的建交谈判一直拖到1978年。谈判经过了激烈的交锋和曲折的迂回，美方基本接受了中国的条件，而中方也在台湾问题上作出了一定的妥协，最终中美建交公报正式签订。中美关系正常化为我国后来的改革开放构建了一个有利的国际环境。

1979年1月1日，中美两国正式建立外交关系。这一天离尼克松访华开启中美交往大门，已经过去了整整六年多时间。由于邓小平副总理和卡特总统的远见卓识以及双方谈判代表的共同努力，实现了中美关系正常化。

中美建交，是邓小平同志1977年7月第三次复出后，在谋划中国改革开放大局时，在外交上作出的重大决策。

一、背 景

（一）卡特政府希望完成尼克松和基辛格“未竟的事业”，与中国建交以抗衡苏联的全球扩张势头

中美关系是一对十分重要的双边关系，回顾历史，这对关系经历了漫长、曲折的过程。

早在1949年，南京解放后，我们曾经和没有与国民党政府一起赴广州的美国驻华大使司徒雷登进行过数次秘密接触。司徒雷登想北上，会见毛泽东主席和周恩来总理，可惜未能如愿。

1961年，肯尼迪总统上台后，也曾有意向在美中关系上实现突破，但碍于复杂的国际国内形势，加之他本人后来被暗杀，中

美关系僵持、对抗的局面也未能打破。

1972 年，美国总统尼克松对中国进行了历史性访问。1973 年，中美在北京和华盛顿互设联络处。尼克松曾经打算，在其任期内实现美中建交，但因 1974 年的“水门事件”黯然下台，未能完成他非常想做成的这件事。继任的福特总统曾表示，将在自己的任期内实现中美关系正常化。他派基辛格两度访华，与邓小平副总理会谈。1975 年 12 月，福特总统本人也访问了中国。但是由于美国国内政治局势的变化以及在涉台问题上双方没有达成共识，福特总统在任期间也没有完成中美建交。毛泽东曾对身边工作人员不无遗憾地说，他是看不到中美建交的那一天了。

1977 年 1 月 20 日，民主党人吉米 · 卡特出任美国第 39 届总统。卡特是一个很有中国情结的人，称自己“还是个孩子的时候，便对中国产生了兴趣”[①]。因此，在他当选总统不久，就把基辛格请到其家乡佐治亚州普兰斯，向他请教中国的有关情况以及中美关系中必须解决的问题。卡特还特地阅读了尼克松、基辛格与毛泽东、周恩来的谈话记录，对中国在中美建交问题上的立场有了初步了解。

然而，卡特上任之初，其外交政策基本上处于国务卿万斯的影响之下，将重点放在与苏联进行限制战略武器谈判问题上，中美关系正常化排在之后。在总统国家安全班子于 1977 年 1 月召开的首次讨论最紧迫问题会议上，甚至没有提到对华政策。随着中国“文化大革命”结束，改革开放进程启动，美国国内一些有远见的商人也开始认识到中国市场的巨大潜力，上书卡特总统，要求其下决心实现中美关系正常化。美国国会中也有些议员支持

① ［美］吉米 · 卡特著，卢君甫等译：《忠于信仰：一位美国总统的回忆录》，220 页，新华出版社，1985。

卡特的行动。1977 年 4 月，美国国会议员代表团访华。

1977 年 5 月 22 日，卡特总统在圣母玛丽亚大学发表对外政策演说，强调朝着继续实现中美关系正常化前进的重要性。之后，卡特派联合汽车工人工会主席伦纳德 · 伍德科克出任美国驻北京联络处主任。卡特认为，选择这样一位在美国社会中有身份的人担任该职务，是为了向中国人传递美国希望两国建立更密切关系的信息。在伍德科克动身去中国之前的一个星期，卡特特地告诉伍德科克，他认为中美建交是可取的，他可以说服美国人民接受，愿意承担这件事的政治责任。当然，“剩下的唯一障碍是我们承担的不抛弃生活在台湾的中国人的和平生存的义务”①。

在这种背景下，卡特总统决定启动中美建交谈判。在 1977 年夏天的美苏战略武器谈判受挫后，卡特将原定于当年 11 月的万斯访华提前到 8 月进行，以便尽早实现中美关系正常化。

（二）中国也需要早日实现中美建交

对于中国来说，早日与美国建交既有国际政治的需要，也有经济上的需要。从国际政治形势来看，由于苏联悍然入侵阿富汗，在中苏、中蒙边境大量陈兵，支持越南在印度支那三国搞地区霸权主义，其对中国安全的威胁是不言而喻的。同时，中越关系日益恶化，越南在中越边境一再骚扰滋事，在其国内发起大规模的反华、排华活动，把大批华人华侨驱赶回中国。为此，中国需要通过与美国关系正常化来改善国际处境，构建一个有利于我国发展的国际环境。

从经济上看，1978 年十一届三中全会以后，我国党和政府工作的重心转移到经济建设上来，实行改革开放。中国需要引进

① ［美］吉米 · 卡特：《忠于信仰：一位美国总统的回忆录》，224 页。

大量的国外先进技术、设备和资金，而美国是世界上综合实力最为强大的国家，能够成为我引进先进技术、设备和资金的重要来源。

（三）美台关系问题是中美建交的重大障碍

建交谈判最为敏感也最为关键的是台湾问题。尽管中华人民共和国政府已经恢复了在联合国的席位，是代表中国的唯一合法政府，但美国仍与逃亡到台湾的所谓“中华民国政府”保持着“外交”关系。美台相互向对方派驻“大使”。美台之间仍维持着“美台共同防御条约”，在台湾驻扎军事力量。美国还在继续向台湾出售武器。在美国政府尤其是美国国会内部，亲台势力仍十分强大，成为反对中美关系正常化一股不能忽视的力量。

卡特上台后，思考中美关系正常化问题，困扰他的仍然是如何同时处理好台湾问题。卡特在 1977 年 7 月 30 日的日记中写道：“基本问题仍然是如何能既同中华人民共和国建立外交关系，又继续保证台湾的中国人安居乐业。”[①]美方在释放出与中方进行关系正常化谈判信息的同时，也表示要继续维持与台湾的关系，以及美国提出的和平方式解决台湾问题的要求。

（四）万斯访华，谈判建交未果

1977 年 6 月，由亚太事务助理国务卿霍尔布鲁克牵头的联合小组完成第 24 号《总统参考备忘录》，判定实现中美关系正常化的迫切性，建议美国可为美中建交提出交换条件，包括不影响美国与台湾非官方关系等等。1977 年 8 月 22 日，卡特总统派国务卿万斯访华。万斯访华的一大背景是苏联的日益扩张对美国形成

① ［美］吉米·卡特：《忠于信仰：一位美国总统的回忆录》，219 页。

严峻挑战。在万斯访华前，卡特、布热津斯基和他一起研究了与中国谈判建交的协议草案。卡特认为，美国可以接受中国提出的“断交、撤军、废约”三条件，但同时要满足美国的以下条件：美国继续向台湾出售防御性武器；美台在非官方的基础上保持贸易和其他关系；结束“美台共同防御条约”，但要依照该条约的规定提前一年通知；能够在中方不提出反驳的情况下公开说明海峡两岸的中国人之间的争端将以和平方式解决。

8 月 22 日，中方代表、外交部长黄华与万斯展开谈判。谈判一开始，万斯就向黄华表示，美国将坚持中美上海联合公报的立场，但是，美国将在适当时候发表一项公开声明，以表示美国对和平解决台湾问题的强烈关注。万斯强硬地要求中国既不能发表否定美国声明的声明，也不能发表“任何有关以武力解放台湾的新的声明”。黄华则针锋相对地指出，中美关系正常化的前提是美国必须与台湾实现“断交、撤军、废约”。他强调指出，如果台湾问题不解决，中美关系正常化将被无限期推迟。

万斯没想到中方立场如此强硬，就提出要与中方更高层见面。8 月 24 日，邓小平接见了万斯。万斯向邓小平提出三点要求。第一，中国必须以公开或默许的形式，作出在台湾问题上不使用武力解决的承诺。第二，中美关系正常化后，美国还要继续向台湾出售武器。第三，“倒联络处”方案，即中美之间的联络处升格为大使馆，而美国驻台“大使馆”降格为联络处。

邓小平一针见血地指出，万斯新建议集中起来就是两点，一是要中国承诺不武力解决台湾问题，是干涉中国内政；二是美在台代表机构不挂大使馆牌子，是“倒联络处”的翻版。因此，万斯提出的方案是在中美上海联合公报立场上的倒退而不是前进。他明确告诉万斯，中国准备按“断交、撤军、废约”三个条件实现中美建交。之后在没有美国参与的条件下，力求通过和平方式解决台湾问题，但不排除使用武力解决。

万斯回忆说："我简短地重申了美国的立场，强调说我提出这一立场作为讨论的起点。邓体现出中国式的礼貌，冷静地把我的话说成是后退。"[①]万斯此次访问自然没有达到美方的预期。但卡特政府通过此访了解了中国在台湾问题上的原则立场，有助于其调整建交谈判的政策。此时，美国国会正在就巴拿马运河条约展开辩论，卡特担心任何疏远台湾的举动都会驱使参议员戈德华特和其他"台湾帮"议员对该条约投票时反对白宫。伍德科克在北京的工作暂时也没有什么进展。与此同时，美国正在与苏联就限制战略武器进行谈判，中东和平进程也牵扯了美国政府很大的精力。中美建交谈判进展缓慢。

（五）布热津斯基访华，出现了中美建交的机遇之窗

1978 年 5 月，卡特派国家安全事务助理布热津斯基访华。布热津斯基出生于波兰的一个犹太裔外交官家庭。他是一位极具国际战略视野的学者和外交家。其一系列著作《大棋局》《大博弈》《大失控》，都是高屋建瓴地分析全球地缘政治形势与应对之道的畅销书。青年时代，布热津斯基曾经为躲避纳粹迫害在苏联生活过一段时间。这段经历使他后来把研究苏联作为学术重心。由于主张对苏联奉行遏制战略，他被视为民主党内的鹰派人物。也正是基于对苏联全球扩张战略的威胁的认知，布热津斯基更能够从地缘战略的视角看待中美关系正常化问题，并在推动这一进程上更为积极。

此次访华，布热津斯基带来的见面礼是美国宇航员从月球上

---

① 现代国际关系研究所选编：《美中建交前后——卡特、布热津斯基和万斯的回忆》，113 页，时事出版社，1984。

取回的月岩标本及卡特总统的亲笔信。布热津斯基的访华并不容易。国务卿万斯对布氏访华并不支持。这主要源于两人对处理美苏关系和美中关系的分歧。卡特由于顾虑万斯的意见，迟迟不能决定布热津斯基对于中国的访问。

卡特也没有为布热津斯基的访华设定具体的目标。但在布热津斯基访华前，卡特和布热津斯基、万斯等人一致认为，与中国实现关系正常化有利于美国和苏联进行限制战略武器的谈判。[①]卡特要求布热津斯基在访华中加快中美关系正常化步伐，如果看准了可以见机行事。他指示布热津斯基向中方表明，在中美建交问题上，美国已经下定了决心。[②]但中方必须同意美方的两项条件："一是我们将公开声明我们相信台湾问题将得到和平解决，请对方不要加以批驳。二是我们应能继续向台湾出售武器。"[③]布热津斯基由此得到卡特总统授权，不仅可以同中国人谈论全球形势和战略问题，还可以洽谈中美关系正常化问题。

布热津斯基首先与中国外长黄华举行会谈。布热津斯基着重强调美中之间的共同战略目标，以及卡特政府加强北大西洋公约组织和重振美国防务的努力。黄华外长在会谈中也指出苏联的霸权主义威胁，美国在反对苏联霸权主义方面的软弱，及对限制战略武器谈判抱有不切实际的幻想。

5 月 21 日，邓小平会见了布热津斯基。布热津斯基在会见中开始将重点转向中美关系正常化问题。邓小平表示问题在于美国还没有下定决心。布热津斯基向邓小平转达了卡特总统的意见，

---

① ［美］吉米 · 卡特：《忠于信仰：一位美国总统的回忆录》，228 页。

② ［美］布热津斯基：《实力与原则：布热津斯基回忆录》，228 页，世界知识出版社，1985。

③ ［美］布热津斯基：《实力与原则：布热津斯基回忆录》，240 页。

关于美中建交事，“美国的决心已下”[①]。但他也告诉邓小平，美方面临某些国内和遗留的历史问题需要克服。

他后来回忆说：“我获得授权可以告诉中国人，美国接受中国方面关于关系正常化的三个基本条件（我们称之为‘三点’），即：同台湾断交，撤走美国在台军事人员和设施，以及废除‘美台安全条约’。总统还授权我重申尼克松和福特前已许诺的五点。”[②]这五点包括：美国承认中国方面关于只有一个中国，台湾是中国的一部分的立场；美国将不支持“台湾独立运动”；在美国离开台湾时，美国人将保证不让日本人进入台湾取代美国人；美国将支持和平解决台湾问题的方案，反对中华人民共和国的任何军事行动；美国希望美中关系正常化，并将设法促其实现。

布热津斯基在访华时建议中国不要持续公开地批评美国的对外政策。他还向邓小平建议，双方接下来应进行高度保密的谈判。布热津斯基此次访华达到了预期的目的，在一定程度上消除了万斯前段时间访华造成的消极影响，促成了谈判进程的峰回路转。布热津斯基在此后与中国领导人的频繁交往中形成了良好的互动关系。1979 年初邓小平访美时，曾应约破例到布热津斯基的家中共进晚餐。

二、中国面临的选择

1978 年，是中国历史上十分关键的一年，十年“文化大革命”是中国所经历的一场浩劫。“文化大革命”期间，“四人帮”

① 《美中建交前后——卡特、布热津斯基和万斯的回忆》，48 页。

② ［美］布热津斯基：《实力与原则：布热津斯基回忆录》，241 页。

横行霸道，把人们的思想搞乱了。粉碎“四人帮”之后，中国国内问题成堆：一方面，思想上需要拨乱反正，要把“四人帮”颠倒的历史纠正过来；另一方面，经济上百废待兴。在上述背景下，中国面临两大选择：

（一）先抓国内的整顿，不急于与美国建交。

（二）抓住机遇之窗，与美建交。

我们选择了第二条。

三、具体操作过程

卡特为了防止美国极右势力和台湾当局破坏中美建交谈判，决定谈判秘密进行。出于保密考虑，美方建议将谈判地点放在北京。美方谈判代表是联络处主任伍德科克，中方代表是黄华。北京谈判从 7 月 5 日开始，先后举行了六次。

在首次会谈时，伍德科克按照白宫的指示提出了四项议程：两国关系正常化后美国在台湾存在的性质；两国关系正常化时美国关于台湾问题和平解决的声明；两国关系正常化后美台的贸易关系；两国关系正常化后的联合公报的格式。伍德科克还根据卡特总统的意见，就中美关系正常化阐述了美方的立场。黄华也阐述了中国同意建交的原则立场。

在第二次会谈时，黄华除重申中国在中美建交问题上的原则立场外，还表示，美方既然接受中方的“废约、撤军、断交”三个条件，就应将实施这三条的具体打算和对正常化联合公报的具体意见一并提出来。但是伍德科克没有对黄华的发言作出明确的回应，却仍然在双方分歧不大和一些技术性问题上兜圈子。

第三次会谈，黄华单刀直入地问美方：何时断绝与台湾的

“外交关系”？何时撤回驻台湾的“大使馆”？何时停止同台湾的一切官方或半官方往来？何时最终撤走驻台美军和军事设施，并不再恢复在台湾海峡的巡逻？何时断绝同台湾的一切军事联系，废除与台湾的“共同防御条约”？①伍德科克对上述问题仍未作具体回答。

第四次会谈之后，卡特总统希望加快谈判进度。9 月 19 日，卡特总统亲自会见中国驻美国联络处主任柴泽民，亮出了美国的底牌。他表示，美国基本上接受中国的三个条件（断交、废约、撤军），但前提是中国也要接受美国的三个条件：1. 美国将继续保持与台湾商务和文化的联系；2. 美国相信台湾问题将和平解决；3. 关系正常化后，允许美国继续向台湾出售武器。卡特还郑重表示：1978 年将是两国关系中重要的一年，美方对会谈是认真的，双方已接近完成谈判的时刻，美方愿履行中方提出的建交三条件，也希望中方照顾美方的政治需要，一是有选择有限度地继续向台湾出售防御性武器，二是美方对和平解决台湾问题的关心。柴泽民则强调台湾问题是中国内政，不容他人干涉，美国应从长远考虑，使两国关系尽快正常化，现在建交谈判的结果取决于美方。

11 月 2 日，双方举行第五次会谈。美方提出了联合公报草案。草案内容包括：承认中华人民共和国为中国唯一合法政府；美台保持非官方关系；美国行政部门将为调整与台湾的关系向立法部门提出特别立法。中方可表示台湾是中国的一个省，别国无权干涉，中国统一问题是由中国人民自己解决的事情。中方还应表示，统一问题将和平地实现。美方将表示，对“只有一个中国，台湾是中国的一部分”的中方立场不提出异议，重申对中国

① 黄华：《亲历与见闻：黄华回忆录》，257 页，世界知识出版社，2007。

人自己和平解决台湾问题的关切。[①]

从 12 月初起，谈判的步伐加快了。12 月 4 日，第六次会谈举行。中方代表黄华因病换成了副外长韩念龙。韩提出了中国的方案，作为对美方公报草案的答复。他指出，美方提出在两国关系正常化以后，准备继续向台湾出售武器，我方已明确表示这是不能同意的。中国人民何时、用何种方式解决台湾问题是中国的内政，别国无权干涉，这不是中美间谈论的问题。美方可以发表期望和平解决的声明，我亦发表声明。伍德科克表示：1. 公报发表后，美国将终止“美台条约”，关闭驻台“使馆”，一年内撤出一切军队和设施。2. 美国将保持与台湾的商务、文化联系，继续以不危及地区和平前景及中国周围地区形势的方式向台湾出售有限的、经过挑选的防御武器。3. 在台湾设立非官方机构。4. 由国会通过立法调整原来与台湾的关系，但不会构成对台湾的外交承认。至此，中美会谈接近尾声，双方几乎在所有原则问题上达成了基本一致。

这时候，邓小平副总理亲自介入了谈判。1978 年 12 月 13 日上午，邓小平接见伍德科克。伍向邓提交了新起草的联合公报草案和美国政府的声明。伍德科克提出，中方草案中的“废约”对美方有些困难。“废除”一字（abrogate）有其法律含义，根据美国法律，要废除同外国的条约，必须经国会讨论通过，有些人会提出反对，阻挠通过有关决议，整个讨论程序会拖得很长，势必延误建交时机。由于“美台共同防务条约”到 1979 年年底到期，根据条约规定，条约到期后，如果缔约的一方通知另一方不再延期，条约即自动失效。因此美方建议用这种办法处理“美台共同防务条约”问题，在公报的措辞中，用“终止”代替“废除”。

---

① 黄华：《亲历与见闻：黄华回忆录》，258 页。

邓小平从大局出发，接受了美方的建议。

伍德科克还指出，美国将发表声明，期望台湾问题和平解决，中方也发表声明，不反驳美方的观点，而是重申统一问题完全是中国的内政。无论公报草案还是美国政府声明，都没有再提军售问题。由于中国始终反对军售，伍德科克基于现实考虑，从原来要求中方承认美国有权对台军售这一目标退而求其次，只期待这一争议不影响双方签署公报。

邓小平对伍德科克表示，基本同意新的公报草案。美国政府在这一年期限内不应向台湾出售新的武器，已出售的武器除外。如果正常化后美国即刻向台湾出售武器，中国势必要做出强烈反应。①

经过六轮会谈，中美双方达成如下协议：(1) 美国承认中国关于一个中国，台湾是中国一部分的立场，承认中华人民共和国政府是中国的唯一合法政府，在此范围内，美国人民将同台湾人民保持文化、商务和其他非官方关系；(2) 在中美关系正常化之际，美国政府宣布立即断绝同台湾的“外交关系”，在 1979 年 4 月以前从台湾海峡完全撤出美国军事力量和军事设施，并通知台湾当局终止“共同防御条约”；(3) 从 1979 年 1 月 1 日起，中美双方互相承认并建立外交关系，3 月 1 日互派大使、建立大使馆。中美双方商定于 1978 年 12 月 16 日（美国时间 15 日）同时发表《中华人民共和国和美利坚合众国关于建立外交关系的联合公报》。

① 罗燕明：《一波三折的中美建交》，载《党史文汇》，2010 (4)。

四、启　示

（一）把握大局，当机立断

1978 年下半年，中美建交出现的机遇，是稍纵即逝的。情况十分清楚，如果当时中美不能够完成建交谈判，1979 年美国总统的选举战开始，卡特政府就无暇顾及中美建交的问题了。大选后，1981 年里根上台。里根本人是相当亲台的，在大选过程中，发表了不少亲台的言论。如果里根上台时中美尚未建交，那中美建交至少要拖五到十年。这对于中美双方来说都是极为不利的。

然而，中美建交谈判过程是非常复杂的，美国要完全断绝与台湾的关系是不可能的。这中间必然需要作出一些妥协。台湾问题是中美关系中最重要、最敏感的问题，要作出些妥协，决心是很不容易下的。

例如，伍德科克建议，“美台共同防御条约”不能提“废除”，而只能是“终止”。这样做的好处是，不需要经过美国国会，因为条约 1979 年年底就到期了。任何一方说不再继续，那就自动失效了。但这样做带来的问题是，1979 年 1 月 1 日中美建交后，到年底的一年的时间内，“美台共同防御条约”仍然是有效的，而共同防御条约是只有主权国家才能签订的。邓小平同志从全局出发接受了伍德科克的建议。但这样做的前提是，这个“美台共同防御条约”在一年后是一定要终止的，也就是说，在 1979 年底是肯定要被废止的。相对中美建交的大事，推迟一年“终止”还是“废除”就成了一个技术层面上的问题了。

中美建交后，两国关系三十多年的大发展证明小平同志当时的决断是何等英明。中美不建交，中美关系三十多年的大发展是不可能的。

（二）今天解决今天能解决的问题，不能把明天或者后天才能解决的问题，硬要拿到今天来解决

在中美即将宣布两国建交前夕，北京时间1978年12月15日下午，伍德科克紧急要求约见邓小平同志，谈美国向台湾售武的问题。这件事情事关重大，完全可以使中美建交谈判前功尽弃。当时，为小平同志做翻译的施燕华，在她撰写的《我的外交翻译生涯》一书中作了如下回忆：

> 12月15日下午，伍德科克又要求见邓小平。已到最后时刻，有什么紧急事呢？我们心里都在“打鼓”。
>
> 伍德科克进入人民大会堂福建厅时，表情凝重，仿佛遇到了大问题。他坐定后，第一句话是：“奉总统指示，要向中方澄清一个问题。”接着他说，1979年一年不向台湾出售武器，并不意味以后也不出售。美方不会主动讲此事，但若有记者问，总统将不得不说明这一点。
>
> 邓小平反问：“难道正常化只管一年？”
>
> 对方无以对答。此刻大厅里一片寂静，空气仿佛凝结了。
>
> 邓小平用火柴盒轻轻敲打茶几，仿佛要强调他说的话：“美国在和平解决台湾问题上是可以有所作为的，但要是继续卖武器给台湾的话，只会在和平解决台湾问题上设置障碍，最终可能导致武力解决。在中国和平统一方面，美国可以起相当的作用，至少不要起相反的作用。”他明确表示，如果卡特总统公开声明要继续向台湾出售武器，中方不会同意，也要立即表态。
>
> “这件事怎么办？就这样算了？”邓小平眼睛盯着伍德科克问。

> 伍德科克顿时脸涨得通红，不知如何回答好。其实他本人是主张早日同中国关系正常化的，不赞成在这最后一刻提出如此充满争议的要求。
>
> 最后，邓小平说："我看这样吧，我们还是16日宣布，先避开不谈。但这事情没完，以后还要再谈。"
>
> 中美双方在座人员都长吁了一口气，伍德科克脸上露出了笑容，赶紧说："好，好，谢谢副总理先生，我立即报告总统。"

小平同志果断地处理了这个问题，显示了他处理外交难题的大智慧。外交上经常碰到一些难题，处理好，是需要大智慧的。邓小平的大智慧在于，今天解决今天能够解决的问题，千万不要把今天解决不了的问题，勉强拿到今天来解决。那样做，不仅解决不了问题，而且会给自己带来诸多麻烦。美国售台武器问题，当时解决不了，后来双方在1982年8月17日谈成了一个关于售台武器的公报。即便如此，到今天，这个问题还没有得到解决。如果要等解决这个问题再建交，那今天中美还没有建交，后果不堪设想。

案例十三

中国参与联合国维和行动

中国参与联合国维和行动经历了从“不赞成”到“全面参与”的历程，这一行动改变是随着改革开放后我们对世界发展形势的理解，以及对维和行动的认识逐渐改变、并相应地调整外交政策而来的。反映了我国在新时期顺势而为的外交战略选择。中国的维和行动受到国际社会的赞扬，树立了我国作为一个负责任的大国形象，这对消除人们对中国崛起的担心和忧虑是很有帮助的。

联合国维和行动始于 1948 年 6 月向中东地区派出的“联合国停战监督组织”，迄今已经 60 多年了。中国作为联合国安理会常任理事国，自 1992 年根据联合国安理会第 745 号决议向柬埔寨派出第一支维和部队以来，到今天，我国已成为安理会五个常任理事国中为联合国维和部队出兵最多的国家。

然而，在过去很长的时间里，中国是不赞成联合国维和行动的，认为是一种“外来干涉”。从不赞成到积极参与，这是一个大变化，也是一个值得研究的外交案例。

一、背　景

（一）维护国际和平与安全，组织维和行动，是联合国宪章赋予安理会的一项重要职责

1945 年第二次世界大战结束后，人类在 31 年的时间里，经历了两次世界大战的浩劫，痛定思痛，认为不能再这样打下去了，决定成立联合国。成立联合国的目的，就是为了防止战争，维护和平。联合国宪章第一句话开宗明义：

我联合国人民同兹决心

欲免后世再遭今代人类两度身历惨不堪言之战祸……

联合国安理会是联合国最重要的机构，其主要职责是维护国际和平与安全。为了维护国际和平与安全，组建联合国维和部队是安理会的一项重要任务。联合国宪章第七章第四十三条作了明确的规定：

1. 联合国各会员国为求对于维持国际和平及安全有所贡献起见，担任于安全理事会发令时，并依特别协定，供给为维持国际和平及安全所必需之军队、协助及便利，包括过境权。

2. 此项特别协定应规定军队之数目及种类，其准备程度及一般驻扎地点，以及所供便利及协助之性质。

3. 此项特别协定应以安全理事会之主动，尽速议订。此项协定应由安全理事会与会员国或由安全理事会与若干会员国之集团缔结之，并由签字国各依其宪法程序批准之。

维和行动是指在联合国安理会授权下，向冲突地区派遣军事人员，使用非武力方式帮助冲突各方维持和平、恢复和平并最终实现和平的一种行动。维和行动主要有两种形式：派遣军事观察团和派遣维和部队。联合国维和行动对防止局部冲突扩大或再起，监督停火、停战、撤军，观察报告局势，帮助执行和平协议等方面起到了重大作用。随着国际形势的变化，联合国维和行动的任务范围也有所扩大，涉及监督选举、全民公决、保护和分发人道主义援助，以及帮助扫雷和难民重返家园等许多非传统性的工作。参与维和队伍的人员除了军事人员以外，还有民事警察和文职人员。[①]

（二）在很长的时间里，我国不赞成联合国维和行动

每一个国家的外交政策往往都与其历史和经历密切相关。中国在很长的时间里不赞成联合国维和行动，认为是一种“外来干涉”，这是由我们的历史所决定的。我们遭受帝国主义列强侵略、压迫和剥削达一百多年之久，吃尽了苦头，因此，我们对外来干涉是深恶痛绝的。“不干涉内政”是我国外交政策中的一项重要原则，我们既反对外国干涉我们的内政，也反对外国干涉他国内政。

我们不赞成联合国维和行动，这也与 1950 年至 1953 年的朝鲜战争有关。1950 年 10 月，当战火烧到鸭绿江边时，我们被迫派出志愿军赴朝参战，同朝鲜人民一道抗击侵略。同我们作战的对手，就是美国指挥的“联合国军”。这段经历使我们在很长的时间里，一听说联合国维和行动，马上想到了朝鲜战争，内心十分反感。

我有幸在第二十六届联大通过了恢复中国在联合国的合法席位后，成为第一批赴中国常驻联合国代表团工作的成员之一。从 1971 年到 1977 年底，我在常驻联合国代表团政治组工作，政治组负责联合国内有关政治事务的会议。我的具体任务是分管安理会涉及中东、塞浦路斯、南非等方面的会议，负责了解情况、向国内写请示报告、撰写代表讲话稿等。而安理会讨论中东、塞浦路斯、南非等问题是最多的，许多决议案都涉及联合国维和行

① 《联合国维持和平行动》，新华网，http://news.xinhuanet.com/ziliao/2003-04/02/content_810710.htm.

动。因为派遣联合国部队，延长联合国维和部队的任期，都需要安理会通过决议来决定。中国是安理会的常任理事国，我们对这些决议的态度是，弃权或不参加投票。联合国内表决时，可以采取三种态度：赞成、反对、弃权。1971年，中国在联合国的合法席位得以恢复后，我们来到联合国，发明了第四种投票方式，就是不参加投票。即投票时，中国代表在场，但声明不参加投票。这就意味着对所通过的决议我不承担责任，也与我无关。

我们不赞成联合国维和行动，本可以投反对票。但是，当事国需要联合国维和行动，这种维和行动对他们有好处，如果我们投反对票，那就等于否决了这个决议，维和行动就黄了。所以，需要联合国维和行动的当事国都纷纷来找我们，希望中国帮个忙。他们对中国不赞成联合国维和行动的立场表示理解，但希望千万不要投反对票。我们弃权或不参加投票，就是为了照顾当事国。

联合国的维和行动是要花钱的，这笔开支是由联合国会员国所缴纳的会费支付的。1971年恢复我在联合国合法席位后，由于我们不赞成联合国维和行动，因此也拒绝为联合国维和行动付费。久而久之，问题来了，因为，联合国宪章第四章第十九条规定：

“凡拖欠本组织财政款项之会员国，其拖欠数目如等于或超过前两年所应缴纳之数目时，即丧失其在大会投票权。大会如认拖欠原因，确由于该会员国无法控制之情形者，得准许该会员国投票。”

按照以上规定，我拒缴的联合国维和费用，积累到一定的时候，就会使我国丧失在联合国大会的表决权。中国是联合国安理会的常任理事国，如丧失了在大会的表决权，那不仅是中国的问题，而且也是联合国的问题了。我记得，联合国大会曾经专门通过了一项决议，通融中国拒缴联合国维和行动的费用，不影响中国在联合国大会的表决权。

（三）时代变了，1978 年三中全会确立“以经济建设为中心”

自 1949 年中华人民共和国成立到 1978 年十一届三中全会前，我们对于当时所处的时代的认识，一直是坚持列宁的论断，是“帝国主义战争和无产阶级革命”的时代。列宁这个论断是 1916 年作出的，是列宁的《帝国主义论》的重要组成部分。20 世纪所经历的两次世界大战，十月革命、中国革命以及战后在许多国家爆发的风起云涌的争取民族独立和解放的斗争，证明列宁的上述论断是正确的。然而，时代的主题与世间一切事物一样，是变化的，而不是一成不变的。中国发现时代主题变化的第一人是邓小平。

邓小平早在 80 年代初，会见外宾时就反复讲一个观点：当今世界面临两大问题，一个和平一个发展。两个大问题一个也没有解决。

邓小平的话不长，但寓意极为深刻。在帝国主义战争和无产阶级革命时代，时代的主题是战争与革命。而今天时代的主题是和平与发展。时代主题的变化，是 20 世纪国际关系中最大的变化，其影响是深远的。

1978 年 12 月 18 日至 22 日，在北京举行了中国共产党第十一届三中全会，这是一次具有重大历史意义的会议。会议摒弃了“以阶级斗争为纲”，确立“以经济建设为中心”。这标志着我们党对国内政策作出了重大的、战略上的调整。外交是内政的延伸，国内方针变了，外交政策也必须作出相应的调整。

二、中国面临的选择

调整外交政策，要不要调整我对联合国维和行动的政策？这是 1978 年三中全会之后，外交上面临的一个重要问题。我们有两种选择：

（一）不调整。

（二）调整。

我们选择了第二条。

三、操作过程

（一）从 1981 年起，我们调整对联合国维和行动的方针，并逐步参与维和行动

十一届三中全会后，党中央号召解放思想，实事求是。对待国际问题，中央强调要从事情本身的是非曲直出发，来决定我们的态度，不要以社会制度、意识形态划线。外交部响应中央号召，打破“阶级斗争为纲”的禁锢，思想活跃起来。大家反思我国的外交政策，特别是 1971 年恢复我在联合国合法席位后的外交政策。外交部国际司的同志提出，中国进行现代化建设需要和平的国际环境。联合国的维和行动有利于世界和平，有利于地区稳定，我们总是不赞成，对联合国安理会维和决议，我们要么不参加投票，要么弃权，这样做对不对？为什么对有利于世界和平、地区稳定，也有利于中国现代化建设事业的事我们不支持？对上述问题的答案，是显而易见的。思想是行动的先导，我们对联合国维和行动的认识清楚了，调整政策也就顺理成章了。

1981 年 11 月 27 日，中国常驻联合国代表凌青在联合国发言

时明确表示："出于对联合国组织、对世界和平和人类进步事业的责任感，中国政府准备对今后联合国维持和平行动采取区别对待的灵活立场。中国将从1982年1月1日起开始交纳现存两支中东联合国部队的摊款。""对今后凡是严格按照联合国宪章的宗旨和原则建立的有利于维护国际和平与安全，有利于维护有关国家主权和独立的联合国维持和平行动，中国都将本着积极支持的立场，予以认真研究和对待。"这是中国政府第一次公开宣布改变对联合国维和行动的立场。

1981年12月10日，联合国大会就中国联合国维持和平部队费用问题，以115票赞成、13票反对和零票弃权通过了联大第五委员会提交大会审议的一项决议草案。对中国自1982年1月1日起交付驻扎在中东地区的联合国脱离接触观察员部队和联合国黎巴嫩临时部队的摊款表示欢迎，要求联合国秘书长将中国自1971年10月25日至1981年12月31日未付的联合国维持和平行动的款项转入特别账户，并不涉及沿用联合国宪章第十九条之规定。

1981年12月14日，中国第一次投票赞成增派联合国驻塞浦路斯维和部队。

1984年10月15日，中国常驻联合国代表团副代表梁于藩在联大特别政治委员会上发言时强调，作为联合国的创始国和安理会常任理事国之一，中国决心和其他国家一道，为维护联合国宪章和加强联合国的作用尽自己最大努力。

1986年，中国政府派人前往中东实地考察了"停战监督组织"。

1988年，中国加入联合国维和行动特别委员会。

1989年，中国开始实际参与联合国维持和平行动。1989年1月，中国常驻联合国代表李鹿野大使奉命致函联合国秘书长德奎利亚尔，表示中国政府决定正式要求向联合国停战监督组织派遣5名军事观察员。中国的这一决定受到各方欢迎。经过有关方面协商及安理会认可，11月，联合国秘书长正式表示接受中国向联合国停战监督组织派遣5名军事观察员的建议。

1989年，中国首次参加联合国维和行动，向联合国纳米比亚过渡时期协助团派遣了20名选举监督员，参与了联合国对纳米比亚制宪议会选举的监督工作。

1990年，中国向中东停战监督组织派遣了5名军事观察员。

1991年，中国向伊科军事观察团和西撒特派团各派出20名军事观察员。

（二）1992年起，我们开始派成建制的部队参与联合国维和行动

1992年应联合国秘书长的请求，中国政府派遣了由47名军事观察员和一支400人组成的维和工程大队赴柬埔寨，这是中国第一支成建制的“蓝盔部队”。在历时18个月柬埔寨维和行动中，中国维和工程部队先后修复和建设了金边国际机场等3个机场，640多公里的国家级公路，40多座桥梁，并新建营房1万多平方米和8个停车场等。中国工程部队在柬埔寨坚持维和原则，遵守纪律，高效地完成了各项任务，受到当地人民和联合国维和机构的好评。

（三）派遣民事警察参加维和

中国对联合国东帝汶维和行动也采取了积极合作的态度。联合国东帝汶维和任务区，有来自14个国家的维和部队8950人和军事观察员200多人，以及来自38个国家的维和民警1270人。2000年1月，中国向“联合国东帝汶过渡行政当局”派遣15名

民事警察执行特定的任务。这是中国首次派遣民事警察参加联合国维和行动，此后一年轮换一次。从第二批起，联合国要求中国增加警察人数。2002 年 10 月 24 日，第六批 40 名中国维和警察又到达东帝汶行使维和使命。

自 2000 年以来，先后有 178 名中国维和民警工作在东帝汶维和任务区，他们分布在 6 个不同地区、10 多个部门。中国维和民警有 10 人在联合国东帝汶任务区总部工作，是所有国家中在总部工作人员最多的国家。中国警队的综合素质和纪律作风也得到了其他国家同行的一致好评。在为中国维和民警举行的和平勋章颁奖仪式上，联合国东帝汶任务区维和民警总警监彼特 · 米勒先生对中国维和民警的工作给予了高度评价："中国维和警察的出色工作给我留下了相当深刻的印象。中国是个历史文化悠久的大国，我希望而且相信会有更多的中国警察加入到国际维和行动中来！"[①]在亚洲，中国还参与了"联合国伊拉克—科威特观察团"的维和行动。

（四）参与热点地区的维和行动，规模逐渐扩大

2001 年 12 月，中国正式成立国防部维和事务办公室，统一协调和管理中国军队参与联合国维和行动的工作。

2002 年 1 月在安理会就非洲局势举行的公开辩论中，中国常驻联合国代表王英凡表示：中国政府已决定提升中国参与联合国维和行动待命安排的级别，其中包括在非洲的维和行动，要更积极地参加到维和行动之中。

此后，中国向"联合国西撒哈拉公民投票特派团"、"联合国

① 参见丁莉：《中国警察东帝汶维和之旅侧记》，载《武警学院学报》，2002（6）。

莫桑比克行动”、“联合国利比里亚观察团”、“联合国塞拉利昂观察团”和“联合国塞拉利昂特派团”等联合国维和行动派出军事观察员、军事联络官、军事顾问和工程兵部队等军事人员。除非洲外，中国还参与了欧洲巴尔干地区的维和行动。2001 年初，应联合国要求，中国还开始向联合国波黑维和区派遣维和民事警察，并从第一批的 5 名增加到其后的 15 名。在中国参与联合国非洲维和行动中，规模最大的是于 2002 年底决定参加的联合国驻刚果（金）的维和行动。这支由一个工兵连（175 人）和一支医疗分队（43 人）组成的维和部队，于 2003 年月 2 日开赴刚果(金)。这是中国医疗队首次参加联合国的维和行动。

2003 年 7 月，中国决定向利比里亚派遣一个包括运输连、工兵连和医疗分队在内的共 550 人的维和部队，将分批前往任务地区，这是迄今为止中国参与联合国维和行动规模最大、人数最多的一次。

2004 年 10 月 17 日凌晨，中国维和警察防暴队 95 人乘联合国专机，前往海地执行联合国维和任务。这是中国第一支赴国外执行维和任务的防暴队伍。海地当地时间 2010 年 1 月 1 日，在此执行任务的 8 名中国维和部队警察在大地震中不幸牺牲，以身殉职。

随着中国参与联合国维和行动的增多，我们对这一行动的意义和重要性的认识逐步提高，对其重视程度也在上升。2012 年 3 月 22 日，中央军委主席胡锦涛签署命令，发布《中国人民解放军参加联合国维持和平行动条例（试行)》，自 5 月 1 日起实施。中国参与联合国维和行动有了明确的法规依据。

四、启　示

（一）参与联合国维和是体现一个负责任大国的具体行动

中国正在和平崛起，我们崛起的速度和规模在人类发展史上可能是没有先例的。历史上大国的崛起，总是带来对抗、冲突和战争。中国的崛起会不会重蹈他们的覆辙，带来腥风血雨？世界上不少人头脑中是有这样的问题的。他们对中国的崛起是有担心、忧虑乃至恐惧的。如何逐步消除这些担心、忧虑和恐惧，是我国崛起过程中面临的一大挑战。因为，人们对你担心、忧虑和恐惧，就必定会加强对你的防范，那中国在崛起过程中的阻力就会增大。

中国领导人一再向世界宣示：中国将始终不渝走和平发展的道路；在国际关系中，中国将高举和平、发展、合作、共赢的旗帜；中国是一个负责任的大国。这些讲话是完全正确的，也是十分必要的。

同时，也必须看到，世界上的人们判断一个国家的走向，既重视领导人的言论，更重视具体行动。中国参与联合国维和行动的良好表现，正是体现中国是一个负责任大国的重要例证，也是中国向世界提供的“公共产品”，在国际上，受到越来越多的肯定和赞扬。

瑞典斯德哥尔摩国际和平研究所在其2009年11月发表的《中国日益扩大的维和作用》研究报告中指出：“中国的维和部队一直被公认为联合国维和任务部队中水平最专业、效率最高、训练最有素和纪律最严明的部队。”

2012年7月17日，联合国秘书长潘基文向媒体表示：“我对中国维和人员所做的工作感到非常自豪。”

2013年6月20日，联合国秘书长潘基文访华。我应邀出席了外交学会为他举行的一场午餐会。潘基文发表讲话，他以赞叹的口气说："安理会其他四个常任理事国向联合国维和行动派出部队兵力的总和抵不上中国一家派出的部队。"潘十分希望中国能更多地支持联合国维和行动。

（二）参与联合国维和行动是中国军队走向世界的阳关大道

随着我国综合国力的增强，现代化建设的进步，中国军队的实力也在增强。中国的发展是开放、合作、共赢的发展。中国与世界各国的合作愈来愈深，形成了你中有我、我中有你、想分都分不开的局面。越来越多的中国企业和中国人走向世界，不仅中国制造的商品走向世界，我们对世界各地的投资也逐年上升，我们在海外的利益不断扩展。

在上述背景下，越来越多的国人提出了中国军队要不要走向世界的问题。我以为，答复是肯定的。问题是如何走出去？走出去无非是两种办法，一是打出去；二是通过参加维和和国际合作走出去。第一条路是一条死路，因为时代的主题变了，从战争与革命的时代进入了以和平与发展为主题的时代。因而形成了一股席卷全球的和平、发展、合作、共赢的时代潮流。这股潮流汹涌澎湃，谁要逆这股潮流而动，那结果必将是碰得头破血流。如若不信，请大家看一看美国打阿富汗、伊拉克的下场。中国绝不能走这条路。

另一条路，是通过参与联合国维和行动，通过参与国际反海盗，参与救灾的行动走出去。这是一条阳关大道，沿着这条路走出去，光明正大，中国人民拥护，世界人民叫好。

2009年底，我在美国华盛顿出席大西洋协会举行的一次晚餐会，与美国太平洋舰队司令基廷对话。在谈及中国海军参与亚丁湾反海盗的国际行动时，基廷将军十分肯定中国军队的表现和美中两军的合作，并希望今后有更多的合作机会。

案例十四

中美8·17联合公报

台湾问题一直是中美关系中最重要、最敏感的问题，美国售台武器问题是中美建交谈判遗留下来的一个重要问题，关于这个问题的谈判注定是艰苦曲折的，如果谈不好将使中美关系出现倒退。在邓小平同志亲自领导下，我方坚持原则，实事求是，最终达成分步骤直到最后彻底解决美国向台湾出售武器的问题方案，发表了8·17联合公报。这又是一例处理国际关系时顾全大局、着眼长远、把斗争与合作结合起来的典范。

1982年8月17日，中美两国就美国向台湾出售武器问题，发表了《中华人民共和国和美利坚合众国联合公报》。这是自1972年两国政府发表的《上海公报》和1978年12月两国发表《建交公报》之后，发表的第三个公报，对中美关系有着重要的影响。这个公报是在邓小平同志亲自领导下，经过艰苦、曲折的谈判达成的。是中华人民共和国成立以来，外交史上一个值得重视的案例。

一、背 景

（一）里根上台后，对华政策倒退，售台武器问题突出

美国售台武器问题是中美建交谈判遗留下来的一个重要问题。当时，邓小平同志对美国坚持售台武器表示了强烈的反对，同时，当机立断，决定双方如期宣布建立正式外交关系（参见本书外交案例《中美建交》）。美售台武器问题，待两国建交后再谈。中美两国建交后，中国政府立即发表声明："美国继续向台湾出售武器不符合两国关系正常化的原则"，表示这一问题将在建交以后继续谈判。

美国的对华政策一向具有两面性，一方面1979年1月1日与我国建立了外交关系；另一方面出台了经美国国会通过、由卡特总统1979年4月10日签字生效的“与台湾关系法”。该法明确规定：“美国将继续提供防卫性武器给台湾。”

卡特政府遵照建交谈判时的允诺，1979年没有向台湾出售武器，但到了1980年，美国又向台湾出售武器。1980年是美国的大选年，党派政治因素再次干扰中美关系。1月3日，美国政府宣布将向台湾出售2.8亿美元的武器。6月，参议院外委会7名议员致函卡特总统，要求政府同意美国公司开始与台湾商谈出售FX系列战斗机的问题，卡特政府对此表示同意。

1980年，卡特在总统竞选中败北，1981年1月20日，共和党人里根就任美国第四十届总统。里根对卡特政府的对华政策本来就十分不满，他在竞选时曾声称，如果他当选，将支持重建与台湾的官方关系。他还表示，美国应该向台湾出售其所需要的所有武器。里根执政后，美国政府在售台武器问题上出现了明显升级的迹象。财政部长唐纳德·雷甘和里根的法律顾问埃德温·米斯等人都有很强烈的亲台倾向。里根本人及其国家安全顾问艾伦都赞成向台湾出售先进的战斗机。

当然，美国政界和学术界也有不少人反对向台湾出售先进战斗机，认为这样做没有必要。卡特政府的重要人士对里根的对华政策特别是对台军售颇有微词。前副总统蒙代尔在1981年11月访华期间的记者招待会上说：“中国关于祖国统一的九点建议是非常积极的。美国不应该向台湾出售先进的战斗机等军事设备，以免影响中国人民实现国家的统一。”[①]卡特时期的助理国务卿霍尔布鲁克撰文说，如果存侥幸心理，以为北京的警告只是虚声恫

① 《人民日报》，1981年11月23日。

吓，从而拿十年来的战略利益去赌博，向台湾出售它并不需要的飞机，那将是愚蠢的。[①]

（二）中国政府强烈反对售台武器，并以荷兰为例，警示美国

中国政府对美国坚持售台武器表示了强烈反对。1981 年 1 月 4 日，邓小平在会见美国国会代表团时，明确表示："由于台湾问题迫使中美关系倒退的话，中国不会吞下去。中国肯定要做出相应的反应。……中国只能面对现实，不会像美国有些人说的那样，中国出于反对苏联的战略会把台湾问题吞下去，这不可能。"[②]

1980 年 11 月，荷兰政府不顾中方的强烈反对和严正交涉，决定向台湾出售两艘潜艇。1981 年 5 月，中国政府决定将中荷两国之间的大使级外交关系降格为代办级。中方还将这一决定通报了美国，其用意是显而易见的。

美国对台军售成为中美建交后面临的第一个严峻考验，如何处理将影响到中美关系今后健康稳定的发展。

（三）美苏争霸愈演愈烈，苏攻美守

20 世纪 70 年代，苏联利用美国深陷越南战争的局面，发起攻势，其霸权主义处于扩张期。越南战争结束后，1977 年卡特入主白宫，美国国内的情况有所改善，但尚未从越南战争的创伤中完全恢复元气。1979 年 12 月 27 日，苏联不顾国际社会的反对，悍然出兵阿富汗，扶植亲苏的阿富汗傀儡政权。

阿富汗与中东毗邻，战略地位十分重要。基辛格在 20 世纪

---

① 参见陶文钊：《中美关系史》（下），121 页，上海人民出版社，2004。

② 《人民日报》，1981 年 1 月 5 日。

70 年代，对于美国的全球战略作过如下概括：美洲是主体，欧洲是重点，亚洲是侧翼，中东是咽喉，海洋是未来争夺的中心。

阿富汗落入苏联之手，对美国的战略利益形成了重大威胁。

阿富汗是中国的邻国，苏联入侵阿富汗，也对中国的安全构成威胁。中国政府严厉谴责苏联入侵阿富汗的行动，并坚决支持阿富汗人民反抗苏联侵略的斗争。

与此同时，1980 年发生了波兰危机。波兰团结工会兴起，引起国内局势动荡。1980 年 12 月初，苏联封锁了民主德国与波兰的边界以及波苏边界部分地区。美英等国警告苏联不要干涉波兰内政。1981 年 3 月，苏联驻波、捷、匈、民主德国军队频繁进行军事演习，对波兰局势施加压力。3—4 月间，里根发表声明并致函勃列日涅夫，警告苏联不要对波兰局势进行军事干涉。苏联入侵阿富汗和波兰危机使美苏关系骤然紧张。

里根虽然在对台军售上态度强硬，但与美国争霸世界的是苏联，而不是中国。在战后形成的两极体制下，苏联始终是美国的主要竞争对手。而中国在制约苏联霸权主义方面的作用和影响是毋庸置疑的。

二、中方面临的选择

苏联咄咄逼人的扩张态势，对美中两国的战略利益都形成了严重威胁，双方在应对苏联霸权主义方面的共同利益增加。上述形势为中国与美国谈判售台武器问题提供了机遇。任何外交机遇的出现，其时间是有限的，而不是无限的。机不可失，失不再来。中国政府面临两个选择：

（一）让售台武器问题继续拖下去。

（二）抓住机遇，通过谈判，争取与美达成对美有所制约的协议。

在邓小平的领导下，中国政府选择了后者。

三、操作过程

（一）第一阶段：开始谈判，初步交锋

1981 年 6 月 14 日至 16 日，美国国务卿黑格访华。这是里根上台后中美之间第一次高层对话。中国外交部长黄华在与黑格的会谈中，对美售台武器提出了严厉的批评，他说：

“中美建交后，美国国会通过的‘与台湾关系法’，在许多重要方面违背了建交公报，实际上重新恢复了美台‘共同防御条约’，向台湾提供防御物资和防御服务。美国有意实行‘一中一台’政策，让台湾作为独立的政治实体，取得国际地位。向台湾出售武器实质上是继续把台湾置于美国的军事保护之下，延长中国的分裂局面，是对中国领土和主权的严重侵犯。”

6 月 16 日，邓小平会见黑格，再次谈美国售台武器问题，他强调说：没有一个中国政府可以在台湾问题上犯错误，武器是尤其敏感的问题。如果美国走得太远，中美关系可能踏步不前，甚至可能倒退。

黑格表示，美方拟向中国转让高级技术和取消向中国出售武器的禁令。邓小平把手一挥，坚决地说：“中国宁愿不要美国的军用产品，也坚持反对美国继续向台湾出售武器。不过，我们注意到了美方表现出的善意。我们的容忍是有限度的，干扰太厉害会使中美关系停滞甚至后退，希望美国政府从更广的角度考虑这个问题。”

邓小平的坚决态度给黑格留下了深刻的印象，黑格表示，美国会十分谨慎地处理这个问题。[①]

9月，有消息称，美将在1981年底或1982年初向台出售FX飞机（X表示尚未定型），形势很紧迫。中方经过慎重研究，决定借二十二国（包括中国、美国在内）首脑于10月份在墨西哥坎昆讨论南北问题之机，由与会的中国总理直接向里根提出售台武器问题，说明问题的严重性，建议双方就此举行正式谈判。

10月23日，黄华与黑格举行会谈。黄华正式提出，中美应立即就美国停止对台军售的具体日期进行谈判。如果美国拒绝，中美关系将会降格，中方将召回驻美大使。黄华并且要求黑格在一周内作出答复。

10月28日至30日，黄华访问美国，继续与美方就此问题进行磋商。中方要求美方承诺，在规定的期限内，美国对台军售，在武器性能和数量方面不能超过卡特政府时期的水平，出售给台湾的武器将逐年减少，并最终完全停止。中方要求在中美谈判期间，美国不向台湾出售武器。美方对此予以拒绝，但黑格表示美愿意继续与中方会谈。

12月4日，谈判开始在北京中国外交部进行。中方代表是副外长章文晋，美方是驻华大使恒安石。在首次会谈时，恒安石说，美国售台武器受中国和平统一进程的影响，但不完全取决于它。他预期售台武器不超过卡特时期水平，但各年会有不同，时高时低。12月11日，美国政府通知国会，将向台湾销售价值6000万美元的军事零配件。中方对此提出强烈抗议。美方作出三点解释：1. 这批军售是坎昆会议前向台湾承诺的；2. 只是零配件，不是武器；3. 今后数月内，即中美谈判期间不再向台湾进行

① 参见黄华：《亲历与见闻：黄华回忆录》，259、260页。

新的军事转让。

（二）第二阶段：会谈进入僵持阶段

1982 年 1 月 10 日，负责远东及太平洋事务的美国助理国务卿霍尔德里奇访华，与中方进行了三天会谈。在会谈中，霍尔德里奇希望美中双方现在的谈判能达成协议，最后发表一项内容较为广泛的公报，包括美国售台武器问题的一系列原则，也包括双方对国际问题的看法。此后，霍尔德里奇在接到黑格的指示后通报中方，里根决定不向台湾出售 FX 战机，而只是与台湾联合生产 F−5−E 飞机。里根同意与中国政府谈判向台湾出售武器的限制。霍尔德里奇解释说，美国作出与台湾联合生产战斗机的决定是因为里根受到了来自国会的压力，需在此问题上表态。中方自然对此表示强烈不满。不过这也表明里根在入主白宫快一年后终于认识到，不能因为向台湾出售先进战斗机而使中美关系出现倒退。

1982 年 1 月 11 日，会谈继续进行。章文晋副外长提出了中美继续谈判的三个条件，即美国公开声明：第一，美国在 1981 年 12 月恢复向台湾供应的这批飞机零件中不包括武器；第二，向台湾供应的这批飞机零件在中国总理和里根总统在坎昆会晤之前就开始了；第三，在中美双方讨论售台武器这几个月中，美国不再向台湾提供新的武器。美方同意，但要求由美方自己选择时间和表态的方式。①

霍尔德里奇走后，章文晋副外长与恒安石大使继续会谈。1 月 22 日，中方提出了解决美国售台武器问题的第一个联合公报草案，内容主要包括：美售台武器逐步减少，直至在一定时期内

① 参见陶文钊：《中美关系史》（下卷），125 页。

完全停止，在此以前向台出售的武器在数量和性能上不超过卡特时期的水平。中方草案只谈售台武器问题，不谈其他问题。美方在1月25日和2月15日也先后提出两个公报草案。美方草案回避了作出停售武器的承诺，而把售台武器问题与中方和平解决台湾问题挂钩。中方对此予以坚决反对，坚持认为台湾问题纯属中国内政，如何解决台湾问题应由中国人自己决定。谈判就此陷于僵持状态。2月中旬，邓小平在接受《瞭望》周刊采访时明确表示，中国没有回旋的余地，即使中美关系出现倒退也没什么大不了的。

至3月底，双方在正式会谈和非正式磋商中都无法取得进展，谈判陷于僵局。黑格回忆说，美方认为没有希望打破僵局。霍尔德里奇则一度怀疑继续谈判是否还有意义。①

此时，对于中美谈判产生不利影响的事情再次发生。4月13日，美国政府正式通知国会，将向台湾出售价值6000万美元的与军事有关的零配件。美国务院发言人容安澜称这笔交易早已确定并且不包含任何武器。中国立即决定取消美国国防部长温伯格的访华行程。《人民日报》于4月16日发表社论指出："现在中美关系仍然处于严重关头，美国向台湾出售武器的问题，并未得到解决。中美关系可能倒退的危机依然存在。"

（三）第三阶段：会谈出现转机

里根尽管由于其一贯的亲台立场，以及受到国内保守势力的政治压力坚持对台军售，但他认识到，在苏联霸权主义日益嚣张的时候，美中关系不能倒退。1982年4月5日，恒安石大使向中

① ［美］罗伯特·罗斯，丛凤辉等译，滕继萌校译：《风云变幻的中美关系（1969—1989）》，258页，中央编译出版社，1997。

国外交部转交了里根给邓小平的信。里根在信中强调，在“苏联威胁日益增长时代”，他本人承诺发展美中关系。里根建议派副总统布什亲自来北京，化解分歧，推进美中两国的战略合作。

1982 年 5 月 7 日，布什抵达北京，黄华副总理兼外交部长会见了他。黄指出，售台武器的谈判陷于僵局，主要原因有二：1. 美方不愿承诺逐步减少以至在一定时期最终停止售台武器。我们不把售台武器问题看成仅仅是武器问题，实质上是美方是否尊重我国主权，是否愿意发展两国关系的问题。2. 美方要把解决售台武器问题同台湾海峡军事紧张程度联系起来，把和平解决台湾问题作为美国解决售台武器问题的先决条件，等于要中国接受美国进一步干涉中国内政。

黄华还表示，在坎昆和华盛顿的会谈中，中方提出在规定的期限内停售，现在改为在一定的期限内停售，这是为了照顾美方，也是我方在维护主权的范围内所能采取的最为灵活的态度。

布什回答称：如果 1972 年要求解决所有问题，就不可能有《上海公报》，在 1978 年要求卡特什么问题都解决，就不可能有正常化。美方提出的建议可能不会解决所有问题，但可以推动这一进程。

5 月 8 日上午，邓小平会见布什。布什解释了里根有关台湾问题的立场，强调里根与卡特不同，里根比任何一届美国总统更愿意采取行动对付苏联。邓小平批评“与台湾关系法”侵犯中国主权，美国向台湾出售武器是中美关系中的阴影，是潜伏的危机。如果两国关系中的这个疙瘩能够解开，将对全球战略很有利。邓小平要布什转告里根总统，美国领导人应承诺，在一定时期内逐步减少并终止向台湾出售武器。承诺的方式可以商量，公报的措辞可以研究。

（四）第四阶段：达成协议

7月13日由恒安石大使向邓副总理面交里根总统的信，并提交美方新草案。里根在信中表示，要他承诺在一定期限内终止向台出售武器极其为难，但他不谋求执行长期向台湾出售武器的政策，也不会无限期地向台出售武器。美方新草案除写入里根说的这两点外，还表示美国预期在一段时间内逐步减少它对台湾的武器出售，以至最终导致最后的解决。

美政府接受中国关于在一段时间内彻底解决这一问题的原则。国务卿黑格对里根总统这次下决心起了积极作用。黑格对里根说，中美关系可能发生1949年美国“失去中国”以来最重大的外交灾难，对这次失败，共和党要在政治上承担严重后果。

7月17日上午，黄华会见恒安石，转达邓小平的回话：7月13日里根总统的信和美方新草案有积极因素，但双方立场仍有不少差距，要继续努力，通过商谈，争取就联合公报达成协议。当天下午，韩叙副外长向恒安石提出了我方新草案并建议双方开始逐段讨论。我方对17日草案提出了修正案，美方同意以此修正案为基础开始进行逐段讨论。

8月7日，中美双方开始逐段讨论。美方提出了一个新草案，却在上次草案的基础上有所倒退，还表示关于售台武器的协议必须符合美国国会通过的“与台湾关系法”。中方对此表示震惊，认为美方这一主张将使双方的谈判没有讨论的基础。9日，恒安石邀我方人员共进午餐，进行非正式接触。午餐时，美方的调子有了改变，提出了一些可以商讨的建议。他们还说，19日美将就美台联合生产F-5-E飞机一事向美国会发出通知，希望在此以前我们的谈判能达成协议。

双方在逐段讨论中的争执在于：1. 我方要求将解决美国售台武器问题与《上海公报》《建交公报》中双方确认的互相尊重主

权和领土完整、互不干涉内政的原则直接挂钩，美方反对；2. 美方要求将其解决售台武器问题的承诺与我国争取和平解决台湾问题的政策直接挂钩，我方则反对；3. 关于美方解决售台武器问题的承诺，我方力争尽可能明确，美方则力争尽可能含混；4. 我方力争在协议中列入以后接触、协商的条款，美方竭力反对；5. 美方力争在公报中尽可能列入中美在国际问题上的共同看法和发展双边关系的合作愿望，我方则坚持突出售台武器问题，少谈国际问题和其他双边关系问题。

经过最后的谈判，中方放弃了要求美国设定售台武器最后期限的条件，同意逐步减少售台武器作为条件。关于解决台湾问题的方式，在公报中，中方只是同意写入“争取和平解决台湾问题的政策”这样的字眼。在双方互作妥协后，于 8 月 15 日就公报全文达成协议。1982 年 8 月 17 日上午，小平同志会见恒安石，表示中国政府同意双方协议的联合公报，将于当日晚 7 时（北京时间）发表这个公报。

四、启　示

（一）在涉及我重大利益的问题上，既要坚持原则，又要实事求是

台湾问题是中美关系中最重要、最敏感的问题。美售台武器问题是建交谈判中未能解决的问题，双方围绕这一问题的谈判是中美两国在建交之后，在台湾问题上的第一次严重的较量。台湾问题之所以最重要、最敏感，是因为涉及我主权。在这一问题上，必须坚持原则。邓小平在谈判过程中所显示的原则坚定性堪为后人的榜样。

在美国政府邀请台湾代表出席里根总统就职典礼后，中方做出了强烈的反应，迫使台湾方面的有关人员退出相关活动；我们没有因为里根派了中国的老朋友、美国副总统布什前来说项，宣称要对苏联采取强硬路线，就在原则问题上作出让步；美国曾试图希望通过向中方出售武器来达成交易，以便让中方容忍美国对台军售，遭到中方的断然拒绝；荷兰政府悍然决定向台湾出售两艘潜艇，中方毫不犹豫地将两国外交关系由大使级降为代办级，并通报了美方。正是中方的坚定立场，才迫使美方不得不考虑中方的关切。否则，就不会有 8 · 17 公报。

另一方面，必须看到原则的坚定性并非容不得任何妥协和让步，原则的坚定性必须实事求是。中美关系是中国外交中最重要的一对双边关系。1982 年中国的处境是：苏联对我的威胁尚未消除；中国刚刚实行改革开放，对外开放的局面还没有完全打开。发展是硬道理，要发展必须开放，要开放保持中美关系是重要的。同时，也要看到美国向台出售武器写进了“与台湾关系法”，在该法没有废除的情况下，要美国在公报中承诺限期完全停止售台武器，是不可能的。经邓小平拍板的 8 · 17 公报中的妥协方案，是中方当时所能得到的美方最大的让步。从后来的情况看，争取到美方与我达成了 8 · 17 公报是很不容易的，美方凡参与谈判 8 · 17 公报的外交官，最后都遭受到不同程度的贬谪。

（二）该斗争的必须斗争，该合作的必须合作

国与国之间的关系是十分复杂的，有矛盾，有问题，有分歧，但同时也有利益汇合点，有共同利益。就拿美国和中国的关系来说，两国有着不同的历史、不同的文化、不同的政治与社会制度，又处在不同的发展阶段，两国之间出现矛盾、分歧是必然的。中国外交是有原则的，我们维护国家主权和领土完整的决心

是坚定不移的。所以，中美建交以来，我们与美方围绕售台武器等问题进行了多次尖锐的斗争。另一方面，也必须看到，美国是最大的发达国家，中国是最大的发展中国家，两国的经济互补性极强，两国都是国际关系中有重要影响的国家，两国之间有着巨大的共同利益。从邓小平到习近平均认为：中美之间有分歧，也有共同利益，但我们之间的共同利益远大于分歧。

国与国之间的合作主要是在共同利益基础上发展起来的。中国今天还进一步主张，要扩大我与各国之间的利益汇合点，在利益汇合点的基础上，在多领域、多层次建立利益共同体。这个方针是十分正确的，也是保证我国与世界各国，特别是各主要大国之间的关系长期稳定、发展的方针。

在处理国与国之间的关系中，切忌要好都好，要不好都不好的做法与思路。8 · 17 公报从签订到现在已经三十多年了，美售台武器问题迄今也没有解决。直到今天，双方之间还不时出现一些摩擦和斗争。是不是因为中美在售台武器问题上立场尖锐对立，我们其他领域的合作统统不发展了呢？不是这样。1982 年，中美之间的贸易额为 53 亿美元，2012 年上升到 5000 亿美元，这两个数字的后面是中美之间的合作取得了前所未有的大发展。

因此，我们在处理与其他国家的关系中，一方面必须坚持原则，该进行斗争时必须斗争。但斗争的目的不是为了破裂，不是为了打仗，除非对方把战争强加在中国人头上；斗争的目的是要使双方的合作更加健康、顺畅地进行下去。另一方面，该合作的时候必须合作，不能因为有斗争就不合作。合作的不断发展会使两国关系的基础越来越牢固，在我们必须开展斗争的时候，我们斗争才会更加有效，对方也才会更加理性，更加顾全大局。

附：中美8·17公报全文

中华人民共和国和美利坚合众国联合公报
1982年8月17日

一、在中华人民共和国政府和美利坚合众国政府发表的一九七九年一月一日建立外交关系的联合公报中，美利坚合众国承认中华人民共和国政府是中国的唯一合法政府，并承认中国的立场，即只有一个中国，台湾是中国的一部分。在此范围内，双方同意，美国人民将同台湾人民继续保持文化、商务和其他非官方关系。在此基础上，中美两国关系实现了正常化。

二、美国向台湾出售武器的问题在两国谈判建交的过程中没有得到解决。双方的立场不一致，中方声明在正常化以后将再次提出这个问题。双方认识到这一问题将会严重妨碍中美关系的发展，因而在赵紫阳总理与罗纳德·里根总统以及黄华副总理兼外长与亚历山大·黑格国务卿于一九八一年十月会见时以及在此以后，双方进一步就此进行了讨论。

三、互相尊重主权和领土完整、互不干涉内政是指导中美关系的根本原则。一九七二年二月二十八日的上海公报确认了这些原则。一九七九年一月一日生效的建交公报又重申了这些原则。双方强调声明，这些原则仍是指导双方关系所有方面的原则。

四、中国政府重申，台湾问题是中国的内政。一九七九年一月一日中国发表的告台湾同胞书宣布了争取和平统一祖国的大政方针。一九八一年九月三十日中国提出的九点方针是按照这一大政方针争取和平解决台湾问题的进一步重大努力。

五、美国政府非常重视它与中国的关系，并重申，它无意侵犯中国的主权和领土完整，无意干涉中国的内政，也无意执行“两个中国”或“一中一台”政策。美国政府理解并欣赏一九七九年一月一日中国发表的告台湾同胞书和一九八一年九月三十日中国提出的九点方针中所表明的中国争取和平解决台湾问题的政策。台湾问题上出现的新形势也为解决中美两国在美国售台武器问题上的分歧提供了有利的条件。

六、考虑到双方的上述声明，美国政府声明，它不寻求执行一项长期向台湾出售武器的政策，它向台湾出售的武器在性能和数量上将不超过中美建交后近几年供应的水平，它准备逐步减少它对台湾的武器出售，并经过一段时间导致最后的解决。在作这样的声明时，美国承认中国关于彻底解决这一问题的一贯立场。

七、为了使美国售台武器这个历史遗留的问题，经过一段时间最终得到解决，两国政府将尽一切努力，采取措施，创造条件，以利于彻底解决这个问题。

八、中美关系的发展不仅符合两国人民的利益，而且也有利于世界和平与稳定。双方决心本着平等互利的原则，加强经济、文化、教育、科技和其他方面的联系，为继续发展中美两国政府和人民之间的关系共同作出重大努力。

九、为了使中美关系健康发展和维护世界和平、反对侵略扩张，两国政府重申上海公报和建交公报中双方一致同意的各项原则。双方将就共同关心的双边问题和国际问题保持接触并进行适当的磋商。

案例十五

中国加入世界贸易组织

中国的复关或入世谈判，从1986年我国正式提出恢复关贸总协定缔约国地位的申请，到2001年正式成为世界贸易组织成员，长达15年，被认为是“世界最艰难和最伟大的谈判”。加入世贸组织大大促进了我国的改革开放进程，实践证明这一决策是完全正确的。本案例回首这一重大战略决策的形成过程，分析谈判期间遇到的来自国内国际的阻力，总结了“要发展，必须开放，必须融入人类文明进步的潮流”的历史经验，是非常值得后人珍惜和继承的。

2001 年 11 月 10 日 18 时 38 分，在卡塔尔多哈举行的世界贸易组织第四届部长级会议上，通过了关于中国加入世界贸易组织的决定。据此，中国将从 2001 年 12 月 11 日起，正式成为世界贸易组织成员。决定通过时，与会代表纷纷起立鼓掌，向中国代表团表示热烈祝贺。从我国正式提出恢复关贸总协定缔约国地位的申请算起，中国人对这一天的等待已经持续了 15 年。我国加入世界贸易组织，不仅极大地推动了中国与世界各国的合作，促进了我国经济的快速增长，而且对全球经济发展也带来了积极的影响。

一、背　景

第二次世界大战结束后，在美国等西方国家的大力推动下，1948 年 1 月，成立了关税及贸易总协定（简称“关贸总协定”）。该协定的宗旨在关贸总协定的序言中作了明确阐述：“缔约各国政府认为，在处理它们的贸易和经济事务的关系方面，应以提高生活水平、保证充分就业、保证实际收入和有效需求的巨大持续增长、扩大世界资源的充分利用以及发展商品生产与交换为目的。通过达成互惠互利协议，大幅度地削减关税和其他贸易障碍，取消国际贸易中的歧视待遇等措施，以对上述目的做出贡献。”中国是关贸总协定23个缔约国之一。关贸总协定在战后推动全球贸易自由化方面，发挥了重大而积极的作用。关贸总协定的缔约国也不断增加，到1985年，发展为90个国家和地区。

1995年1月1日，关贸总协定演变为世界贸易组织，会员国达到128个。世界贸易组织，是一个以规则为基础的全球性的贸易组织。规则是大家共同制定的，大家都按照规则办事，在规则面前，人人平等。世界贸易组织设有争端解决机制，是多边贸易的支柱，具有统一性、效率性和强制性。这是人类文明的一大进步。

中国于1986年7月10日，正式提出了恢复关贸总协定缔约国地位的申请。在关贸总协定演变为世界贸易组织后，我国继续申请入世，这是我国实行改革开放、融入世界经济的需要。

20世纪70年代初，中国曾坐失恢复关贸总协定缔约国地位的极好机会。1971年10月25日，第二十六届联大通过第2758号决议，决定恢复中华人民共和国在联合国及其附属机构中的合法权利，并将蒋介石的代表驱逐出去。这是联大作出的一个具有历史意义的决议。关贸总协定是联合国的附属机构，根据联大的决议，关贸总协定于1972年举行大会，决定驱逐蒋介石代表，并邀请中华人民共和国加入关贸总协定。周恩来总理敏锐地注意到这一动向，认为是件好事，并责成当时的主管部门进行研究。1972年，中国正在搞“文化大革命”，社会混乱，政府和研究机构受到严重冲击。有关部门被“极左”思潮的枷锁框住了，提出的意见是：参加关贸总协定的国家都是实行市场经济的国家，市场经济是资本主义的，而中国实行的是计划经济，我们搞的是社会主义，所以我们不应参加。对于关贸总协定大会的决定可不予置理，等对方找上门时再说。

我在日内瓦工作期间，主管入世谈判的同志不无感慨地对我说：中国入关或者入世的一个大好时机被我们自己放弃了。当时要加入的话很简单，只需要我们的外长给关贸总协定总干事去一封信，表示中国愿意加入就可以了。

在中国开启改革开放进程后，随着与世界交往的加深，对外部世界有了更为客观和全面的看法。在改革开放大政方针的指导下，加快发展国民经济，必然要求更加密切与国际经济的联系与合作。在第二次世界大战后由美国等西方国家主导建立的三大国际组织中，中国已于 1971 年恢复了在联合国的合法席位，1980 年恢复在国际货币基金组织的代表权。随着世界经济的发展、国际贸易格局的变化，关贸总协定等国际组织在协调、管理世界经济上的作用越来越突显。

我实行改革开放后，中美经贸合作发展迅速。由于中国不是关贸总协定的成员，美国国会每年都要讨论是否给予中国最惠国待遇的问题。为此，我们每年都要对美国国会做工作，确保给予我国的最惠国待遇案能够得以通过。最惠国待遇问题，增加了中美经贸关系中的不确定因素，严重妨碍了两国经贸合作的发展。中国如恢复在关贸总协定中的缔约国地位（或加入世界贸易组织），最惠国待遇问题就会一劳永逸地获得解决。因此，复关（或者入世）成为我国一个亟待解决的问题。正如中国加入世贸组织首席谈判代表龙永图所说，中国不能永远坐在观察员的位置上。

然而，中国要复关或入世，面临着两大难题：

第一，西方国家会提出高要价。关贸总协定、世界贸易组织，都是以规则为基础的全球性贸易组织。中国当时的情况与规则的要求还有很大距离。复关或者入世，需要与关贸总协定的缔约国或和后来的世界贸易组织成员国一家一家谈判，要人家同意了，你才能加入。美国等西方国家十分明白，中国加入世界贸易组织是件大事。为了维护本国的经济利益，他们在与中国谈判中，必须提出高要价。而这种高要价，对于我国而言，一时是难以承受的。这就决定了中国的复关或者入世过程是一个漫长的、艰苦的谈判过程。

第二，国内存在着强大的阻力。阻力主要来自两个方面：

一是产业部门。复关或者入世，意味着我国的市场要进一步开放。我国的许多行业和经济部门，特别是那些竞争力比较差的部门，很不愿意开放市场。开放就意味着外国的产品会进入中国市场，与中国进行竞争。而那些竞争力差的行业和部门，就可能面临着被淘汰的危险。

二是封闭的惯性。按照小平同志的说法，中国自明成祖朱棣之后，走向了封闭。明成祖在位是1402—1424年，中国的封闭有近600年的历史，形成了强大的思维惯性：认为封闭好，封闭安全，封闭可以阻挡外国人进来，封闭好管理。这种思维的惯性在很多人的头脑里依然存在。他们还为这种封闭贴上了各种合理的标签，诸如，这样做是“爱国”，防止“帝国主义的经济侵略”。

上述强大阻力的推波助澜，一些人也纷纷上书中央，反对入世，并且危言耸听地说：一旦入世，中国企业根本不是外国企业的对手。在外国商品的冲击下，中国企业会大批倒闭，造成大量失业。这不仅会危害社会稳定，而且会威胁中国共产党的执政地位。

二、中国面临的选择

在上述背景下，中国面临两大选择：

（一）坚持入世。

（二）放弃入世。

中国最终选择了第一方案，在经过长期谈判后，加入了世界贸易组织。

三、操作过程

中国的复关（入世）谈判，大体上可分为四个阶段：

（一）第一阶段：1986 年至 1991 年，最初的尝试

1986 年 7 月 10 日，中国常驻联合国日内瓦办事处和瑞士其他国际组织代表钱嘉东大使致函关贸总协定总干事敦克尔，提出恢复中国关贸总协定缔约国地位的申请。

在中国递交复关申请后，关贸总协定成立了“中国的缔约方工作组”，由瑞士常驻日内瓦使团的经济大使皮埃尔·路易斯·吉拉德担任组长，来审议和处理中国复关的相关事宜。

中国提出复关申请时，当时的世界还是两极体制。苏联不是关贸总协定的成员，也没有提出加入的问题。中国提出复关，西方世界总体的反应是积极的。美国驻关贸总协定组织大使塞缪尔斯对中国提交复关申请表示欢迎。美国总统贸易谈判代表克莱顿·尤特在 1986 年 9 月 3 日称，尽管他对中国加入关贸总协定有某些保留意见和担心，但中国在向市场经济迈进方面比苏联“走得远得多”。中国复关的谈判，总体上是顺利的。

1989 年初，我任中国常驻欧共体代表团二把手，会见了去布鲁塞尔与欧共体谈判的我国复关谈判首席代表、外经贸部副部长沈觉人。他对复关问题较为乐观，认为不需要太长的时间就能得以解决。与此同时，中国与主要谈判对手美国代表团已经进行了五轮双边谈判，双方的磋商取得了实质性进展，复关谈判有望在 1989 年底结束。

然而，由于 1989 年北京发生的政治风波，以美国为首的西方发达国家把暂时不让中国复关作为对华实行经济制裁的一项主要内容，中断了与中国的谈判。加之国内经济处于治理整顿阶段，复关谈判陷入停顿，以致第八和第九次工作组会议均为象征性会议。复关谈判一直到 1991 年下半年才重新开始。

（二）第二阶段：1991 年至 1994 年，第一次冲刺

1991 年恢复我复关谈判后，由于 1989 年事件的影响，政治因素仍在进行干扰。原本在第一阶段已基本解决的问题重新被提上谈判桌。中国代表团在谈判中遇到的最大困难，是当时我们不承认在搞市场经济，而关贸总协定被视为是市场经济国家的组织。

在谈判初期，美国代表团提出的一个问题是："在中国企业中，厂长是中心，书记是核心，"两心"怎么变成"一心"？"中方只能以美方干涉中国内政为由进行搪塞。

实事求是地讲，1989 年后，中国国内关于市场经济和计划经济的辩论方兴未艾，在不少人眼里，市场经济还是一个禁区。然而，关贸总协定的游戏规则是以市场经济体制为基础的，要复关，必须实行市场经济的体制，这是绕不过去的。这个问题直到邓小平南巡讲话后才得以解决。1992 年初，小平同志南巡讲话，标志着中国的改革开放进入了一个新阶段，我国国内改革的步伐

在加快，推出了外汇和外贸体制的改革。中共十四大正式明确建立社会主义市场经济和现代企业制度的目标，中方谈判代表才可以在谈判桌上大声说："中国搞的是市场经济体制！"改革为我与外部世界的合作创造了更加有利的条件，外国直接投资开始大量进入中国，形势更加需要早日恢复我在关贸总协定的缔约国地位。

由于世界贸易组织将于1995年1月成立，中国希望尽可能在这之前恢复在关贸总协定的地位，因此这是一个冲刺阶段。中国在谈判中采取了务实灵活的态度，决定先搁置诸如中国的发展中国家地位这样一些问题，试图等待具体复关条件谈妥后再回头讨论解决。但中国的主要谈判对手却没有采取相应的灵活态度，而是在谈判过程中不断加码。特别是他们看到，关贸总协定与将要成立的世界贸易组织不一样，前者只管货物贸易，后者不仅管货物贸易，而且还管服务贸易和知识产权贸易。如果中国在世界贸易组织成立之前恢复了关贸总协定缔约国地位，而关贸总协定缔约国当然就是世界贸易组织的创始国，那中国就不需要同各方谈判服务贸易和知识产权贸易的问题了。再加上国内复关的阻力仍然很大，中国未能实现在世贸组织成立前实现复关的目的。

（三）第三阶段：1995年至1999年中，第二次冲刺

1995年6月，中国成为世贸组织的观察员并于7月提出入世申请。11月，中国复关谈判转为入世谈判。面对美国提出的包括28项要求的所谓中国入世"路线图"，中方代表始终坚持的基本原则是：(1) 坚持以发展中国家的身份加入世贸组织。(2) 以乌拉圭回合协议为基础，承担与中国经济发展水平相适应的义务。(3) 坚持权利与义务相平衡的原则。

这一时期，中美之间的谈判涉及货物贸易、知识产权、投资措施、市场准入等。1996 年 6 月，中美就知识产权问题达成一致。然而，美方在其他问题的谈判中仍然谋求中国最大程度的让步。在 1998 年克林顿总统访华期间，中方提出了与美国达成一揽子协议的建议，即中方就金融、电信等领域的市场准入方面作出让步，来换取美国相应的让步，包括取消 1989 年以来的对华制裁，取消把中国作为非市场经济国家的歧视，以便使中国于 1999 年底入世。但克林顿总统未予响应。

1998 年底和 1999 年初，中美双方都在准备朱镕基总理的访美事宜。双方都期待能够在朱镕基总理访美期间就中国入世达成协议。1999 年 2 至 3 月间，双方进行了密集谈判。中方也在市场准入方面作出了一些让步。但美国国内这一时期出现了一些反华的噪音和事件，毒化了两国关系的气氛。3 月 30 日，美国贸易代表巴尔舍夫斯基访华，并受到朱总理的接见。中方再次提出了一揽子协议的方案，希望美方也作出相应的妥协。但巴尔舍夫斯基在会晤后发表的声明中仍强调双方还存在很大分歧。4 月 4 日，朱总理访美。4 月 7 日，与克林顿总统举行小范围非正式会谈。克林顿指出，美国政府在中国入世问题上面临来自美国国会的强大压力。如果国会否决中美之间的协议，那将是灾难性的。4 月 8 日上午，朱镕基与克林顿在白宫举行会谈。然而，在会后的联合记者招待会刚结束，美方就单方面向会场外无法参加记者会的人员散发了一份“中美联合声明”，接着又在网上加以公布。美方这一行动引起中方强烈不满。4 月 9 日晚上，朱总理应邀出席美中关系全国委员会、美中协会等 7 个团体举行的欢迎晚宴。朱总理在宴会上讲话批评了美方在谈判中的态度，认为美国在谈判中要价过高，对中方缺乏信任，批评克林顿总统缺乏支持中国加入世贸组织的勇气。

朱总理访美期间，中美双方就中国入世问题取得了一些进展。中美之间不仅就《中美农业合作协议》达成了一致，双方还在朱镕基总理结束对华盛顿访问临上飞机前达成了新的联合声明，美方承诺坚定支持中国于1999年入世。

本来，朱总理访美是中美达成中国加入世界贸易组织双边协议的良好契机，但是，克林顿政府没有抓住这个机遇，未能达成协议。美国媒体、商界和部分国会议员对于克林顿缺乏政治勇气的表现进行了激烈的批评。面对如潮批评，白宫不得不于4月12日与20多名美国在华有较大业务的大公司代表进行见面。这些代表指责克林顿政府的犹疑不决是国内党派政治的顾虑，使美国失去与中国签署一项能够带来数十亿美元的贸易协议的宝贵机会。

（四）第四阶段：1999年9月到2001年9月，最后冲刺成功

中国的入世谈判需要同世贸组织所有成员国谈，但中美谈判是关键性的。由于中美关系的复杂性，这样一场非常技术性的贸易谈判，常常需要由高层从政治上进行推动。1999年9月8日，江泽民主席在访问澳大利亚期间会见记者，就中国入世问题向美方发出了强有力信号。他批评了美国国会对双边谈判的政治干扰，指出："中美之间谈得好不好，能不能达成协议，很大程度上取决于美国。"[①]9月11日，江泽民主席与克林顿总统在新西兰首都奥克兰举行的亚太经合组织领导人非正式会议期间进行正式会晤。江主席说，中方对于加入世贸组织一直持积极态度，中国入世不仅是中国经济发展和改革开放的需要，也是建立一个完整

① 《江泽民主席阐述我国在台湾问题和中国加入世贸组织问题上的原则立场》，《人民日报》，1999年9月9日第1版。

开放的国际贸易体系的需要。中国希望谈判能在平等互利的基础上进行，争取早日达成协议。

11 月 10 日，中美双方继续在北京就中国入世展开谈判。双方在三天的谈判中仍未能弥合在电信、金融保险、纺织品等领域的分歧。这时，美方使用了其在外交谈判中惯常使用的“边缘战术”伎俩。12 日，美方代表放风说，他们已经订好了 13 日回国的机票。但他们并不想真正结束谈判，因为他们总共 4 次改了机票、退了酒店。巴尔舍夫斯基坚持要见朱镕基总理，了解中国领导人对问题的看法。

13 日上午，朱总理在中南海会见了美国谈判代表，鼓励美方代表继续谈判下去。下午，双方继续谈判，直至 14 日凌晨。但会谈结束后，美方代表却与中方玩起了“藏猫猫”游戏。原来在 11 月 14 日谈判过程中，美方代表突然离开了谈判桌，并消失了整整一天时间。在 14 日凌晨，巴尔舍夫斯基的手下甚至通知酒店退房。他们先是把行李搬上车，随后又搬下车，显然是改变了回国的主意。这一天，美方代表团不停地向华盛顿汇报和请示。

14 日的谈判焦点和分歧主要是，美方要求扩大电信、保险和汽车方面的市场准入，但中方不让步。中方要求美方作出的让步，美方也不妥协。谈判走到了破裂的边缘。美方代表团甚至放风称他们预定了 15 日上午 10 点钟的飞机返回美国。那天晚上，中方谈判代表团规定，谁也不许主动给美方打电话，因为在这种时候“不能示弱”。但是晚上 11 点多，朱镕基总理突然打电话来，询问美国代表团联系上了没有。根据朱总理的指示，龙永图到处打电话，最后才从美国驻华代办麦克海那里找到负责美方工作及谈判的卡西迪。接到电话的卡西迪竟意外地要求，15 日凌晨双方一个小班子再谈一次。“凌晨”加上又是“小班子”，龙永图隐约地感到，美方要有真正的动作了。

11 月 15 日，中美谈判最后一天的凌晨 4 点，龙永图与卡西迪各带几个人开始了“工作会谈”。卡西迪首先建议，双方核对谈判案文的文本，龙永图同意了。在核对案文的过程中，美方放弃了很多过去长期坚持的立场。有着长期多边外交经验的龙永图立刻意识到，美方动真格的了，真的想达成协议。这是一个非常重要的情况。

龙永图马上意识到应该给最高决策层传递这一重要的信息。龙永图于是在早上 6 点钟给朱镕基总理办公室打电话，说他有重大的情况要向朱总理汇报，但朱总理因为刚与奥尔布赖特国务卿通电话不久，还在休息。由于情况紧急，7 点钟龙永图又打了第二次电话。8 点钟，中美双边谈判代表大组会谈已经开始在谈判桌上“料理后事”，也就是双边协商撰写向媒体的交代文字了。美国代表团原定 8 点 45 分离开谈判桌赶往北京机场。9 点半左右，朱总理给龙永图回电话了。朱总理在电话里要龙永图判断美国到底愿不愿意签。龙永图说，根据我多年和美国人打交道的经验，他们是想签协议的。因为美方已经开始跟他校对文本了，这说明他们准备签了。朱总理马上要求龙永图继续与美国人谈，不要让他们走。

11 月 15 日，正是召开中央经济工作会议的日子。朱总理向江泽民主席以及中央常委汇报了与美国人谈判的最新情况。江主席让朱镕基总理到谈判现场亲自与美国人谈判，并授给他全权，争取谈成。

15 日早上，正当美方代表团的行李送达机场之际，中方告诉美国代表团，朱镕基总理将亲自与美代表团进行谈判。美方喜出望外，决定推迟回国。

15 日上午，朱镕基总理来到外经贸部，在向龙永图了解最新情况后，立即与美方代表团举行最后一次会谈。朱镕基与美方代表就汽车的进口关税、特殊保障条款、音像、分账电影、银行、证券、增值电信及“管理控制权”等双方迟迟争执不下的问题进行了谈判。据中国首席谈判代表龙永图事后回忆，当美国人抛出前三个问题时，朱总理都只有一个回答：“我同意。”龙永图一看有些着急了，他不断给朱总理递条子，写着“国务院没有授权”。没想到朱总理一拍桌子说：“龙永图，你不要再递条子了。”想不到的是，当美方抛出第四个问题时，朱总理说：“后面四个问题你们让步吧，如果你们让步我们就签字。”

美方代表没有料想到会出现这样的局面，巴尔舍夫斯基和白宫经济顾问斯帕林立即打电话，请示美国总统克林顿。克林顿当时正在安卡拉参加北约的首脑会议，他同意了朱镕基总理的建议。当天下午 3 时 50 分，中美签署了关于中国加入世界贸易组织的双边协议。

签字仪式结束后，江泽民主席在中南海接见了中美双方谈判代表团，对中美协议的签署表示高度赞赏，认为协议的签署有利于促进中美经贸合作的全面发展，有利于中美关系的改善和发展，并将对世界经济的发展与繁荣注入新的动力。因此这是一个共赢的协议。

在中美达成协议之后，中国又继续与世贸组织成员就某些问题继续谈判。2000 年 4 月 12 日，中国与马来西亚达成双边协议。2000 年 5 月 16 日，中国与拉脱维亚达成双边协议。2000 年 5 月 19 日，中国与欧盟达成双边协议。2000 年 9 月 26 日，中国与瑞士签署双边协议。2001 年 9 月 13 日，中国与墨西哥达成双边协议。特别是在 2001 年 9 月的日内瓦会议上，世贸组织 100 多个成员参加，中国入世协议逐条地获得了通过。中国至此结束了入世的所有谈判，并最终于 2001 年 11 月加入了该组织。

中国加入世界贸易组织谈判是多边贸易体制史上最艰难的谈

判。谈判长达15年，中国代表团换了4任团长，美国换了5位首席谈判代表。美方谈判代表团成员斯帕林在协议签字后向克林顿总统汇报时称，这是一场“世界最艰难和伟大的谈判”。朱总理对于入世谈判的漫长与艰辛，更有切身的体会。他曾说过这是一场“黑头发都谈成白头发了”的谈判。2000年3月，当朱镕基会见欧盟贸易委员拉米时，他回忆起最后这一次谈判时还说：“我们跟美国的协议，几乎是在边缘上达成的。”

四、启　示

（一）中国入世后十年的大发展雄辩地证明，中央审时度势，抓住机遇，决定加入世贸组织是完全正确的

胡锦涛同志在中国加入世界贸易组织10周年高层论坛上的讲话中指出：“中国加入世界贸易组织，是中国全面分析国内外形势、为加快推进改革开放和社会主义现代化作出的重大战略决策。”这个战略决策实践证明是完全正确的。

2001年到2011年，是我国历史上发展最快的十年。2001年，我国的国内生产总值（GDP）为1.15万亿美元，2011年，猛升到7.3万亿美元；2001年我国的外贸总额是5097.7亿美元，居世界第六位，2011年上升到3.64万亿美元，居世界第二位。历史证明，中国不加入世界贸易组织，就不可能有这十年的大发展。

而中国加入世贸组织与江泽民主席和朱镕基总理在1999年11月15日审时度势，敏锐地抓住了中美达成中国入世的双边协议这一稍纵即逝的机遇密切相关。江泽民主席在获悉有可能和美国人达成协议的情况后，当机立断，授予朱镕基总理全权，让他

去谈，要谈成。这个决定太关键了。如果抓不住这个机会，中国入世还会拖若干年。

当时的美方首席谈判代表巴尔舍夫斯基事后回忆说：“如果在那天没有达成的话，会拖很长的时间。”龙永图认为，“如果我们失去了这次机会，可能中国入世的谈判，特别是和美国的谈判将会拖好几年”。

巴尔舍夫斯基和龙永图的看法并非危言耸听。如果中美1999年不达成中国加入世贸组织的双边协议，那何时加入就很难说了。2000年是美国的大选年，此间所有的政治派别都会拿出所谓“中国话题”互相攻击；2001年美国新总统上任，要搭建新的谈判班子，而且新的总统也要用很多时间来熟悉情况；之后就是影响深远的“9 · 11”事件，美国的主要关注点转移到反恐上。我们应该庆幸在美国政治的敏感时期到来之前结束了这场谈判。

反观俄罗斯，就没有这样的幸运了。2006年7月16日，八国峰会在圣彼得堡开幕时，俄罗斯曾希望在圣彼得堡结束与美国的入世谈判，但是最终没有如愿。随后发生的一系列事件阻断了俄罗斯的入世梦，直到2012年8月23日，俄罗斯才结束了长达18年的谈判，正式加入世界贸易组织，成为世界贸易组织第156个成员国。

2006年10月，我见到江泽民主席谈及此事时，他说：“关于加入世界贸易组织，朱镕基总理和我的意见是一致的。中国加入世界贸易组织之后，我国开放的势头就不可逆转了。”

（二）要发展，必须开放，必须融入人类文明进步的潮流

对于是否加入世贸组织，国内曾经一度争论得很激烈。那些反对中国加入世贸组织的人认为，世界贸易组织和此前的关贸总协定，都是在美国等西方国家的主导下成立的组织，所定的贸易

规则主要是要维护西方发达国家的利益。我们为什么要进去呢？我们进去不是为美国人、为西方抬轿子吗？

上述说法听起来颇有道理，但实际上是看不到世界所发生的变化。世界贸易组织代表着以规则为基础的全球贸易体系。这些规则虽然是在西方主导下制定的，但是，不能不看到这些规则也反映了生产力发展的需要，代表着人类文明进步的潮流。我们加入世贸组织 12 年，我们的企业不仅没有被打垮，相反，我们发展得更快了。我们的企业按照世界贸易组织规则行事，不仅没有倒退，反而是在提升，适应了全球市场的需要，也就是适应了生产力发展的需要。

事实证明，加入世界贸易组织大大促进了中国国内的改革。改革是不容易的，改革总会遇到来自既得利益集团的阻力。舒舒服服的时候不会改革，改革需要一定的压力，有压力并不一定是坏事。加入世界贸易组织，就是一股强大的压力。这股压力是健康的压力，是推动中国进步的压力。为了加入世界贸易组织，我国中央政府的法规修改了两千三百多件，地方法规修改了一万九千多件。这些法规的修改不是倒退，而是进步，是与全球经济接轨。法规的修改极大地解放了生产力。2001 年中国进入全球 500 强的企业仅有 10 家，2012 年猛升到 80 多家。

历史的经验教训告诉我们，中国要发展，要进步，就必须融入人类文明进步的潮流，否则就会被边缘化，被排斥在制定国际规则的圈子之外，继而被无情地甩在历史潮流的后面。1996 年初，我到日内瓦上任后不久，与时任世界贸易组织总干事鲁杰罗先生有一次较长的交谈。鲁杰罗认为中国入世对于中国，对于世界都极为重要。他对我说："我本人从事经济工作三十多年，逐渐悟出一个道理：经济、科技的发展有一股世界性的潮流，这也是人类文明进步的潮流。你融入了这个潮流，你就会大步前进；如果你脱离了这个潮流，那就会大大落后。”

鲁杰罗的这番话是真诚的，而且很有道理。中国曾经是在世界上领先上千年的国家，我们为什么落后了？因为我们脱离了人类文明进步的潮流。苏联的垮台本质上也是这个原因。这股潮流就像历史的列车一样，你登上了这班列车，就奔驰前进。如果你耽误了这班车，后果是非常悲惨的。中国过去一百多年所经历的水深火热的岁月，所受到的欺凌、压迫，就是因为我们误了文明进步的班车，脱离了人类文明进步的潮流。我们三十多年大发展、大进步，就是因为我们融入了这股潮流。到了20世纪末，如果中国还不能抓住机会加入世贸组织，就很可能再一次搭不上世界经济主流的快车。

（三）首席谈判代表在国家利益需要时，要当机立断，敢于担当

在中美可能达成中国加入世贸组织的关键时刻，领导人的决断至关重要。没有这个决断，不可能达成协议。另一方面，必须看到，在第一线的中方首席谈判代表龙永图，如果他看不到这个机遇，或者没有勇气把这个重要信息向最高层领导反映，中美达成协议的机遇就可能丧失。

1999年11月15日凌晨4时，美方代表卡西迪与龙永图开始核对案文。龙永图敏锐地察觉到“有戏”，双方有可能达成协议。随后，在会谈茶歇期间，他向外经贸部主要领导汇报了上述情况。得到的回答是：“永图，你政治上太幼稚了，你上了美国人的当了！快让美国人走吧！”

按照下级服从上级的原则，既然主管领导已经作了这样的决定，龙永图去执行，是理所当然的。然而，龙永图了不起的地方，就是他明白，如果这样去做，一次难得的机会就丧失了。出

于对祖国的热爱，对事业的忠诚，对人民的责任，他越级报告了朱镕基总理。他事后说，他给朱镕基总理打电话，是他一生打的最重要的一次电话。此言不谬。十分明显，没有这个电话，中国入世不知道要拖到何年何月。中国入世后十年的大发展，也就难以成为现实。

越级打电话是官场的大忌，这样做的结果是可想而知的。但是，龙永图没有顾及这些，而是把国家和人民的利益放在第一位，毅然决然做出了他认为正确的事。后来龙永图和朱镕基总理谈及此事，龙说："关于中国入世问题，在中美谈判的关键时刻，您临门一脚，解决了问题。"朱总理回答说："如果没有人把球传给我，哪会有我的临门一脚。"龙永图敢于直接给朱镕基总理打电话，这种气度，这种精神，这种勇气，值得中国所有公务员学习。

（四）中国常驻日内瓦代表团在中国入世的问题上，也是能够有所作为的

我于 1996 年 1 月至 1998 年 11 月，担任中国常驻联合国日内瓦办事处以及瑞士其他国际组织的中国代表、特命全权大使。入世谈判是代表团的一项重要工作，代表团专门有一名副代表和一个处负责这方面的工作。

我到达日内瓦时，代表团面临着三项大任务：一是在人权委员会击败反华提案；二是谈判全面禁止核试验条约（CTBT）；三是入世谈判。按照代表团分工，我作为一把手除抓总外，主要负责人权委员会的事；谈判全面禁止核试验条约，主要是副代表沙祖康大使的事；加入世贸组织，则是副代表李仲周的事。长期的外交生涯，使我认识到，中国加入世贸组织是一件大事。我作为代表团的一把手，也应当做点事。人来到这个世界上，不就是做

点事嘛。在位的时候，把能做的事情都做了，回首往事，无悔无怨，对得起国家，对得起人民，对得起世界。本着上述想法，关于入世问题，我做了以下几件事：

1.1996年5月24日，我给江泽民主席写了一封信，力主中国应当加入世界贸易组织，融入人类先进文明的潮流。

1994年8月，我在赴荷兰就任中国大使之前，江泽民主席曾经找我到他家里，单独谈过一次话。他对我说："今后你在外交第一线，有什么重要的情况和思考，可以直接给我写信。"

江主席的交代是一种信任，也是一种责任。我在1996年1月5日抵达日内瓦后，也同李仲周副代表一道对世贸组织情况进行了专题调查研究。深感加入世贸组织事关重大，有必要以我个人名义给江主席写封信。这封信是由当时在日内瓦代表团工作的刘光溪同志离任回国时带回去的。

2.建议龙永图会见记者。长期以来，我对中国入世的情况十分关注，但发现每次中方与外方谈判后都是由外方出来会见记者，介绍会谈的情况，没有中国人的声音。我认为这很不正常。西方的主流媒体非常愿意报道这方面的情况，只要我们愿意见。1996年初，龙永图副部长去日内瓦进行谈判，我向他提出了这个建议，他接受了。

3.帮助龙永图做中国代表团的工作。中国入世谈判最困难的是中国人的内部谈判。入世涉及各个部门的重大利益，各部门的领导对于维护本部门的利益是非常重视的。所以，在谈判进行的过程中，中国代表团内部有时吵得不可开交。龙永图曾经要求我去对代表团讲讲话，我是外交部的人，外交部没有部门的利益好维护，外交部要维护的是国家的利益。记得我曾经对中国入世谈判代表团的全体成员讲过这样一番话：

你们大家想过没有，中国在人类历史上曾经领先过上千年，为什么后来大大落后了？苏联曾经是两个超级大国之一，为什么忽然就垮掉了？中国的落后，小平同志曾经做过结论："封闭导致落后，落后就要挨打。"封闭是我们将自己置身于人类文明进步潮流之外，离开了这个潮流，哪怕你再强大，落后是必然的结果。

苏联是如何垮掉的？可以讲很多的道理，但本质上，也是置身于人类文明进步潮流之外所带来的结果。我给大家讲一讲我亲身的体会。

1961 年 8 月，我参加了中国青年代表团，第一次出国去莫斯科。1961 年，中国还处在三年困难时期，粮食不够吃。到了苏联后，我们下榻在红场附近的乌克兰旅馆，有二十多层高，看上去十分雄伟。吃饭时，面包敞开供应，每顿都有肉。觉得社会主义真好。但是，住在那个旅馆里，有几样东西我不习惯，一是浴室里的肥皂，用完之后手上总带一种怪味，久久挥之不去；二是手纸，硬邦邦的，用起来很不习惯；三是床太软，睡上去人窝下去，很不习惯。

命运的安排也很有意思，三十年之后，1991 年 5 月，江泽民总书记访问苏联，我作为工作人员随行，负责代表团的新闻工作。我们下榻当时莫斯科最好的十月旅馆，进了房间，安顿下来，洗洗手，肥皂还是三十年前的那股怪味，手纸也和三十年前一样，没有变化，只是量比过去少多了。

苏联是一个超级大国，军事工业很发达，武器很先进，但是老百姓常用的东西，肥皂、手纸，几十年不变，这难道是正常的吗？苏联人难道不知道西方所产的肥皂和手纸，甚至中国产的肥皂和手纸都比他们的好吗？为什么几十年不变呢？根本原因，苏联经济是畸形的。军工特别发达，而民用工业一塌糊涂。从本质上看，斯大林在第二次世界大战结束后不久宣布，两个阵营，两个体系，两个市场。然而，不管你愿意与否，人类文明进步有一股潮流，包括经济、科技等方面。你融入了这股潮流，就进步了；脱离了这股潮流，就大大落后了。

我认为，我今天要加入世界贸易组织，就是要融入人类文明先进的潮流。你们代表团肩负重任，每个部门都有自己的利益，但我认为，融入世界潮流是最大的国家利益。

4.1998年下半年，国内关于是否入世的问题争论越来越激烈。中央也十分担心，入世后会不会给我带来难以承受的冲击。针对上述担心，我组织了有关同志就入世问题进行了深入调研，向国内发回了好几份报告，说明这样的担心是多余的。我们举出了许多国家入关或者入世的具体事例，表明，迄今为止，凡是加入关贸总协定以及后来加入世界贸易组织的国家，没有一个因为加入而导致经济上受到巨大冲击或垮台的。恰恰相反，凡是入关和入世的国家，经济上都得到巨大的好处，对外贸易发展，经济增长，人民生活水平提高。万一外来商品对本国经济产生难以承受的冲击时，世贸组织有一项保障条款，允许有关国家采取某些临时性措施，暂时停止实施入世时所承担的某些义务。

上述报告受到国内有关部门的好评，认为是急国内之所急。

案例十六

中苏关系正常化

1989 年 5 月 16 日，中苏之间结束了近三十年的紧张、对抗，宣布中苏关系正常化。中苏关系是中国最重要的双边关系之一，经历了“十年结盟，十年论战，十年对抗，十年谈判”的曲折过程，对中国外交产生了深刻影响。中苏关系实现正常化是在邓小平“结束过去，着眼未来”的思想指导下，循序渐进、水到渠成的。然而，对中苏关系的破裂，对中苏“十年论战”，我们仍有必要进行反思。

1989 年 5 月 16 日，中共中央军委主席邓小平和到访的苏联最高苏维埃主席团主席、苏共中央总书记戈尔巴乔夫在北京人民大会堂共同宣布中苏关系正常化，从而结束了自 20 世纪五十年代末以来两国之间持续了近三十年的紧张、对抗关系。中苏两位领导人握手时间长达 1 分 30 秒，翻开了中苏关系的新篇章。中苏关系正常化，不仅是两国之间的大事，也是国际关系中的大事。

1949 年 10 月 1 日，中华人民共和国成立后，中苏关系是中国外交中最重要的双边关系。后来，中苏关系从结盟走向对抗，对中国外交产生了深刻影响。中苏关系正常化，是在小平同志亲自领导下完成的。研究正常化的历程，无疑对了解中国外交是大有裨益的。

一、背　景

（一）苏联需要苏中关系正常化

第二次世界大战结束后，国际关系最突出的特点，是两极体制、美苏争霸。从 20 世纪 60 年代到 80 年代，双方争霸的态势发生变化。60 年代至 70 年代，美国打越南战争，在越南泥足深陷，十分被动。苏联利用美国这一困境，在全球大举扩张，并有所得手。在这个时期，双方争夺的态势是苏攻美守。然而，1979 年，苏联入侵阿富汗，自己陷进了这个大泥潭。而此时，美国已从越南脱身。1981 年，里根上台后，对苏联采取了“推回去（roll back）战略”，致使苏联扩张的势头受阻，处境被动。

从中美苏大三角关系看，情况也发生了深刻的变化。1972 年，尼克松访华，打开了中美关系，并发表了《上海公报》。1979 年 1 月 1 日，中美正式建立外交关系。共同对付苏联，是中美接近和建交的重要动力。中美关系发展，使双方外交上的回旋余地扩大，苏联处境不利。

此外，在此期间，一些东欧国家的离心倾向进一步发展，苏联对这些国家的控制力减弱。1979 年苏联入侵阿富汗遭到国际社会的同声谴责，在外交上空前孤立。

在上述背景下，苏联领导层开始认识到，继续同中国紧张、对抗，不符合苏联本身的利益。所以，在勃列日涅夫执政后期，就开始考虑调整对华政策。

1985 年 3 月，戈尔巴乔夫上台，他放弃了勃列日涅夫主义，减少了对东欧国家事务的干预；努力与西方发达国家，特别是与美国改善关系，苏联与西方的关系有所缓和。中国是苏联最大的邻国，改善和发展对华关系，逐渐成为苏联外交的重点。

1986 年 7 月 28 日，戈尔巴乔夫在海参崴发表讲话，表示苏联愿意同中国讨论减少边境地区的军事力量问题，正式宣布苏将开始从阿富汗撤军，并表示正在讨论苏军撤出蒙古的问题。他还说苏联同意以主航道（中心线）为准划定沿黑龙江和乌苏里江的中苏边界。这个讲话与以往苏领导人谈中苏关系的言论有所不同，不是空头宣传，这是对解决中苏三大障碍中的两个以及边界问题的积极信号。同时，他还表示愿意在任何时间同中国进行各种级别的磋商，讨论建立睦邻关系等进一步措施。时任苏联驻华大使的特罗扬诺夫斯基后来说："米哈伊尔·戈尔巴乔夫 1986 年 7 月 28 日在海参崴的讲话成了同中国关系正常化道路上的重要时刻。"

此后，两国间交往和合作的步伐明显加快，其中包括中苏分别在列宁格勒和上海设总领馆，恢复边界谈判，开始解决边界问题。

戈尔巴乔夫在消除三大障碍方面做出了切实的努力，只是速度不够快。1988 年 2 月 8 日，戈尔巴乔夫宣布苏联从当年 5 月 15 日起从阿富汗撤军，10 个月完成。结束阿富汗战争成为改善中苏关系的重要因素。10 月 5 日，戈尔巴乔夫在接见各国使节时，对中国临时代办李凤林格外亲热，谈话时间超过了 3 分钟，他意味深长地表示："看来两国关系已经到了上一个更高台阶的时候了。" 1988 年年底，钱其琛外长访苏，这是 1957 年以来，中国外长首次正式访苏，所以小平同志说，这次访问标志着两国关系已开始"半正常化"。双方深入讨论了柬埔寨问题，就最高级会晤交换了意见。我方宣布，中苏国家关系正常化的进程已经开始。

（二）中苏关系正常化也是中国的需要

1978 年十一届三中全会果断地决定，把全党、全国的中心工作转移到经济建设上来。这是一个富有深远战略意义的决定。外交是内政的延伸，我们要集中全国的力量，一心一意搞经济建设，当然需要一个和平、稳定的国际环境。显然，中苏关系长期紧张、对抗，不符合中国的利益，也不符合我们现代化建设的需要。中苏关系正常化势在必行。

（三）里根上台后，对苏联推行“推回去战略”

20世纪60年代中期以来，苏联利用美国深陷越南战争和在越战结束后进行战略收缩的机会，在全球扩充自己的势力范围，对美国构成了严重的挑战。里根政府决定改变过去那种被动应付的局面，大力加强与苏联的争夺，遏制苏联扩张。里根总统明确表示：美苏冲突不仅是世界上的一场殊死斗争，也是善与恶、正确与错误之间的斗争。苏联是对整个世界，特别是对亚洲的最大威胁。因此，美国亚太政策的基本目标是对付苏联侵略行动所提出的战略挑战。

1981年，当勃列日涅夫发出一封九页长信要求进行裁军谈判时，里根予以拒绝。1983年5月，美国派兵进入黎巴嫩。同年10月，美国出兵格林纳达，推翻其所谓的“左派政府”。这些都是为了遏制苏联扩张而在各个“热点”地区搞的“低烈度战争”。美苏之间的战略态势在80年代逐渐由苏攻美守转变为美苏对峙，互有攻守。

在对华政策上，早在竞选期间，里根便声称当选后将重新建立与台湾的“官方关系”。他认为，中国“所信奉的意识形态是以摧毁我们这样的政府为目的的”。在就任总统后不久，他便签署了向台湾出售FX系列战斗机的命令，并声称要充分实施“与台湾关系法”，优先考虑台湾的“国防需求”。里根政府在台湾问题上的做法，引起中国的强烈不满，客观上也促进了中苏关系正常化的进程。

中美之间经过近十个月的艰苦谈判，终于在1982年8月17日发表了《中华人民共和国和美利坚合众国联合公报》，即著名的“8 · 17公报”。该公报重申了中美建交公报中确认的各项原则，美国同意在售台武器的数量和性能上，不超过中美建交以来几年的水平，今后逐步减少，经过一段时间得以最后解决。

二、中国面临的选择

诸多因素表明，中苏实现关系正常化不可避免。如何实现正常化，中方面临两个选择：

（一）匆忙实现正常化。

（二）循序渐进，水到渠成。

中苏关系毕竟紧张、对抗了快三十年，要正常化绝非易事，必须创造条件，逐步实现。小平同志明确指示，同苏联打交道弯转得不要太急，不要急于求成。因此，两个选择，中国政府选择了第二条。

三、操作过程

（一）相互接近，释放善意

1978年三中全会以来，特别是进入20世纪80年代后，中苏关系开始了微妙的相互接近。

1982年3月24日，苏联领导人勃列日涅夫在塔什干发表讲话，表示愿意改善同中国的关系。对于苏联领导人的讲话，邓小平指示要立即作出反应。3月26日，外交部举行了建部三十多年来的第一次新闻发布会，钱其琛以外交部发言人身份发表了一份有关中苏关系的简短声明：

我们注意到了3月24日苏联勃列日涅夫主席在塔什

干发表的关于中苏关系的讲话。我们坚决拒绝讲话中对中国的攻击。在中苏两国关系和国际事务中，我们重视的是苏联的实际行动。

这一声明中的“注意到”和“重视”实际就是“听其言，观其行”的意思，暗示中苏关系在对抗了多年后可能发生重要变化。

1982年4月16日，邓小平在人民大会堂会见了来华进行友好访问的罗马尼亚领导人齐奥塞斯库。在谈到中苏关系时，邓小平告诉齐奥塞斯库：“我们注意到了勃列日涅夫在塔什干的讲话，我们重视实际行动，实际行动就包括阿富汗、柬埔寨问题，包括在我们的边界屯兵在内。”说到这里，邓小平显得有些激动，他加重语气对齐奥塞斯库说：“屯兵100万啊！不谈这些具体行动，有什么基础？但是我们不排除在他有某种表示的时候恢复谈判。”

齐奥塞斯库表示理解中国的立场，但他试图劝说邓小平像国际舆论所设想的那样去“响应”勃列日涅夫的“建议”。邓小平不以为然地说：“他总要把他的霸权主义改一改吧，勃列日涅夫的话讲得不坏，但是我们要看行动。你见到勃列日涅夫的时候，可以告诉他，叫他先做一两件事看看，从柬埔寨、阿富汗的事情上做起也可以，从中苏边界或蒙古撤军也可以。没有行动，我们不赞成，世界上的人都不会赞成。”

8月10日，中国又派外交部苏欧司司长于洪亮秘密前往莫斯科，向苏联方面进一步传达了上述信息。

1982年9月1日，胡耀邦在十二大报告中强调，中国坚持独立自主的对外政策，以和平共处五项原则为指导发展同各国的关系，并强调：

“如果苏联当局确有诚意改善同中国的关系，并采取实际步骤解除对我国安全的威胁，中苏两国关系就有走向正常化的可能。”

（二）葬礼外交

1982年11月10日，前苏联最高领导人勃列日涅夫猝然去世。中共中央很重视这次吊唁活动，除发唁电、送花圈外，还批准外交部建议，由黄华陪同乌兰夫副委员长前往苏联驻华使馆吊唁。最后决定派时任国务委员兼外交部长黄华作为“特使”参加其葬礼。行前，中央批准了外交部为此行上呈的工作方针，包括正面评价勃列日涅夫，肯定他生前多次表示愿意改善对华关系的积极态度；吊唁时，强调中苏两国人民之间的传统友谊；向苏联新领导人祝贺就任新职，转达我党总书记、国务院总理的问候等。在中苏间人员往来断绝了十七八年的情况下，这个“大举动”在国际上立即引起了广泛关注，被称为“邓小平对苏共新领导发动的一次‘葬礼外交’”。

1984年2月9日，接替勃列日涅夫担任苏共总书记的安德罗波夫病逝于莫斯科，中国派万里副总理参加了安德罗波夫的葬礼，苏方给他以高规格的接待。苏共新任总书记契尔年科在集体会见外国领导人时，与万里副总理进行了友好交谈，苏联部长会议第一副主席阿利耶夫也与他举行了会谈。

1985年3月10日，苏共总书记契尔年科也因病逝世。中国派国务院副总理李鹏前往莫斯科参加了契尔年科的葬礼。接任总书记一职的戈尔巴乔夫与他举行了正式会见。这是中国领导人事隔20年后首次与苏联最高领导人进行会谈。当年底，戈尔巴乔夫又主动会见了出访归国途中路过莫斯科的李鹏副总理。在两次会见中，双方就共同关心的重大问题进行交谈，增进了相互了解，推动了两国关系的改善。

（三）两国外长互访以及三大障碍的解决

1986年9月2日，邓小平在接受美国记者华莱士电视采访的时候，谈到了中苏关系，他说："如果戈尔巴乔夫在消除中苏间的三大障碍，特别是在促使越南停止侵略柬埔寨，和从柬埔寨撤军的问题上，走出扎扎实实的一步，我本人愿意跟他见面。"

三大障碍是指：（1）60年代中期起，苏联在蒙古人民共和国大量驻军，并在中苏边境屯兵百万；（2）1978年12月，苏联支持越南出动20余万兵力武装入侵柬埔寨；（3）1979年，苏联出兵阿富汗。三大障碍的实质是苏联对中国安全的威胁问题，中国政府认为这是实现中苏关系正常化的关键。

1988年12月1日至3日，中国外长钱其琛应邀对苏联进行正式访问。这是1957年以来中国外长第一次正式访问苏联，主要任务是为中苏首脑会晤作准备。

1988年底，举行高级会晤的条件基本成熟。10月17日，邓小平在同罗马尼亚领导人齐奥塞斯库谈话时说："三年前托你带的口信看来有成果，中苏明年能够实现高层会晤。"关于高级会晤的主要对话者和地点双方达成一致。11月7日，邓小平与即将访苏的钱其琛谈话，在谈到戈尔巴乔夫拟在1989年访华时说："我可以同他谈一次，作为高级会晤。"据此，钱其琛在访苏时与苏方达成共识：中苏高级会见是指邓小平与戈尔巴乔夫的会见。

12月2日，戈尔巴乔夫会见钱其琛时，双方正式讨论了高级会晤的问题。戈主动表示，考虑到各种情况，他准备到北京与中国领导人举行中苏高级会晤，并坦言，苏联对过去发生的事情也有过错。钱其琛顺势向他转达了中国领导人欢迎他于1989年访华的邀请，并表示，对于两国关系，中方主张着眼于未来，不纠缠历史的旧账，向前看，探讨建立新的关系。

在访问期间，钱其琛与苏联外长谢瓦尔德纳泽举行了三次会谈，主要议题是柬埔寨问题。经反复磋商，双方就柬埔寨问题以“共同记录”的方式达成内部谅解，其核心内容是：中苏双方主张尽早公开合理地政治解决柬埔寨问题，双方希望越南军队在尽可能短的时间内，例如在 1989 年下半年，至迟在 1989 年底之前，从柬埔寨全部撤出。这样，中苏两国在三大障碍中最难解决的越柬问题上终于取得了重大突破。钱其琛与谢瓦尔德纳泽分别在随后举行的记者招待会上宣布，中苏高级会晤有可能在明年上半年举行。

1989 年 2 月 1 日至 4 日，谢瓦尔德纳泽对中国进行了回访。钱其琛外长与谢瓦尔德纳泽进行了两次会谈，主要讨论了柬埔寨问题。中方接受苏方的建议，同意在已经达成的“共同记录”的基础上继续讨论，并就柬埔寨问题公开发表声明，概述中苏在政治解决柬埔寨问题上的一致主张。这个声明及举行高级会晤的时间将作为一揽子协议共同发表。2 月 4 日上午，邓小平接见了谢瓦尔德纳泽，会见时邓小平再次强调了早日解决柬埔寨问题的重要性。

尽管访问期间苏方态度曾发生倒退，不同意发表关于柬埔寨问题的共同声明，只同意宣布戈尔巴乔夫的访华日期。但经过中方反复交涉，终于达成协议。2 月 6 日，双方同时发表了有关柬埔寨问题的声明和戈尔巴乔夫的访华日期。这样三大障碍中最重要的一个障碍基本得到解决。

至于三大障碍中的其他两个障碍，此时已基本解决。关于减少苏联在中苏、中蒙边境驻军问题。1987 年 1 月，苏联宣布，在未来的 4 至 6 个月，苏联将从蒙古撤出一个摩托化步兵师和其他部分部队。1988 年 12 月，戈尔巴乔夫在联大发言中宣布苏联将在两年内从蒙古撤回 75% 的驻军。1989 年 5 月 15 日，这一撤军过程开始。1986 年 7 月，戈尔巴乔夫在海参崴讲话中宣布苏联将从阿富汗撤军。在联合国主持下，苏联与巴基斯坦、阿富汗喀布尔政权及美国举行谈判。1988 年 4 月 14 日，四方在日内瓦签署了关于政治解决阿富汗问题的协议。协议规定：苏联从 1988 年 5 月 15 日开始从阿富汗撤军，9 个月内完成。最终，苏军于 1989 年 2 月 15 日前全部撤离阿富汗。

至此，通向中苏高级会晤的道路终于扫清了。

（四）戈尔巴乔夫正式访华

1989 年 5 月 15 日至 18 日，应国家主席杨尚昆的邀请，苏联最高苏维埃主席团主席、苏共中央总书记戈尔巴乔夫对中国进行正式访问。

在此次访问过程中，戈尔巴乔夫分别与国家主席杨尚昆、中共中央总书记赵紫阳和国务院总理李鹏等多位党和国家领导人举行了会晤。但毫无疑问，最关键的会晤是 5 月 16 日上午邓小平同戈尔巴乔夫之间进行的最高级会晤。

关于会晤的主题，邓小平在此前会见谢瓦尔德纳泽时即已明确指出："结束过去，开辟未来。"关于如何谈，邓小平是经过长期深思熟虑的，正如他在最高会晤正式开始前一刻对工作人员所说的，请人给戈尔巴乔夫带口信以来，在这三年多时间里，"就想着今天怎么样跟他谈"。这个主题的重点在后半部分，也就是如何确立中苏两国未来关系的问题。邓小平指出："我们要同苏联建立新的关系，即建立在和平共处五项原则基础上的新关系。简单的历史回顾恐怕也难避免，这要当作结束过去、开辟未来来讲。重点是一切向前看，建立新型的中苏政治、经济关系。不纠缠过去，一切着眼于未来，在这些原则的指导下来解决中苏关系问题。"这一点也可以从邓小平如何安排接待戈尔巴乔夫来访的礼仪问题上看出来。邓小平特别交代：与苏联人见面时，只握手，不拥抱。这不仅仅是简单的礼仪问题，而是准确地概括了当时中苏关系的性质，形象地勾勒出两国未来关系的定位：睦邻友好合作，而不是20世纪50年代的那种结盟和抱团。

1989年5月16日上午，会见开始后不久，邓小平就开门见山地说："我建议利用这个机会宣布中苏关系从此实现正常化。"他强调这次会见的目的就是"结束过去，开辟未来"。接着，邓小平回顾了外国列强对旧中国的侵略和压迫，中苏两国、两党关系以往走过的曲折历程。戈尔巴乔夫表示，苏中关系的某些方面苏联是有一定的过错和责任的，并赞同过去的问题就讲到此为止。关于"开辟未来"，邓小平总结了国际共运的历史教训，强调无论是结盟还是对抗，都是不成功的，中苏关系还是要以和平共处五项原则为基础，并建议"多做实事，少说空话"。这次高级会晤，标志着中苏两大邻国终于结束了几十年的不正常状态，重新建立起正常的国家关系，同时中苏两党关系也实现了正常化。

5月18日，作为访问的成果，中苏两国在北京公开发表了一项联合公报，概括了中苏此次高级会晤所达成的一致。公报正式确认了两国最高领导人一致确定的两国国家关系准则，即在和平共处五项原则基础之上的不结盟、不对抗、不针对第三国、睦邻友好的正常国家关系。同时，公报还对三大障碍和中苏边界等问题作了具体说明。

通过中苏双方整整十年的共同努力，两国关系掀开了新的一页。

四、启　示

(一) 重大的外交行动必须有大战略来指导

钱其琛副总理曾经对1949年到1989年四十年的中苏关系作了如下概括：十年结盟，十年论战，十年对抗，十年谈判。钱副总理的上述概括十分精辟，实际上，中苏关系的每一个大的转折都是有大战略来指导的。

1949年10月1日，中华人民共和国成立。苏联10月2日就予以承认。中华人民共和国的成立是一个新生事物，当时中国外交的主要目标是求生存，而对于中华人民共和国的安全上的主要威胁来自美国。所以，当时中国的大战略是一边倒，坚决倒向以苏联为首的社会主义阵营。中苏结盟就是在这样的背景下实现的。

然而，随着时间的流逝，中苏关系也在发生深刻的变化。中苏关系从结盟走向破裂，有多方面的原因。中苏的破裂是不是必然的？双方是否都有值得反思的地方？学界对这个问题有不同的看法，有待于将来历史学家们去研究。但是，中苏关系走向破裂后，对于中国安全上的主要威胁来自苏联。毛主席提出来的“一条线，一大片，打倒一个王八蛋”，这是一个大战略，就是要联合美国、日本、欧洲和发展中国家来共同对付苏联的威胁。

1978年十一届三中全会后，中国外交的目标发生了变化，从求生存转为求发展。求生存要同各种危险进行斗争，求发展则需要一个稳定的、和平的国际环境，同各方开展合作才行。在这样的背景下，中苏对抗不符合两国的根本利益。中苏十年修好，逐步实现关系正常化，源自于中国大战略的变化。

1991年12月25日，苏联解体。中国不失时机地与俄罗斯和原苏联的15个加盟共和国建立了外交关系。如此迅速和及时的行动，也源自于三中全会以后我国外交战略的变化。

（二）大国之间的关系不是孤立的，而是相互影响的

国际关系史告诉我们，大国之间的关系，绝不是孤立的，而是相互影响的。所谓相互影响，包含两层含义：一是，如果两个大国之间的关系发生紧张，关系恶化，这不仅会影响到两国之间的关系，而且也会削弱这两个大国与其他国家打交道的回旋余地。二是，如果两个大国关系改善，这必定会扩大双方外交上的回旋余地。

1969 年 9 月 11 日，中苏两国总理在北京机场会晤，这件事情来得很突然，尽管中苏关系和中美关系是不同国家之间的关系，但这件事情对中美关系确有触动。当时，美国总统尼克松作了两条决定：一是要美国的情报部门了解中苏两国总理到底谈了什么；二是指示美国驻波兰大使斯托赛尔尽早与中国代办雷阳联系上。由于美方的主动，而中国方面也确有需要，1970 年初，中美两国恢复了已经停止了好几年的中美大使级会谈。

1979 年 1 月 1 日，中美正式建立了外交关系，这件事情对于中苏关系显然也是有推动作用的。1978 年 12 月 16 日晚 9 时，卡特总统发表电视讲话，宣布中美正式建交的消息。当天下午 3 点钟，卡特总统的国家安全事务助理布热津斯基会见苏联驻美大使多勃雷宁，向他事先透漏了中美即将建交的消息。布热津斯基在其回忆录中对此作了惟妙惟肖的描述：

“下午，我邀多勃雷宁到我的办公室里来，以便亲自将这个消息告诉他。多勃雷宁在下午三时高高兴兴地来到，我示意乔迪走开，他又招呼新闻记者出去，于是他们都到外面给他拍照去了。我们希望转移新闻记者的视线，让他们误以为总统今晚要宣布有关苏美关系的事。多勃雷宁到来时，大家都知道我们已经定

下了晚上九时的电视时间。起初，我和多勃雷宁愉快闲谈，对他们对财政部长米切尔·布鲁门撒尔和商业部长朱安尼塔·克雷普斯访问莫斯科所给的礼遇表示感谢。然后，我突然通知他，今晚我们要宣布开始与中华人民共和国建立外交和全面关系。他目瞪口呆，面如土色，张大了嘴，什么也没有说，待恢复正常后，方对我的通知表示感谢。我又说，这不是针对任何人的，现在美中关系将同苏中关系一样地正常。表面上，这是一种正确的看法，实际上，带有一点讽刺意味。”

（三）我们需要对与苏联十年论战进行反思

从 1960 年 4 月起，我们开始同苏联人大论战。最突出的是，1963 年 9 月 6 日至 1964 年 7 月 14 日，中国共产党以《人民日报》和《红旗》杂志编辑部名义先后发表了《苏共领导同我们的分歧的由来和发展》等 9 篇批判“苏联修正主义”的文章。

1964 年 10 月 14 日苏共中央全会决定，“鉴于赫鲁晓夫犯有主观主义和唯意志论错误”，解除其苏共中央第一书记职务。次日又解除其苏联部长会议主席职务。10 月 16 日，中国成功爆炸了第一颗原子弹。这两件大事几乎同时发生。当时，我从匈牙利回到国内参加学习班，获悉这两件大事，高兴极了。一些领导同志也说：“中国原子弹上天，赫鲁晓夫下台，一上一下，太好了！”当时人们的印象好像赫鲁晓夫是给我们批倒的，是我们对“苏联修正主义”进行大批判所取得的伟大胜利。

现在回头看，赫鲁晓夫倒台是由于苏共内部斗争的结果，与我们的大批判没有多少关系。我们以为这场大批判很了不起，仔细想一想，大批判受害最深的是中国人自己。回忆我们党的历程，在相当长的时间里，我们党坚持实事求是，不拘泥于经典著作里的个别字句，从实践出发，领导中国革命从胜利走向胜利。这个时候，我们党思想很活跃，很富有创造性，我们的事业不断前进。然而，我们对“苏联修正主义”的十年大批判使我们思想僵化、保守，套上了教条主义的枷锁。从某种意义上说，我们对“苏联修正主义”大批判，为所谓“文化大革命”创造了条件。“文化大革命”是一场浩劫，我们党，我们国家，我们的人民深受其害。历史告诉我们，意识形态色彩最浓的时候，就是我们思想僵化、工作停滞和倒退的时候；而当我们摆脱了僵化的意识形态和教条主义枷锁的时候，我们的思想就非常活跃，我们的工作就大踏步前进。1978 年十一届三中全会以来，我们所经历的正是这样一个局面。

案例十七

打破制裁，开创外交新局面

1989年的北京政治风波，以美国为首的西方国家对我采取了一系列严厉的制裁措施，中国外交走入低谷，局面十分严峻。中国政府在冷静分析形势后，稳住阵脚，沉着应对，在把国内的改革开放继续向前推进，做好自己的事的同时，抓住国际上的机遇，外交上采取了一系列成功的行动，最终打破制裁，从困境中走了出来。这种逆境之中寻找突破的经历是十分珍贵的。

1989年春夏之交，北京发生了一场政治风波。中国政府采取了果断措施，平息了这场风波。以美国为首的西方国家不仅强烈谴责中国政府的行动，而且对我采取了一系列严厉的制裁措施。中国外交走入了低谷，面临十分严峻的局面。如何打破西方制裁，为我国的改革开放和现代化建设营造一个良好的国际环境，成为摆在中国外交面前的头等大事。

回顾这段历史，可以清楚地看出，在中央的直接领导下，我们不仅打破了制裁，而且开创了外交工作的新局面，迎来了中国外交的黄金时期。这段外交经历十分值得总结，有许多对后人富有启迪的经验。

一、背　景

（一）20世纪80年代中期，国际关系开始走向剧变

第二次世界大战结束后，世界走向两极格局，分别出现了以美国、苏联为首的两大阵营。两大阵营尖锐对峙，世界进入了冷战时期。冷战期间的国际形势总体相对稳定，但有时候也出现一些危机。但是，到了20世纪80年代，形势开始发生了根本性的

变化，变化首先是从苏联开始的。

20 世纪 60 年代至 70 年代，是苏联霸权主义的扩张期。为了同美国争夺世界霸权，苏联一方面同美国疯狂地进行军备竞赛，另一方面对外进行扩张。1979 年 12 月 27 日，苏联武装入侵阿富汗，标志着苏联的对外扩张到了一个顶峰。苏联从此陷入了阿富汗战争的泥潭，开始了长达 10 年的战争。军备竞赛、对外扩张给苏联经济造成了沉重的负担，同时，苏联所推行的僵化的计划经济体制严重地阻碍了生产力的发展，造成经济长期停滞，国内矛盾重重，人民怨声载道。

1982 年 11 月 10 日，作为苏联的第一把手，连续执政 18 年的勃列日涅夫逝世，由安德罗波夫继任。安德罗波夫执政仅一年零三个月，于 1984 年 2 月 9 日去世。由契尔年科继任苏共中央总书记。契尔年科执政仅 13 个月，于 1985 年 3 月 10 日病逝。以上三位领导人都出生于 20 世纪初，一个接着一个去世，促使苏共下决心选举一个较为年轻的领导人。1985 年 3 月 10 日，苏共中央选举了 1931 年出生的戈尔巴乔夫为苏共中央总书记。

戈尔巴乔夫上台后，提出了一些新政策，诸如“公开性”、“民主化”。与此同时，苏联的对外政策也有大幅度的调整，进一步缓和了同美国的关系。1990 年美苏达成削减 50% 战略核武器的原则协议。1991 年 7 月 31 日苏联总统戈尔巴乔夫与美国总统布什在莫斯科签署了《削减进攻性战略武器条约》。戈尔巴乔夫也在谋求同中国关系的正常化。与此同时，苏联对东欧的控制也有所放松。戈尔巴乔夫上台的“新政”，并没有触及苏联僵化、封闭的计划经济体制，经济停滞的局面并没有改观，人民生活没有改善。苏联和东欧都暗伏着深刻的危机和根本性的变化。

（二）戈尔巴乔夫访华，国际媒体聚焦中国

1989 年 5 月 15 日，戈尔巴乔夫访华。此访的主要目的，是实现中苏关系的正常化。自中华人民共和国成立以来，中苏关系经历了极为复杂曲折的历程，经历了 10 年结盟，10 年论战，10 年对抗，10 年谈判。用钱其琛副总理的话说："这期间，既有冷战又发生过热战。"中苏两大国此刻走向和解，这是国际关系中的大事。戈尔巴乔夫访华，成为国际媒体关注的焦点，大批外国记者云集北京。而就在此时，北京的政治风波愈演愈烈。戈尔巴乔夫 5 月 18 日结束访华回国，但绝大多数外国记者依然留下，把他们关注的重点转向这场政治风波。

（三）中国政府果断平息了政治风波。以美国为首的西方国家，对我实行严厉制裁

1989 年 6 月 4 日，中国政府采取了果断措施，平息了北京的这场政治风波。西方媒体对此作了严重的歪曲报道。

西方媒体关于这场政治风波的报道，在世界上引发了一场大规模的反华浪潮，在美国尤为激烈。以共和党"极右"派参议员赫尔姆斯和民主党众议员索拉兹为代表的国会议员，以及一些人权组织纷纷向布什总统施压，要求与中国断交并采取强硬的制裁措施。而前总统尼克松等人却认为，不能与中国断绝关系。布什总统懂得美中关系的重要性，不愿让关系大倒退，损害美国的自身利益。但迫于国内舆论的强大压力，布什政府于 6 月 5 日宣布了三条制裁措施：1. 暂停中美间一切军售和商业性武器出口；2. 暂停中美两国间军事领导人的互访；3. 同意重新研究中国留美学生要求延长逗留时间的请求。

1989 年 6 月 20 日，美政府再次出台对中国更加严厉的制裁措施：1. 暂停同中国一切高层互访（助理国务卿以上）；2. 中止

海外私人投资公司对在中国经营实业的公司的帮助；3．反对世界银行和亚洲发展银行新的10亿美元对华贷款事宜。[①]这些制裁措施使中美关系面临严峻困境。

在美国制裁措施的带动下，西方发达国家的政府纷纷谴责中国，并对中国采取类似的制裁措施。欧共体（欧盟）国家首先宣布单方面终结正在举行的中欧委员会会议并宣布对华实行制裁，特别是武器禁运。西方国家政府与中国政府副部长以上人员的政治来往基本停止，很多国家撤走了在华专家。包括关贸总协定和世界银行等在内的一些国际组织也宣布对华制裁。七国集团首脑会议也发表声明，中止对华高层接触及延缓世界银行的贷款等。世界银行的20亿美元贷款、亚洲开发银行的5亿多美元贷款以及日本第三批折合58亿美元的政府贷款都停了下来。一些西方国家的社会民主党和共产党反对中国的态度更为激烈，它们或组织群众游行，或发表声明支持制裁中国，或宣布同中方暂停来往。中国外交进入了改革开放以来最困难的时期。

1989年的中国，改革开放进行了10年。经济发展，人民生活改善，进步是明显的。然而，当时我国在国际上所面临的严峻形势，显然不利于我继续改革开放。中国又不能回过头去，走闭关锁国的老路。因此，打破制裁就成为中国外交的当务之急。

二、中国面临的选择

打破制裁是必须的，问题是如何去打破。中国政府面临着两种选择：

① 陶文钊：《中美关系史》（下），680页。

（一）走一步看一步，“头痛医头，脚痛医脚”。

（二）冷静观察，稳住阵脚，做好自己的事，既要打破制裁，又要抓住机遇，开创外交工作的新局面。

中国选择了第二条。

三、操作过程

（一）做好自己的事情

打破制裁的关键是我们中国人把自己的事情办好。中国政府在果断平息 1989 年北京政治风波之后，在小平同志的直接领导下，采取了一系列的重大措施。

根据小平同志提出的“要用人们公认的改革者的原则”，改组了中央政治局常委的组成。在 1989 年 6 月举行的十三届四中全会上增补了江泽民、宋平、李瑞环为中央政治局常委，建立了以江泽民同志为核心的第三代领导集体。

宣布十一届三中全会以来所采取的路线、方针不变，中国将坚持改革，扩大开放。

1990 年 4 月，宣布开发浦东。这是中国改革开放中的一个新的重大步骤。

特别重要的是，1992 年初，小平同志发表南巡讲话。这篇讲话对统一党内思想，深化改革，扩大开放，发挥了关键性的作用。讲话极大地激发了中国人民的积极性和创造性，生产力大解放，带来了此后二十多年来中国经济的快速增长。

上述措施，有效地稳定了国内形势，并向世界明确地宣告了中国坚持走有中国特色社会主义道路的决心。

（二）冷静观察，沉着应对；全面规划，积极进取

我们打破制裁是在邓小平的直接领导下进行的。1989 年 1 月至 1990 年 12 月，我当时在布鲁塞尔担任中国驻欧共体使团和中国驻比利时使馆的二把手。国内及时向我们通报了小平同志的指示，这对于我们认清形势、把握大局是至关重要的。我记得，当时邓小平有几次讲话，给我印象很深，一次是 1989 年 9 月 4 日的讲话，他指出：

“中国自己要稳住阵脚，要维护我们独立自主、不信邪、不怕鬼的形象。我们绝不能示弱。你越怕，越示弱，人家劲头就越大。并不因为你软了人家就对你好一些，反倒是你软了人家看不起你。”

“总之，对于国际局势，概括起来就是三句话：第一句话，冷静观察；第二句话，稳住阵脚；第三句话，沉着应付。不要急，也急不得。要冷静、冷静、再冷静，埋头实干，做好一件事，我们自己的事。”

又一次是小平同志在 1990 年 3 月 3 日的讲话，他指出：

“对于国际形势还要继续观察，有些问题不是一下子看得清楚，总之不能看成一片漆黑，不能认为形势恶化到多么严重的地步，不能把我们说成是处在多么不利的地位。实际上情况并不尽然。世界上矛盾多得很，大得很，一些深刻的矛盾刚刚暴露出来。我们可利用的矛盾存在着，对我们有利的条件存在着，机遇存在着，问题是要善于把握。”

1989 年 7 月 6 日至 12 日，在北京召开驻外使节会议，会议全面分析了我国面临的国际形势，制定了“坚持原则，政策不变，打破制裁”的方针。我国驻欧共体和比利时的刘山大使出席了这次使节会议，回到布鲁塞尔后，他向我们传达了会议的精神。我的印象是，尽管我们面临的形势十分严峻，但中央和驻外

使节头脑十分冷静，处变不惊，不仅看到了困难，更看到了工作的余地和机遇。

使节会议后，外交部和驻外使馆不仅没有被严峻的形势所吓倒，相反，信心十足，积极进取，抓住一切机会开展工作，成绩斐然。

我们驻欧共体使馆和驻比利时使馆，在刘山大使的领导下，也对面临的形势进行了全面、冷静的分析。我们发现，欧洲的政界高层人士虽然大部分拒绝同我们来往，但是也有例外。欧洲的经济界则愿意同我们接触，很想了解中国的真实情况。欧洲的文化、教育、科技界的人士则不愿中断同我们的来往。欧洲议会反华调子最高，但也不是“铁板一块”。欧洲议会对华关系小组，还专门邀请我们去斯特拉斯堡，介绍中国的情况，并回答他们的提问。我本人就去过两次，发现他们对我讲的情况很有兴趣，说这是他们在媒体上看不到的。

1990 年 1 月，刘山大使奉调回国，我担任了半年代办。此时，使团在布鲁塞尔所在的区，希望举办一次有关中国文化的活动，我欣然同意了。我在放映一部有关中国文化的影片之前，用法语发表了一篇演说，介绍了中华文化的特点，和中国国内的形势，强调中国同比利时关系的基本面没有变，两国关系会好起来的。这篇讲话在比利时公众中反应良好。这次活动举办得很成功，使馆同志也受到鼓舞，认为确实不能把形势看成一团漆黑，做工作的余地很大。

欧共体委员会的主席、副主席拒绝见我，但是欧洲理事会的政治处长雅努齐大使则很愿意见我。雅努齐是意大利的职业外交官，他告诉我，就在欧共体首脑会议决定制裁中国的时候，时任意大利总理的安德雷奥蒂却对他说：“不能孤立中国。”

我在布鲁塞尔工作了两年，深深体会到，处于低谷的中国外交考验每一个外交官。“人有悲欢离合，月有阴晴圆缺，此事古难全。”外交也有顺境和逆境，没有逆境体验的外交官，他的经验是不完整的，逆境的体验是一笔宝贵的财富。

（三）打破制裁，美国是关键

1989年6月7日和6月8日，中国外交部针对布什政府对中国局势的谴责和美方所谓的制裁措施提出严重抗议，坚决反对美国干涉中国内政，并通知美方推迟钱其琛外长原定于12日的访美计划（实际上后来取消了此次访问）。22日，中国外交部发言人再次重申并强调中国改革开放的政策不会改变，中国独立自主的外交政策更不会改变。

美国布什政府也深知中美关系的重要性，并希望能与中国领导人保持适当的接触。6月8日布什决定直接给邓小平打电话，希望就目前形势进行沟通，但邓小平未同意。6月20日，布什给邓小平写了一封亲笔信，希望能够派遣其特使秘密访华。6月21日，邓小平复信同意。7月1日至2日，美国总统国家安全事务助理斯考克罗夫特将军作为布什总统的特使秘密访华。1989年12月9日–10日，斯考克罗夫特第二次访华，这次访华是公开的。我在外交案例《1989年斯考克罗夫特两次访华》（见《外交案例》一书）中，对访问情况作了介绍。小平同志亲自出面对他做工作，强调，中方是受害者，美国应当采取主动，“解铃还须系铃人”。

我们两次接待斯考克罗夫特访华，意味深长。因为，美国对我制裁的一条重要措施，就是不同我进行高层来往。然而，斯考克罗夫特两次来中国，本身就是同中国进行高层来往，就是对制裁的突破。而且，我对美方做工作也是富有成效的。斯考克罗夫特第一次访华后，立即前往缅因州向布什总统作了汇报。布什政府于 7 月 7 日批准了 4 架波音 757 大型喷气式客机的对华出口，这是中美紧张关系缓解的一个信号。

除中美双边来往外，多边外交也为中美接触提供了平台。1989 年 7 月下旬召开的关于柬埔寨问题的巴黎国际会议，在美国方面的安排下，美国国务卿贝克三次会见中国外长钱其琛。双方不仅就柬埔寨问题进行了交流，同时还就当前中美关系面临的问题交换意见。贝克表示希望得到中国的帮助以维护双边关系，认为美中双方要共同努力使关系向前发展。钱其琛指出，中美双方关系要向前发展，必须要以互相尊重、互不干涉内政为基础，中国政府是不会屈服于外力的。巴黎的几次会晤，中美双方虽并未达成任何实质性协议，但对增进相互了解，发挥了积极的作用。

9 月 27 日，在纽约举行联合国大会期间，钱其琛与贝克再次举行了会谈。在这次会谈中，贝克提出希望中方取消戒严、减少反美宣传等以改善双方关系的氛围。钱其琛则强调，美国等西方国家对华制裁和施加压力只会损害双方关系，中国是不惧怕外国压力的，同时他还提出希望恢复中美双边的科技交流协议，恢复世界银行对中国的贷款，以及履行由中国发射美国制造的卫星的协定等。[①]几天后，钱其琛在纽约美国对外关系委员会发表演讲时再次指出，中美关系的恢复与发展，主要取决于美国政府的政策和行动，并提出改善中美关系的四点意见，希望双方能在和平共处五项原则的基础上发展国家关系，建立新的国际政治经济秩序。

1989 年 10 月 28 日 −11 月 2 日，尼克松访华，邓小平在会

---

① James Addison Baker III, Thomas M.DeFrank, *The Politics of Diplomacy: revolution, war, and peace, 1989—1992*, pp.111−112.New York: G.P.Putnam's Sons, 1995.

见尼克松时表示，国家间的关系应该从自身战略利益出发，而不是计较历史、意识形态与社会制度。中美应该结束这几个月的过去，开辟未来。而结束过去应该也只能由美国采取主动，因为受害的是中国。同时他也表示对中美关系的恢复与发展有信心，并欢迎美对华开展商业活动。[①]

回国后，尼克松向国会两党领袖提出一份报告，认为恢复与中国的关系对美国有极大的战略利益。无论是核不扩散政策的有效实施，平衡苏联、日本在东亚的力量，还是解决全球问题以及中国巨大的市场等，一个与美国有良好关系的中国都是至关重要的。同时他还提出了一系列建议，包括要求取消对华经济制裁，恢复对华投资等。他也传达了中国领导人希望美国采取主动以改善双方关系的想法。

11 月 7—10 日，基辛格访华，邓小平再次强调中美的共同利益并提出解决中美关系问题的一揽子建议，希望解决中美之间的分歧，使双方关系逐步正常化。这些建议包括解决方励之问题；美国采取适当方式明确宣布解除对华制裁；落实几项较大的经贸合作项目；建议美方邀请江泽民总书记第二年访美等。在会见钱其琛外长时，基辛格强调中美双方有着共同利益，两国应共同采取措施使双方关系顺利发展。

1990 年 8 月 2 日，伊拉克入侵科威特，引发了第一次海湾危机。美国在中东和海湾地区有着重要的战略利益，解决海湾危机，需要安理会五个常任理事国之一的中国的合作。钱其琛外长利用 1990 年 11 月安理会举行外长级会议的机会，赴华盛顿会见了总统布什（我在《中国与第一次海湾危机》［见《外交案例》

① 参见《邓小平文选》（第三卷），331—333 页，人民出版社，1993；《邓小平思想年谱》（1975—1997），440 页，中央文献出版社，1999。

一书］的案例中对此作了介绍）。

1991 年 11 月 15—17 日，美国国务卿贝克访华。经过艰苦谈判，中美双方达成协议。美方承诺支持中国恢复在关贸总协定中的缔约国地位，以亚太经济合作组织模式来解决台湾入关的问题；美方同意取消当年 6 月 16 日宣布的中止向我国出口卫星等三项制裁措施，以及取消对中国实施的特殊“三〇一条款”；美方还表示，将积极考虑中美间关于设立贸易、经济和科技合作的三个联委会，并在 1992 年的适当时候，恢复部长级会议。中方承诺，在美国取消中止向我出口卫星等制裁措施的条件下，遵守导弹及其相关技术控制体系（MTCR）的准则和参数；在美国取消对中国实施的特殊“三〇一条款”的基础上，加大保护知识产权的力度。

1992 年 1 月 31 日，李鹏总理在出席安理会首脑会议期间，在联合国总部与布什总统举行了会谈。这是 1989 年之后，中国总理首次会见美国总统。

自 1989 年美方对我实行制裁以来的两年半时间里，我在打破制裁方面，对美国的工作是卓有成效的。打破制裁，美国是关键。我们突破了美对我的制裁，对全面打破制裁发挥了积极作用。

（四）日本是我打破制裁的突破口

1989 年的政治风波后，日本也跟着美国采取了相应的对华制裁措施，主要是冻结对华第三批政府贷款，停止高层往来等。但是，我对日工作有着深厚的基础，尽管有着制裁措施，但中日双方之间的来往和沟通不断。我们同时也发现日本在对华制裁方面态度并不坚决。在 1989 年 7 月举行的西方七国首脑会议上，日本就劝说其他国家不要升级对华制裁。

由于中日双方对于恢复正常关系都有需求，因此政府层面的双边交流逐渐增多。1990 年 1 月，中国国家计划委员会主任邹家华应邀访问日本，这是西方制裁以来首位受邀访问发达国家的中国部长级官员。同年 4 月，日本执政的自民党国际局（部）局长爱知和男访华，并邀请中联部部长于同年 7 月 1 日访日。

1990 年 7 月 11 日，海部俊树首相在西方七国首脑会议上宣布将恢复对华政府贷款。8 月 27 日，众议院樱内义雄议长访华。11 月 12 日，吴学谦副总理以中国政府代表身份出席明仁天皇继位典礼。

1991 年 4 月 5—7 日，日本外相中山太郎访华。中山外相邀请中国外长钱其琛访日，确定日本首相海部俊树的访华行程。1991 年 8 月 10—13 日，海部俊树访华。他是西方宣布对华制裁措施后第一位访问中国的发达国家政府首脑，标志着日本对华制裁的正式结束。在海部俊树访华期间，中方宣布原则上加入核不扩散条约，日本也通知中方，已决定向中方提供第三批总计 1296 亿日元贷款。

在彻底打破制裁方面更有象征意义的是日本天皇访华。1992 年 10 月 23—28 日，日本明仁天皇和皇后陛下访问了中国。这是中日关系史上日本天皇的首次访华，也是西方七国集团中自 1989 年以来第一位访问中国的国家元首，访问取得了圆满成功。请看我在本书案例《日本天皇访华》中的介绍。

（五）打破制裁，我在欧洲取得重要进展

在 1989 年之前，欧共体的“三驾马车”外长（即上任、现任和下任轮值主席国的外长）都要在联合国大会期间与中国外长会晤，这已经成了一个惯例。但是，1989 年欧共体中止了这一双边交流活动。

在打破制裁方面，美、日、欧是相互影响的。美国是带头对我实施制裁的，但也带头突破制裁。日本是最早全面打破制裁的国家，美、日的行动对欧洲都有影响。欧洲各国的情况也不尽一致，南欧国家，诸如意大利、西班牙、葡萄牙对我态度则更好一些。

1990 年 9 月 28 日，欧共体“三驾马车”意大利、卢森堡和爱尔兰三国的外长与中国外长钱其琛举行会晤。这次会晤意味着欧共体国家关于与中方进行高官接触的禁令正式解除。意大利外长德米凯利斯还在会晤时告诉中方，作为欧共体理事会主席国，他将在不久后举行的欧共体理事会上正式提出建议，完全恢复欧中关系。

在推动欧共体解除对华制裁方面，南欧和西南欧国家要更加积极主动一些。除意大利外，作为欧共体内的重要国家，西班牙原本对于制裁中国就不热心，在制裁实施后，仍积极与中国开展各种交流合作。

1990 年 10 月 22 日，欧共体 12 国作出决定，恢复同中国的正常关系，取消停止高级官员访华的限制，取消不准向中国提供发展援助、出口信贷和商业贷款的禁令。12 月 3 日，欧共体各国外长在卢森堡会议后再次宣布，除政府首脑以上交往和军事往来、合作及军品贸易外，取消 1989 年以来针对中国的其他限制性措施，立即恢复同中国的正常关系。

1990 年 11 月西班牙外交大臣奥多涅斯访华，成为欧洲国家中第一个访华的外长。1991 年 7 月，欧共体又取消了政府首脑一级访华的限制。1991 年 9 月 1 日，英国首相梅杰访华。9 月 15 日，意大利总理安德雷奥蒂访华。1992 年 1 月至 2 月，李鹏总理先后访问了意大利、瑞士、葡萄牙和西班牙。我在《1992 年李鹏总理出席安理会首脑会议、达沃斯论坛年会并访问西欧》（见

《外交案例》）一书对此作的介绍。从此，西欧对我的制裁，除仍保持对我武器禁运外，其他全部被打破。

四、启　示

（一）把握时代的主题至关重要

人们在观察世界局势时，往往是从自己的角度来看，这难免有片面性，把握不住时代主题。特别是，当国家面临严峻挑战的时候，把握时代的主题就更加重要了。因为，一个国家不管它多大，它只是世界的一部分。世界在发展，在进步。每个时代都有自己的主题，时代的主题决定世界的大势。在 20 世纪很长的时间里，时代的主题是战争和暴力革命。然而，时代的主题是变化的，不是一成不变的。

早在 20 世纪 80 年代初，小平同志会见外宾时，反复讲一个观点，即当今世界面临两大问题：一个和平，一个发展，这两大问题一个也没有解决。时代主题从战争与革命演变为和平与发展，这是国际关系中最大的变化。小平同志准确地把握了时代主题的变化。

打破西方制裁，办好我们自己的事是关键。小平同志 1992 年初的南巡讲话，指导了我们国家坚定不移地走建设有中国特色社会主义道路，中国的事情办得越来越好。

1992 年前后的世界，苏联解体了，东欧发生了剧变，西方世界的精英人士欣喜若狂，得意忘形，声称“历史终结了”。西方主导的国际舆论，对中国的攻击、污蔑不绝于耳。如果我们的思维还停留在战争与革命的年代，那我们会认为，这是敌人在大举进攻。在此时，我们应当关上大门，固守阵地。然而，邓小平却坚定地说："胆子再大一点，步子再快一点。"中国的大门不仅没有关上，反而开得更大了。中国二十多年的大发展，雄辩地证明，邓小平的决断是何等英明。和平与发展是时代的潮流，不管出现什么曲折和困难，这个潮流总是要前进的，是谁也阻挡不了的。这个潮流在前进，为中国的发展和现代化建设创造了良好的条件。这个对中国有利的大趋势，并没有因为西方对我施行严厉制裁而发生根本的变化。

（二）对于国际形势全面看才能抓住机遇

1989 年，中国外交进入了改革开放以来最困难的时期。然而，全面看待当时的国际形势，就会认识到，我们所面临的严峻形势是局部而不是全局，正如小平同志所说的："世界上矛盾多得很，大得很，一些深刻的矛盾刚刚暴露出来。我们可利用的矛盾存在着，对我们有利的条件存在着，机遇存在着，问题是要善于把握。"

小平同志这番讲话，像一盏指路明灯，为当时的中国外交指出了明确的方向。外交部贯彻小平同志指示，做得有声有色。尽管形势严峻，我们抓住时机，外交上采取了一系列成功的行动，主要有：

1990 年 8 月 8 日，我国同东南亚国家联盟最大的国家印度尼西亚恢复了中断了 23 年的外交关系。

1990 年 7 月 21 日，我国同中东地区的关键国家沙特阿拉伯建立了外交关系。

1990 年 10 月 3 日我国与新加坡建立了外交关系。

1992 年 1 月 24 日，我国与以色列建立了外交关系。

1992 年 8 月 24 日，我国与韩国建立了外交关系。

我国领导人还进行了一系列开创性的访问。除前面所提到的重要访问外，还有：

1991 年 6 月 5–15 日，国家主席杨尚昆访问印度尼西亚和泰国。杨尚昆访问印度尼西亚，是 28 年来中国国家主席首次访问该国。

1991 年 12 月 11–16 日，应印度总理纳拉辛哈 – 拉奥邀请，李鹏总理对印度进行正式友好访问。这是中国总理 31 年来首次访问印度。

1991 年 7 月，国务院总理李鹏先后访问了埃及、约旦、伊朗、沙特阿拉伯、叙利亚和科威特等中东、海湾六国。李鹏总理访问科威特时，科威特的战争创伤远未得到恢复，油井还在燃烧，科威特的主人是在临时搭建的帐篷里接待李鹏总理一行的。主人高度评价李鹏总理在这么困难的时候到访科威特。

以上三次重要的出访，我作为外交部发言人都参加了，负责新闻方面的工作。我目睹了三次访问取得的丰硕成果，十分令人欣慰。

1991 年 12 月 25 日，苏联国家主席戈尔巴乔夫发表电视讲话，宣布苏联解体。此前，苏联的波罗的海的三个加盟共和国早已宣布独立。苏联解体为 15 个国家，这是一个极大的变化。如何对待他们，这是当时中国外交面临的一个大问题。中央迅速作出了果断的决策：不以意识形态和社会制度划线，尊重各国人民的选择。1991 年 9 月 11 日、12 日和 14 日中国分别与爱沙尼亚、拉脱维亚和立陶宛建立了外交关系。12 月 27 日，钱其琛外长发电报给俄罗斯外长科济列夫，正式通知他，中国政府决定承认俄罗斯联邦政府，并决定中国原驻苏联大使王荩卿改任驻俄罗斯大使，还表示中国政府愿在和平共处五项原则的基础上，保持和发展同俄罗斯的友好合作关系。此外，钱其琛外长还分别向其他 11 个国家的外长发电报，承认他们的独立，并准备同他们进行建交谈判。与此同时，中国政府又不失时机，立即派遣了以外经贸部部长李岚清为团长，外交部副部长田曾佩为副团长的中国政府代表团访问了乌克兰、俄罗斯和白俄罗斯，此后又访问了乌兹别克斯坦、哈萨克斯坦、塔吉克斯坦、吉尔吉斯斯坦、土库曼斯坦，同其中的六国建立了正式外交关系。1992 年 1 月中旬，王荩卿大使又作为中国政府代表同亚美尼亚、阿塞拜疆、格鲁吉亚和摩尔多瓦的代表进行了谈判，并签署了建交公报。中国与白俄罗斯的建交公报是 1992 年 1 月 20 日在北京签署的。这样，中国就完成了与所有的苏联前加盟共和国建立外交关系的任务。从外交上看，中国应对苏联解体这一大变化，做得很漂亮。

（三）外交走入低谷，也是外交创新的大好时机

外交上要创新，往往要突破旧的框框。旧的框框是长期形成的，保护着既得利益，具有很强大的惯性，在一般情况下很难突破。然而，当中国外交走入低谷时，打破制裁，成为全国的共识。为了这一目标，突破框框，理由充分，这就为外交创新开辟了广阔的空间。我国外交上一些重大的创新和政策调整，就是在打破制裁期间实现的。有两个例子很说明问题：

一是参加《不扩散核武器条约》。该条约是 1968 年 1 月 7 日由英国、美国、苏联和其他 59 个国家分别在伦敦、华盛顿和莫斯科缔结签署的一项国际条约，于 1970 年 3 月正式生效。1970 年，中国人还在搞“文化大革命”，我们当时认为，这个条约是为了保护美苏核垄断，我们不仅没有加入，而且长期以来对该条约是持反对态度的。然而，随着时代主题的变化，和平与发展成为时代的潮流，《核不扩散条约》对维护世界的和平与稳定的重要性突显。加入该条约，不仅符合世界的潮流，也符合中国的利益。1991 年 12 月 29 日，中国决定加入《不扩散核武器条约》，

1992 年 3 月 9 日递交加入书，同时对中国生效。

二是参加联合国维和行动。中华人民共和国成立后不久，我们在朝鲜打的一仗，就是同美国为首的“联合国军”作战。我们对维和行动和“联合国军”没有好感。1971 年，我在联合国的合法席位恢复后，我们在安理会内，对联合国维和行动的决议案，不是弃权就是不参加投票。我们当时认为，联合国维和行动是外来势力对主权国家内部事务的干涉，我们从本质上是反对的。

但是，就在中国外交处于低谷的时候，我们审时度势，大幅度调整了对联合国维和行动的政策。1989 年，中国首次派遣了 20 名人员，参与了纳米比亚过渡时期协助团，帮助纳米比亚实现了从南非的独立。1990 年 4 月，中国派出了 5 名军事观察员，参加了中东联合国停战监督组织，这是中国第一次派出维和人员。到今天，中国派出的参与联合国维和行动的部队的数量，在安理会五个常任理事国中是最多的。请看本书《中国参与联合国维和行动》所介绍的情况。

一个国家从外交困境中走出来，就立刻迎来了外交的黄金时期，这在世界外交史上并不多见。中国这段外交经历是十分珍贵的，值得后人细细品味。

案例十八

日本天皇访华

1992年10月23日至28日，日本明仁天皇和皇后对中国进行了正式访问。这是中日交往史上日本天皇首次对中国进行访问，毫无疑问其意义是重大的，促使两国友好关系向前迈出了一大步。促成日本天皇访华之前，日本国内是有很多反对势力的。江泽民总书记和我国的外交工作者对此做了很多工作，与自民党进行了多次接触，对公众舆论进行了很好的引导，其效果是显著的。这是一个特别的外交案例，值得研究和思考。

1992年10月23日至28日，日本明仁天皇和皇后对中国进行了正式访问。在中日交往两千多年的历史上，这是日本天皇首次对中国进行访问，填补了中日关系史上的一项空白。尤其当时中国正面临着西方国家的制裁，日本天皇是西方七国集团中第一位访问中国的国家元首。访问对中日关系的改善与发展发挥了重要的作用。

中日关系十分重要也十分敏感。根据日本的宪法，天皇没有实权，只是日本国家的象征。天皇访华是中日关系中的一件大事，双方通过密切磋商，对这件事情处理得很好。这是一个特殊的外交案例，十分值得研究和思考。

一、背　景

（一）国际形势剧变，苏联解体，冷战宣告结束

20世纪80年代末90年代初，是战后国际形势发生最深刻变化的时期。1989年11月9日，作为东西方对峙和冷战标志的柏林墙倒塌，东欧发生了剧变。一直在东欧社会主义国家执政的共产党、工人党等也纷纷垮台。苏联国内也在发生深刻变化，1990

年3月11日，作为苏联15个加盟共和国之一的立陶宛率先宣布独立，在此后不到两年的时间内，其他加盟共和国纷纷效仿。1991年12月25日，苏联国家主席戈尔巴乔夫发表电视讲话，宣布苏联解体，红旗从克里姆林宫上降了下来。苏联解体宣告了美苏冷战的正式结束。

（二）打破西方制裁，成为我外交的头号课题

1989年春夏之交，北京发生了一场严重的政治风波。中国政府采取果断措施予以平息。西方国家因此对我国采取了严厉的制裁措施，其中最突出的，就是停止与我国领导人的外交来往。新中国外交进入了1949年以来的低谷。

外交是内政的继续，外交工作必须服务于我国以经济建设为中心的方针，为改革开放营造良好的国际环境。所以，在西方国家对我实行严厉制裁的情况下，如何打破制裁，走出低谷，恢复开放和国际合作的势头，成为中国外交的头号课题。

（三）日本率先突破西方对我制裁

回顾中日关系史，我们知道，中日关系发展并非一帆风顺。1972年，两国邦交正常化是经过双方领导人、友好人士及两国人民共同努力得来的结果。中日邦交正常化之后，两国又经过了15轮谈判，终于于1978年8月12日在人民大会堂签署了《中日和平友好条约》。

随后，1978年10月22日至29日，邓小平副总理应邀访问日本。10月23日，《中日和平友好条约》批准书互换仪式在东京举行。邓小平副总理和福田赳夫首相出席了仪式，条约由此正式生效。这从政治上和法律上进一步肯定了两国间的友好关系，为两国睦邻友好关系的发展奠定了坚实的政治基础。

代表中国政府在《中日和平友好条约》上签字的时任国务院副总理兼外交部长黄华，是这样评价这个条约的：《中日和平友好条约》是两千年来中日关系史上第一个真正平等的和平友好条约，是基于中日关系的历史经验与教训的历史性总结，是真正反映了两国人民意愿、维护两国人民根本利益的条约。①

邓小平访问日本期间，与日本政界人士进行了广泛而深入的交流，加深了相互了解。他还参观了日本的企业，与日本经济界的巨头进行了坦诚的交谈，希望他们“帮我们一把”。这次访问对中日关系和经贸合作的发展发挥了巨大的推动作用。

1991年，中日贸易额由1978年的50亿美元增长至228亿美元。两国在科技、教育、文化、艺术等领域的交流与合作也在顺利发展。期间，虽然中日双方围绕历史、领土、台湾等问题出现过一些摩擦，但都得到了有效控制。

1989年，日本虽然参与了对我国的制裁，但态度比较温和。1990年，时任日本首相海部俊树在休斯敦西方七国首脑会议上强调，不应在国际上孤立中国。同时向美国和其他西方国家首脑表示，日方准备恢复对中国的第三批日元贷款，并希望美欧各国也能改善同中国的关系。1991年8月，日本首相海部俊树率先访华。1992年4月，江泽民总书记应邀访问日本。日本是发达国家中第一个邀请我最高领导人访问的。在突破西方制裁方面，日本的确是带头的。

---

① 徐敦信：《〈中日和平友好条约〉从法律上巩固政治基础》，《人民日报》2005年4月28日。

（四）随着形势的发展，出现天皇访华的可能性

1. 裕仁天皇流露访华的意向

第二次世界大战结束后，根据日本新宪法规定，天皇只是日本国和国民整体的象征，不再拥有实权，也不参与国家的政治事务。但由于战前天皇曾拥有神圣不可侵犯的绝对权力，而且日本发动对华侵略战争也是以天皇名义进行的，天皇自然对战争负有不可推卸的责任。因此，中日双方对裕仁天皇访华一事历来十分谨慎。

中日邦交正常化后，双方一直希望推动实现国家元首互访。但中方综合考虑各种因素，特别是鉴于日本侵华的历史，认为如果日本天皇不首先访华，对这段历史作出交代，中国国家主席就不宜访日，并多次对日本政府邀请中国国家主席访日予以婉拒，表示仍然希望日本天皇首先访华。

1975 年 9 月，日本裕仁天皇在访美前夕接受美国《时代》周刊记者采访时说：如果缔结《日中和平友好条约》，我就有机会访问中国，将感到很高兴，但此事应由日本政府考虑决定。日本媒体说，这是裕仁天皇第一次透露访华的心意。

1978 年 10 月，邓小平访问日本期间，裕仁天皇和皇后在皇宫会见了邓小平和夫人卓琳。裕仁天皇对邓小平说："你在百忙中不辞劳苦远道来日本，尤其是日中条约签订了，还交换了批准书，我感到特别高兴。"邓小平回答说："中日条约可能具有超出我们想象的重要意义，过去的事情就让它过去，我们今后要积极向前看，从各方面建立和发展两国的友好关系。"裕仁天皇被邓小平大度、诚挚的谈话所感动，他放下外务省和宫内厅为其商拟的谈话稿，真诚地说："在两国悠久的历史中，虽然期间一度发生过不幸的事情，但正如你所说，那已成为过去。现在两国之间缔结了和平友好条约，这实在是件好事情。今后，两国要永远好下去！"会见气氛不知不觉变得轻松起来，裕仁天皇与邓小平谈

论的话题也由回顾历史转到双方感兴趣的当前问题上来。会见结束后，裕仁天皇在丰明殿设午宴款待邓小平和夫人卓琳，明仁皇太子和其他皇族作陪。

裕仁天皇在评论此次会晤、谈及战争时，使用了“不幸的事情”这一措辞，间接地向中国人民表示谢罪之意。

1979 年春，时任全国人大常委会副委员长的邓颖超访问日本。裕仁天皇在会见邓颖超时，也提及中日间过去的一段不幸的历史，再次间接地表示了歉意。邓颖超说：欢迎天皇在方便的时候来中国看看。天皇表示，如果能有机会的话，他将感到十分高兴，但此事需由日本政府决策。

此后，裕仁天皇几次会见中国领导人时，都不时流露出愿意访华的意向，但日本政府十分谨慎，每次都要求中方不作公开报道。

20 世纪 80 年代中期，中曾根康弘任首相期间，日本政府曾向中方探询邀请天皇访华的可能性。

2. 裕仁天皇逝世，明仁继位，访华事再次提上议事日程

1989 年 1 月 7 日，裕仁天皇因病医治无效逝世，明仁皇太子继承皇位。明仁天皇幼时曾亲身感受战争带来的灾难和痛苦，因此他积极倡导和平，立志要做祈求和平的天皇。1989 年 4 月 13 日，明仁天皇会见了正在日本访问的李鹏总理。明仁天皇对近代两国间一段不幸的历史表示遗憾。李鹏总理表示欢迎天皇在方便的时候到中国来看看。

1989 年，春夏之交，北京发生政治风波后，天皇访华事就暂时被搁置了。此后，由于日本率先打破制裁，中日两国高层来往频繁，两国关系持续发展。在此背景下，日本内部也再次开始议论天皇访华事。

1992 年 1 月 4 日，钱其琛与到访的日本外务大臣渡边美智雄举行会谈，双方商定：中共中央总书记江泽民同志应邀于上

半年访问日本，钱其琛重申欢迎天皇和皇后陛下于中日邦交正常化 20 周年之际访问中国。渡边美智雄表示感谢中国方面的邀请，说日本政府将以向前看的态度，积极研究，还说促成天皇访华也是他这次来访的一个重要使命。

二、中国面临的选择

形势的发展表明，日本天皇和皇后访华的条件正在成熟。我们对此事，面临三种选择：

（一）积极促成。

（二）听其自然。

（三）暂缓考虑。

中国政府经过慎重考虑，选择了第一条。

三、操作过程

（一）江主席接受记者采访，欢迎天皇访华

1991 年 3 月 29 日，中共中央总书记江泽民接受了日本《中日新闻》加藤巳一郎社长的采访。我当时担任外交部新闻司司长兼发言人，参与安排了这次采访。之所以要安排这次采访，是为江总书记即将访问日本做准备。出访前，许多日本媒体要求采访江泽民，我们选择《中日新闻》社长加藤巳一郎，是因为《中日新闻》对华报道一向比较客观、公允，加藤本人一贯支持日中两国人民世代友好。江总书记接受采访时，我在现场，江主席特别表示："中国欢迎日本天皇来中国进行访问。"

中国的最高领导人公开对媒体表示欢迎天皇访华，这还是第一次。江泽民这番表态，引起日本媒体的高度重视，许多报纸在头版以大字标题进行了报道。

（二）江泽民总书记访日时，亲自对天皇访华予以促进

1992 年 4 月 6 日至 11 日，江泽民总书记访问日本，这是自 1989 年西方对中国实行制裁以来，中国最高领导人首次出访西方七国集团的成员国。我当时作为外交部发言人随行，负责新闻方面的工作。4 月 6 日，在江泽民总书记的专机抵达东京成田机场前大约半小时，总书记把钱其琛外长、代表团的其他主要陪同人员和外交部副部长徐敦信请到了前舱，我也被请去了。江主席说："关于天皇和皇后访华事，我考虑了很久。我知道，他们要实现访华很不容易。但这次我们去了，如果天皇和皇后能够回访，这对于中日两国关系的进一步发展大有好处。"

大家很赞成总书记的看法，认为总书记此行，要力争对天皇和皇后访华有促进作用。

4 月 6 日下午，江泽民主席与日本首相宫泽喜一举行了会谈，就双边关系和国际问题交换了意见。双方还特别讨论了天皇和皇后访华的问题。江泽民在与宫泽首相会谈时重申了中方的邀请，强调中方邀请天皇访华，是出于促进两国人民世世代代友好下去这一真诚愿望，并无其他目的，中方也无意在天皇访华问题上给日方出难题。宫泽衷心感谢中方对天皇和皇后的邀请，表示日方对此将积极研究。他说，如能在日中邦交正常化 20 周年时实现这次访问，将对日中两国关系的进一步发展和增进两国人民的传统友谊产生重要影响。

日本和国际主流媒体十分重视江泽民总书记访问日本，特别关注双方在天皇和皇后访华一事上能否取得进展。在江泽民总书

记与宫泽喜一首相会谈后，我向媒体吹风，专门把宫泽的那一段话吹了出去，即“如能在日中邦交正常化20周年时实现这次访问，将对日中两国关系的进一步发展和增进两国人民的传统友谊产生重要影响”。日方的发言人没有向媒体通报宫泽这一段话，日本媒体对比了我和日方发言人吹风的内容，询问日本政府，宫泽首相是否讲过这番话？日本政府只好予以肯定。

4月7日，明仁天皇在皇宫会见了江泽民一行，并设宴款待。明仁天皇说：“中国古代文化对日本影响很深，日本的京都、奈良都是仿照古都长安建起来的。”江泽民说：“两国历史上有长期的友好交往，中国唐代大诗人李白同日本遣唐使阿倍仲麻吕就结下了深厚的友谊，为后人留下了许多动人的诗篇。”江泽民表示，期待着天皇和皇后陛下对中国的访问。明仁天皇对中国邀请他和皇后访华表示深切的谢意。会谈结束时，江泽民将我国汉代张衡地动仪的复制品作为礼物赠送给明仁天皇。明仁天皇高兴地说，“这说明中国古代科学的进步”，并回赠一对银制花瓶和亲笔签名照片。

（三）在天皇访华问题上，日本内部意见分歧，政府态度犹豫

中日双方本来商定，在江泽民总书记访日时，日方正式通报天皇访华日程。但是，由于日本执政党自民党内部有些高层人士反对天皇到中国去，担心政治上被中国利用，所以，在天皇和皇后是否接受邀请访问中国的问题上，日本政府一直未作出肯定的答复。

日本政府的这一立场，立刻引起了日本和西方媒体的种种猜测。4月7日，英国《每日电讯报》称，“东京昨天婉言谢绝了（中方）对明仁天皇访华的邀请”。4月8日，日本《每日新闻》社论认为，“中日双方在天皇访华问题上的会谈没有取得进展，在构

筑新时代的日中关系方面，我们还面临着许多必须跨越的障碍”。

（四）中方积极努力，但又表现出耐心；宫泽首相促成日本内部达成共识

1992 年 5 月下旬，时任全国人大常委会委员长的万里访问日本，对天皇访华一事只字未提。这反而引起日方的关注和重视，甚至在客观上形成压力。在万里回国前，日本外务省亚洲局局长谷野作太郎专程赶到大阪向随行的中国外交部副部长徐敦信就天皇访华事向中方解释说：“目前天皇访华不能实现的主要原因在于自民党还有反对势力，但媒体论调已开始出现积极变化，有的大报还发表社论表示赞成天皇访华。渡边外相和外务省仍将为争取各方面支持做工作，预计宫泽首相将在 7 月参议院选举结束后作出决定，希望中方予以理解。”

5 月 25 日晚，渡边外相在宇都宫市发表讲话，竭力主张天皇和皇后为纪念日中邦交正常化 20 周年去中国访问。他强调说，与中国之间的问题是仅次于与美国之间的非常重要的问题，因小问题而损坏日中关系是愚昧之极。他不点名地批评了反对天皇访华的势力。6 月 19 日，日本首相宫泽喜一会见正在日本访问的由中日友好协会会长孙平化率领的代表团。会见结束后，宫泽首相要求孙会长和驻日大使杨振亚留下，把他们请到自己的办公室，说：

“关于天皇访华的事，我一直当成大事在办，看来自民党内还有阻力，我会进一步调整党内意见，只是需要一些时间，希望中方务必能予理解。请相信我一定克服阻力，迟早作出决定。”

孙平化和杨振亚大使都表示，希望首相早作决断，以免久拖被动。

当时，在日本自民党内部始终存在着一批反对天皇访华的势

力，主张政府在这个问题上要慎重。前文部大臣藤尾正行说，天皇访华可能使天皇发挥违背战后日本宪法的政治作用，因为日本宪法规定天皇只限于行使礼仪上的职责，如果利用天皇陛下的地位达到政治目的，宫泽首相就要为此负责。前外务大臣中山太郎也认为，明仁天皇 1990 年继位以来，对国外的第一次访问地点是东南亚，因此下次访问地点应当选择欧洲以便“取得平衡”。直到 1992 年 8 月初，执政的自民党内仍然有 33 人联名要求天皇延期访华，对中日两国政府“过早”商量天皇访华日程，公开表示不满。

1992 年 6 月，日本驻华大使桥本恕专程回国，着重向自民党有影响的实力人物介绍中国国内动向，强调中国社会日趋稳定。中国对天皇访华虽然现在采取了“静观”的态度，实则期待日方尽早决断天皇访华。日本各大报的论调在 7 月底明显变化，“赞成论”逐步取代“慎重论”而占上风。

8 月 5 日，宫泽首相召开自民党最高顾问恳谈会，争取前首相等重量级政治人物的支持。在这前后，福田赳夫、中曾根康弘、竹下登前首相和自民党副总裁金丸信等都公开表示理解和赞成天皇访华。公明党石田幸四郎委员长和社会党田边诚委员长等也相继表示支持。这时，虽然自民党内仍有一些议员串通右翼学者开会表示反对，但赞成天皇访华的声音已逐步形成大势。8 月 10 日，宫泽首相将四位自民党领导人邀请到首相官邸，就天皇和皇后访华表明态度，强调在日中邦交正常化 20 周年之际务必实现天皇访问中国，并得到了在座的自民党上层人士的同意。至此，关于天皇访华一事在自民党内部达成一致意见。8 月 25 日，宫泽内阁开会作出决定，同意天皇和皇后于 10 月 23 日至 28 日访问中国，并由日中两国同时对外发表消息。

宫泽首相在向全国发表的讲话中说，天皇皇后两陛下正式访问中国，对发展日中两国国民间的友好亲善关系有着极其深远的意义，政府决心为这次访问的成功而全力以赴。指出，日中两国虽然是具有悠久交流史的极为亲密的邻国，但两陛下的访华却是日中关系史上的第一次，这一历史性访问对中国人民来说，将有机会亲眼目睹新宪法下的日本皇室成员的形象，这将更加加深两国国民间心灵的交流。迫于大局已定，日本右翼势力从反对立场转变为祈祷天皇访华平安康泰，顺利回国。日本国民对政府作出天皇访华的决定则普遍表示高兴和欢迎。

（五）明仁天皇和皇后访问中国

1992 年 10 月 23 日至 28 日，日本明仁天皇对中国进行了正式访问，受到了中国政府和人民的热烈欢迎。

在当天为明仁天皇举行的欢迎宴会上，杨尚昆主席致辞说：中华民族和日本民族都是伟大的民族，两国人民在长期的友好交往中，相互学习，相互帮助，结下了深厚的友谊，为人类的东方文明作出了可贵的贡献。但令人遗憾的是，在近代历史上，中日关系有过一段不幸时期，使中国人民蒙受了巨大的灾难。“前事不忘，后事之师”，牢记历史教训，符合两国人民的根本利益。经过中日双方的共同努力，两国在 20 年前实现了邦交正常化，之后又缔结了《中日和平友好条约》，开辟了睦邻友好合作的广阔前景。在当前国际形势下，一个奉行独立自主和平外交政策的中国和一个继续走和平发展道路的日本保持长期稳定、睦邻合作关系，有利于中日两国人民，也有利于亚太地区和世界的和平、稳定与发展。中国人民非常珍视同日本人民之间的传统友谊。只要我们两国信守《中日联合声明》和《中日和平友好条约》所确定的各项原则，不断作出努力，两国人民世世代代友好下去的愿望一定能够实现。

明仁天皇在答辞中回顾了日中两国交流的历史后说："在两国关系悠久的历史上，曾经有过一段我国给中国国民带来苦难的不幸时期。我对此深感痛心。战争结束后，我国国民基于不再重演这种战争的深刻反省，下定决心一定要走和平国家的道路，并开始了国家的复兴。从此，我国专心致力于建立与世界各国之间的新的友好关系。在同贵国的关系上，通过两国前辈们等许多人士的热情努力，建立了要永世和平友好的关系，两国在广泛领域的交流正在不断加深。我对两国国民之间取得了这样的进展感到由衷的喜悦，同时衷心希望这种良好的关系发展成为不可动摇的关系。"明仁天皇还强调，在国际社会为达成人类和平与繁荣的崇高目标正在进行共同努力的情况下，中日两国国民发展友好亲善关系具有重大意义。

江泽民总书记在钓鱼台芳菲苑会见和宴请了明仁天皇和皇后。江泽民说："中日两国人民的友好交往可以追溯到公元前1世纪，两国人民在相互往来和文化交流方面传颂过许多动人的佳话。今天，在我们看来，对于中日关系一要以史为鉴，二要向前看，三要世世代代友好下去。"江泽民表示，相信天皇和皇后的访问将推动两国睦邻友好合作关系向着新的深度和广度发展。明仁天皇赞同江泽民总书记的看法，并强调说："日中两国要回顾过去，展望未来，加强两国关系十分重要。"

日本天皇和皇后在访华期间还游览了故宫和长城，参观了中国科学院，并到西安、上海访问。在攀登长城时，天皇和皇后手拉手微笑面对记者和公众。这一场景在日本电视台播出后，引起强烈反响，不少日本人感动地说："我们常看到天皇、皇后在国内各地旅行，但却从未看到两位陛下手拉手的场面。这说明天皇、皇后在中国的访问是多么轻松愉快，中国方面的接待是多么的周到和亲切，中国的确是礼仪之邦和友好近邻！"

天皇和皇后访问上海时，车队来到外滩，群众自发地夹道欢迎。他们向着天皇的车队招手鼓掌，有的还把小孩扛在肩上，向两位陛下表示友好。天皇和皇后考虑到人群离车队很近，便要求警卫人员放缓车速，他们还想把车窗玻璃放下来，但因为车子是特制的红旗牌防弹车，无法开窗，只好打开车内电灯，让外面的人群看得清楚些。天皇和皇后分别将身子贴近两旁车窗，不停地向两旁人群招手致意。这一夹道欢迎的场景，使天皇和皇后以及随行人员都非常感动。一位陪同的上海日本领事馆工作人员甚至感动地流下了眼泪。

天皇和皇后访问中国取得了圆满成功，十分兴奋，情绪高昂。在返回日本时，从高空俯瞰日本国土，吟诗一首："别华夏兮把家还，览山川兮云雾间。红霞艳兮映白雪，富士峰兮色斑斓。"

明仁天皇首次对中国的正式访问后，我作为外交部发言人，在 10 月 29 日的记者招待会上，就天皇访华作出了如下评价：

"经过双方的共同努力，这次访问进行得很顺利，取得了圆满成功，达到了加深相互理解、促进睦邻友好的目的，对推动两国关系的发展必将产生深远的影响。"

每个国家都有自己的文化和传统，日本也一样。在日本，天皇具有非常特殊的地位，这一点很多外国人不理解。日本国民都把能够亲眼目睹天皇和皇后作为一种莫大的荣幸。

我本人第一次会见天皇和皇后陛下，是在 2005 年 3 月日本爱知世博会开幕式前。当时我担任国际展览局主席，天皇和皇后、皇储和王妃会见我和国际展览局秘书长。会见前，日方人员一再向我们叮嘱，不能主动与天皇和皇后、皇储和王妃握手，只能在对方采取主动时，才能握手。会见时，他们都主动同我们握手，天皇和皇后还专门和我用英文交流起来。他们还愉快地回忆起1992年对中国的访问，赞扬上海发展得很快。

1992年，天皇访华前，日本驻华媒体的代表处纷纷加强了力量，实行“总动员”。他们对天皇访华重视的程度远超过了日本首相的访问。在天皇和皇后到达北京前，日本驻华媒体向外交部新闻司提出了一个共同的要求：杨尚昆主席在人民大会堂招待天皇和皇后的国宴上什么菜，江总书记在钓鱼台芳菲苑宴请两陛下，上什么菜，他们都要先吃一遍，出多少钱也在所不惜。因为只有这样，事先有所体验，才能更好地描述两位陛下在宴会上的心情和表现。

日本和国际主流媒体对于天皇和皇后访华，都给予了充分的报道和积极的评价。日本《日中文化交流》刊文称：日中两国有近2000年的交流史，但日本天皇访问中国还是有史以来第一次，它意味着具有漫长历史的日中两国友好关系向前迈出了一大步，从而获得新的进展。

日本时事社认为，自1972年9月29日中实现邦交正常化以来，两国关系经常发生摇摆。日中两国之间这种不稳定的关系，将伴随天皇陛下这次具有历史意义的访问而告一段落，日中关系将迎来更加成熟而又稳定的“第二个时期”。

德国《新德意志报》评论称，日本天皇首次访华的实际意义并没有超过1972年美国总统尼克松和1989年戈尔巴乔夫的首次访华，但是天皇访华的象征意义超过了后两者的访华。中日以这种方式结束了双边关系中最黑暗的一章。

四、启　示

（一）在外交处于低谷时，要冷静观察，捕捉机遇

回顾新中国成立以来的外交历程，可以发现一个十分有趣的现象，在我外交面临险恶、困难的局面时，往往也是我创新能力最旺盛，最能抓住机遇的时候。中华人民共和国建立之初，百废待兴，国际国内都面临着严重的困难。当时，我们在外交上出手非凡，干了几件漂亮的大事，诸如日内瓦会议、万隆会议等。60年代至70年代初，中国外交处境最为险恶，我们又抓住了机遇，与法国建立了外交关系，实现了中美关系的突破，恢复了我在联合国的合法席位。

1989年之后，中国外交陷入了低谷。国际上很多人估计中国要垮了，很多国人也不看好中国的外交。当时我也曾听到一些比较负责的中国外交部的官员说："中国外交五年翻不了身！"

然而，在低谷，不等于没有机遇。小平同志当时看得很准，他指出：不要把形势说得一团漆黑，不要把我们说成处于多么不利的地位。世界上的矛盾多得很，大得很。一些深刻的矛盾刚刚暴露出来，我们可以利用的矛盾存在着，有利的因素存在着，机遇存在着，问题在善于把握。

1992年，日本天皇和皇后访华，就是我外交上的高招。1992年4月，江泽民总书记访问日本，与宫泽首相举行会谈时，我在现场。宫泽首相对江泽民讲了这样两句意味深长的话：

"国际形势在发生深刻的变化，日美关系重要，日中关系同等重要。"

显然，宫泽这两句话是经过深思熟虑的，他在考虑冷战结束后日本外交的布局。日美联盟是日本外交的支柱，之所以要有日美联盟，那是为了对付苏联的威胁。现在苏联解体了，尽管当

时有人不看好中国，但宫泽首相显然不赞成这个看法，把日美关系和日中关系提到了同样重要的高度。他竭力在自民党内统一思想，达成共识，实现了日本天皇和皇后对中国的访问，目的是进一步推动和发展日中关系。日中关系进一步发展，日本外交回旋的余地就会进一步扩大。

日本的上述动向，我们抓住了。1989 年之后，我们的对日工作是十分到位的。日本带头打破对华制裁，绝非偶然，这既是日本的战略考虑，也与我们成功的对日工作密切相关。天皇和皇后成功访华，就是一个证明。

（二）要善于对公众进行引导

天皇和皇后访华期间，让日方最为感动的，是在上海外滩那一幕。不知因为什么原因，那天天皇和皇后去没有封路，上海的老百姓听说天皇的车队来了，很高兴，自发地围在街道两旁表示欢迎。人和人之间打交道，最能打动人的是真诚。上海民众在外滩对天皇和皇后所表示的友好情意是真诚的，不是官方组织的，反映了中国人民愿意与日本人民世代友好的愿望。天皇和皇后被感动了，日本电视台把这一幕在日本进行报道，日本民众也被感动了。

上海外滩的一幕之所以会出现，这是与我们党和政府长期对公众的教育和引导密切相关的。中日关系是有很深的伤痕的，20 世纪，日本对华的侵略战争，造成了数千万同胞的死亡，几乎家家都有仇。50 年代初，在北京举行日本工业展览会，升起了日本的太阳旗。北京老百姓非常反感，说打败日本才几年，又升起日本旗了。针对这种情况，周恩来总理亲自出面做工作。总理说，我们必须严格区分发动战争的军国主义者和日本人民，日本人民是无辜的，而且日本人民也是战争的受害者。中日两国友好，加强来往，开展交流，就会孤立少数对华敌视的右翼分子。周恩来总理讲得很在理，北京的老百姓接受了。日本工业展览会举行得很顺利。

2005 年，中国十几个城市爆发了反日游行，外交部根据中央的指示，安排了三位老大使去大学给青年人讲话，去做工作，说明中日关系的重要性。我是三名大使之一，我在全国各地大学先后讲了十几场，最多的一场有五千名大学生听我讲话。当时，有人提出了抵制日货的口号，我对他们说：时代变了，在全球化的条件下，今天的“日货”与 30 年代的“日货”不一样了。30 年代的日货完全在日本制造，今天则不然。你可以拿一件索尼的产品分解一下，你会发现，百分之九十八的部件都是在中国制造的。日本在华投资，直接或间接地创造了一千万人的就业机会。你要抵制“日货”，就是抵制自己，那不是愚蠢吗？！我讲到这里，大学生对我报以热烈的掌声。掌声表明，他们对于我讲的道理是接受的。中国已经成为全球的制造大国，中国制造的产品风靡全球，你要抵制人家，人家也抵制你，那会对我们开放的局面造成多大的损失！

我还问大学生：“你们说，中国在 21 世纪最大的利益是什么？”他们回答说：“最大的利益是发展。”我接着说：“说得对，就像邓小平说的，发展是硬道理。具体到 21 世纪的今天，我们需要保持发展的势头。我们今天的发展势头是中国人经过一百多年的奋斗才取得的，来之不易啊！如果这个势头丧失了，要找回来谈何容易啊！要保持发展的势头，必须保持开放的势头、对外合作的势头。如果开放的势头中断了，对外合作的势头中断了，那我们发展的势头也就中断了。我们的开放是对全世界开放，包括日本。我们当然要同日本执政者的错误言行进行必要的交涉和斗争，但中日两国人民要世代友好。这是从毛主席到我们今天的领导人的一贯主张，这绝不是一句空话。中日两国人民世代友好符合两国人民的根本利益，符合中国发展的需要，有利于亚洲乃至世界的和平与稳定。”

大学生对我很欢迎，我讲完话后，他们很多人拿着我写的书要我签名。

不论是在中国还是在全球，真正懂得外交和国际关系的人是少数。在这种情况下，对公众进行教育和引导至关重要。要对公众讲清楚，政府为什么这样做，为什么不那样做，道理何在。中国老百姓是非常通情达理的，道理讲清楚了，老百姓就会心悦诚服地支持政府的外交。

案例十九

中国驻南斯拉夫使馆被炸事件

1999年5月7日，中国驻南斯拉夫使馆被美机轰炸，事件发生后，中国政府向以美国为首的北约提出最强烈的抗议，在外交上周密部署，进行有理、有利、有节的斗争，既维护了国家主权和民族尊严，又顾全了中美关系的大局，最终达成美方向我赔偿的协议。同时，在危机时刻，中国政府对国内群众的愤怒抗议行动进行了正确引导，避免了事态进一步激化。

1999年5月7日午夜，一架B2隐型轰炸机从美国本土的空军基地起飞，途中不作任何停留，在经过数次空中加油后飞抵南联盟首都贝尔格莱德上空，向中国驻南联盟大使馆投掷五枚精确制导炸弹。炸弹从五个不同的方向对使馆进行全方位袭击，共造成新华社记者邵云环、《光明日报》记者许杏虎和夫人朱颖三人不幸遇难，以及使馆武官任宝凯在内的二十多名工作人员受伤，大使馆馆舍基本被摧毁。轰炸大使馆，这不仅是外交史上所罕见的，更是粗暴违反维也纳公约和国际法准则的野蛮行径。

消息传来，中国人民愤怒了。在许多大城市，爆发了大规模的抗议示威游行。外交使团是受到国际法保护的，美军公然轰炸中国大使馆，受到国际社会的强烈谴责。

我使馆被炸是一起突发事件，这是冷战结束后中美关系所经历的第一次危机。如何从国内、国际两个大局出发，既坚持原则，进行有理、有利、有节的斗争，又斗而不破，维护改革开放的大局，考验着中国政府危机处理的能力。

一、背　景

（一）冷战结束后，美国霸气上升

冷战结束后，西方精英层欣喜若狂，得意忘形，认为西方胜利了，“历史终结”了，从此以后西方的一套就可以在世界上大行其道。这种得意忘形的情绪，反映在美国对外关系中，其突出表现就是霸气上升。

1996—1998 年，我担任中国常驻联合国日内瓦办事处和瑞士其他国际组织代表、特命全权大使。“春江水暖鸭先知”，外交官处在一线，对于国际关系新情况是十分敏感的。1996 年，我驻日内瓦代表团，通过对国际形势的观察和自己在外交工作中的感受，在中国驻外使馆中，率先提出了“美国霸气上升”的看法，引起了国内的注意。

1991 年 1 月，美国发起了第一次海湾战争，“沙漠风暴”的军事行动，重创了伊拉克。时任美国总统的老布什在国内外名声大振，他以此为契机，提出了建立“世界新秩序”的主张。但老布什在 1992 年美国总统大选中败北。1993 年 1 月，克林顿上台。克林顿继承了老布什的衣钵，继续推进塑造“世界新秩序”。其主要做法是：向世界输出美国式的“民主”，提出了“人道主义干预”的理论，并在此旗号下，肆意干涉他国内部事务。

20 世纪 90 年代初，全球爆发了信息技术革命。美国占了信息技术革命的先机，经济快速增长，实力进一步上升。国内经济情况较好，更增加了克林顿政府对外干涉的劲头，特别表现在利用科索沃事件对南斯拉夫联盟内部事务的干涉。

科索沃原本是南联盟塞尔维亚共和国的一个自治省。其中 90% 的人口是阿尔巴尼亚族，其余是塞尔维亚族、黑山族等。阿尔巴尼亚族同塞尔维亚族长期存在矛盾，一直谋求独立。1998 年，时任南斯拉夫联盟总统的米洛舍维奇对科索沃采取强硬立场，双方爆发武装冲突。1999 年 2 月，美国迫使科索沃冲突双方到法国的朗布依埃进行谈判。谈判的基础是美国特使希尔草拟的方案，其主要内容是：尊重南联盟的领土完整，科索沃享有高度自治，南联盟军队撤出科索沃，“科索沃解放军”解除武装，按当地居民人口比例组成新的警察部队维持治安，北约向科索沃派遣多国部队保障协议实施。这个方案对双方来说都难以接受，阿族坚持要最终走向独立，并且不愿解除武装；而南联盟反对科索沃获得自治共和国的地位，也反对北约部队进驻科索沃，谈判最终破裂。美国和北约遂以“维护人权”和“执行人道主义救援”为借口，在未经联合国安理会授权的情况下，从 3 月 24 日开始对南联盟进行了长时间的空中军事打击。

（二）中国坚持反对霸权主义

中国对美国和北约军事打击南联盟的做法是不赞成的。我们认为，科索沃问题是南斯拉夫内政，应当尊重南联盟的主权和领土完整；军事打击主权国家南联盟，违背了联合国宪章和国际法准则。

在北约悍然发动对南联盟的军事打击后，我国领导人多次严正阐明中方的原则立场。中国外交部也发表声明，反对北约对南发动空袭，反对北约绕开联合国自行其是。中国还积极推动联合国安理会召开紧急会议，讨论科索沃问题，寻求政治解决。

（三）中美摩擦不断，但关系在发展

克林顿在 1992 年总统大选期间，出于竞选的需要，攻击老布什总统的中国政策，并宣称如果当选总统，将把中国的最惠国待遇与人权“挂钩”。然而，西方的竞选政治决定，政治家竞选时所作出的承诺和上台后推行的政策不是一回事。克林顿就任总统后，逐渐认识到与中国打交道的必要性和重要性。而且此时，

1989 年北京政治风波后西方对中国的制裁局面已被打破，日本和西欧各国同中国恢复了高层来往和首脑之间的接触。

1993 年 11 月，在西雅图举行了亚太经合组织领导人首次非正式会议。这次会议是克林顿总统倡议举行的，其目的之一，也是想利用会议的契机会见江泽民主席。

1993 年 11 月 19 日，克林顿总统在西雅图会见了江主席。这是会议期间引起国际社会最为关注的双边会晤，也是 1989 年后中美两国首脑第一次会晤。这次会晤意义不同寻常，标志着中美关系回到了正常发展的轨道。我时任外交部发言人，出席了这次会晤，并撰写了这次会晤的新闻稿。我当时的感觉是，克林顿总统非常重视这次会晤，他十分认真地听取了江泽民主席对中美关系的全面论述。会晤结束后，克林顿总统同中方出席会晤的每一个人握手道别。当克林顿总统走到我身边时，我正在忙于请钱其琛副总理审阅我起草的新闻稿，没有注意到克林顿走到了我的身旁。克林顿没有跳过我，而是在旁边等候我同钱副总理谈话结束，同我握手告别后再走。

1997 年和 1998 年，中美两国元首成功地实现了互访，达成了建立中美建设性战略伙伴关系的共识。克林顿在访问上海时，还明确表示不支持“台独”。据时任美国国务卿的奥尔布赖特女士在回忆录中说，克林顿希望和江泽民通过元首互访能够建立起领导人之间的私人关系。克林顿自己也在回忆录中说，中国的政治和经济影响力正迅速上升，如果他不展开 1998 年那次破冰之旅将极为“愚昧”。他通过与江泽民主席的接触，发现“相处的时间愈长便令我愈喜欢他”。他认为江主席“是一位有趣、充满魅力和极其高傲的人，但他总是愿意倾听不同的意见”[①]。

1999 年上半年的中美关系非常微妙和敏感。一方面，美国国

---

① Bill Clinton, *My Life*, Alfred A.Knopf (New York), 2004.p.646.

内右翼人士不愿看到中美关系顺利发展，不断制造麻烦。共和党控制的国会攻击我“窃取”美国核技术和卫星技术，制造了华裔科学家李文和“间谍事件”。他们还频频攻击克林顿政府，阻挠中国加入世界贸易组织。另一方面，随着中国经济的快速增长，美国国内，特别是经济界，支持发展美中关系，支持中国加入世界贸易组织的呼声在升高。朱镕基总理 1999 年 4 月对美国进行了访问，这是他就任总理后首次访美。原本期望两国能就中国加入世贸组织达成双边协议，但克林顿总统由于受到国内右翼势力的掣肘，使谈判功败垂成。此后，美国经济界猛烈批评克林顿政府没有抓住机遇。

二、中国政府面临的选择

美轰炸我使馆事件突如其来，如何处理，中国政府面临三种选择：

（一）坚决不接受“误炸”之说，与美方一斗到底。

（二）为了维护中美关系，迅速了结。

（三）既坚持原则，进行有理、有利、有节的斗争，又维护中美关系的大局。

中国政府斟酌再三，选择了第三条。

三、具体操作过程

（一）采取有效措施，稳定国内民众的情绪

外交机构是一个国家主权的象征，外交人员代表国家，受到国际法的保护，不容侵犯，这是国际社会共同遵守的一条准则。

中国驻南斯拉夫使馆受到美国飞机的轰炸，造成人员的伤亡和财产的损失，这是对中国主权的严重侵犯，当然引起全国人民的极大愤慨。

国内的稳定是办好外交的前提，中央十分注重稳定国内的大局。事件发生后，我国政府采取了一系列有效措施，既使民众的愤怒情绪通过正当渠道得以表达，又防止出现过激的行为，损害大局。

5 月 9 日，中共中央政局常委、国家副主席胡锦涛破例就这次事件发表电视讲话。他代表中央对三位烈士表示深切的哀悼，并对以美国为首的北约提出最强烈的抗议，要求美方对这一事件承担全部责任。同时，他要求广大人民群众“从国家的根本利益出发，自觉维护大局，使这些（抗议）活动依法有序地进行。要防止出现过激行为，警惕有人借机扰乱正常的社会秩序，坚决确保社会稳定。”他还指出要对外国驻华使领馆人员和财物依法予以保护。

5 月 12 日，胡锦涛副主席又亲自赴机场迎接由专机送回的烈士的骨灰和驻南联盟使馆的伤员。

5 月 13 日，中共中央和国务院在人民大会堂隆重集会，欢迎驻南联盟使馆人员，沉痛悼念三位遇难的烈士。会议由朱镕基总理主持，江泽民主席发表了讲话，阐明了中国政府和人民的严正立场。

由于中央采取的措施及时、得力，稳定了国内民众的情绪。

（二）外交上周密部署，进行有理、有利、有节的斗争

事件发生后，美国和北约的态度一度相当傲慢。炸馆事件发生后半小时，在美国五角大楼举行的新闻发布会上，发言人培根称，“我们有世界上最好的飞行员，我们有世界上最好的武器，我们的行动经过最精心策划，我们的部队受过最优良的训练……战

争造成意外是难免的。”这样傲慢的态度，中方当然不能接受，中国政府及时作出了强烈的反应。

1999 年 5 月 8 日，一方面，中国政府发表严正声明，向以美国为首的北约提出了最强烈的抗议。另一方面，外交部副部长王英凡紧急召见了美国驻华大使尚慕杰，就以美国为首的北约用精确制导重型炸弹袭击我驻南联盟大使馆提出最强烈的抗议。

5 月 10 日，中国外长唐家璇召见美国驻华大使尚慕杰，代表中国政府提出了四点严正要求：要求美方公开、正式道歉；对事件进行全面、彻底的调查；迅速公布调查结果；严惩肇事者。

此外，中国政府还决定推迟中美两军高层交往，推迟中美防扩散、军控和国际安全问题磋商以及中止中美在人权领域的对话。

与此同时，中国政府在联合国内也开展了外交攻势。在中方的强烈要求下，5 月 14 日，联合国安理会克服美英等国的阻挠，召开紧急会议。会议打破惯例，在会议正式开始前，安理会全体成员国起立，为中国驻南使馆被炸而牺牲的人员默哀。过去，安理会曾经为去世的国家元首或政府首脑起立默哀，像这一次为遇难的记者默哀还是第一次。会议经过讨论，发表了主席声明，强调必须对袭击中国驻南联盟使馆事件进行全面、彻底的调查，安理会将等待调查结果。

我们还通过各种途径，把我驻南使馆被炸的真实情况及时向各国政府和国际社会作了通报，赢得了国际上的广泛同情和对我严正立场的支持。

事件发生后，中方外交上的行动有板有眼，美方也十分重视，总统和国务卿亲自处理。

2011 年 11 月，我在美国会见了美国前任国务卿奥尔布赖特。炸馆事件已过去十二年，但她对此事仍记忆犹新。她对我说，她获悉此事后，深夜从床上下来，试图与中国外长唐家璇通话，但是找不到他。她立即带上参谋长联席会议副主席罗斯顿将军、副国务卿皮克林和白宫国安会特别助理、亚洲政策资深主任李侃如，一起到中国大使馆向李肇星大使道歉。那天晚上，李肇星大使非常生气。奥尔布赖特向李大使解释轰炸事件是一桩非常严重的意外，她感到极为难过，谨向死者和死者家属表达慰问之意，同时亦表示关切美国驻华大使馆人员的安全。

克林顿总统在其回忆录中写道：

“5 月 7 日，我们遭受了这次行动中最严重的政治挫折——北约军队轰炸了在贝尔格莱德的中国大使馆，造成三名中国公民死亡。我很快得知炸弹命中的是预定目标，但根据中央情报局过时的地图，中国大使馆所在位置被错误地标为一幢用于军事用途的塞尔维亚政府办公楼。这类错误正是我们一直要极力避免的，因为军方一般使用航空摄影确定目标；而且在此之前，我和比尔 · 科恩、休 · 谢尔顿、桑迪 · 伯杰一周见面几次，确定要轰炸哪些有影响的目标，以最大限度削弱米洛舍维奇的力量，并将平民伤亡降至最少。事件发生后，我惊讶得说不出话来，极其沮丧，立刻给江泽民主席打电话道歉，但是他没有接，所以我在公众场合一再道歉。接下来三天，抗议在中国各地不断升级。在北京的美国大使馆形势尤为严峻，尚慕杰大使发现自己已被团团包围。中方认为轰炸是蓄意所为，拒绝接受我的道歉。”①

1999 年 5 月 8 日，克林顿对媒体表示：这是一起可悲的错误，向中国领导人和人民表示真诚的歉意和哀悼。5 月 9 日，克林顿总统致函江泽民主席表示，他对使馆被炸所带来的痛苦和人员伤亡表示道歉和真诚哀悼。5 月 10 日，美国驻广州总领事馆降半旗为遇难的三位中国记者致哀。5 月 12 日，美、英、法、德、加等国驻华使领馆降半旗致哀。

---

① Bill Clinton, *My Life*, p.693.

5月14日晚，克林顿总统与江主席通话，他说："主席先生，我愿对发生在贝尔格莱德的悲剧表示由衷的道歉，尤其是向受伤人员和遇难者家属表示慰问。我保证查清事件发生的原因，并尽快让中国人民了解事实真相。"克林顿还一再强调，美中关系非常重要，他将尽最大努力处理好这场悲剧，使两国关系恢复正常发展。

江主席重申了中国政府的严正立场，强调，中国政府十分关心本国公民的生命安全。我们是一个有十二亿人民的国家，每个中国人民的生命都是极其宝贵的。这是中国政府必须维护的最根本的人权。当务之急，是对这一事件进行全面、彻底、公正的调查，并迅速公布调查结果，满足中国政府和中国人民提出的全部要求。

从1999年5月中旬起，美方多次提出派特使来华通报调查结果。6月中旬，中方接待了访华的美国总统特使、副国务卿皮克林，他向中方通报了炸馆事件的调查结果。皮克林说，美方已就此次事件作了道歉，美方认识到再多的解释也不能弥补死伤人员及其亲人所遭受的悲剧。美方调查表明，这是一起由美国政府一些部门一系列失误所导致的"悲剧性误炸"事件。

（三）双方通过谈判，达成美方向我赔偿的协议

自1999年7月15日起，中美双方代表在北京就我国驻南联盟大使馆被炸索赔案进行谈判。谈判共进行了五轮。7月30日，中美就中方人员伤亡和个人损失的赔偿达成协议。8月，美方按协议支付了中方伤亡人员赔偿金450万美元，由中国政府直接分付给三位烈士家属和受伤人员。接着双方又就中方财产损失进行了三轮谈判，并于12月达成协议。2001年1月17日，美政府向中国政府支付了轰炸中国驻南联盟大使馆财产损失赔偿金2800万美元。

（四）尾声

据美国《洛杉矶时报》报道，2000 年 4 月 9 日，在中国使馆被轰炸 11 个月后，美国中情局就此次事件终于做出了正式处理：1 名中情局雇员遭解聘，另外有 6 人受处分，其中包括一名高级官员。[①]

四、启　示

（一）危机时刻，正确引导公众至关重要

中国在过去一百多年里，曾经饱受了帝国主义列强的侵略、压迫和剥削。这段历史使得中国人民对于涉及领土和主权问题十分敏感。美国飞机轰炸我驻南斯拉夫联盟大使馆，这是对中国主权的公然侵犯。我国公众义愤填膺，这是理所当然的。以江泽民主席为核心的我国第三代领导集体，在处理这场危机时，是把国际和国内两个大局联系起来考虑的。要稳定国内大局，必须对民众进行正确引导。现在回头看，我们在这方面的工作做得是到位的。

历史告诉我们，当群众愤怒起来的时候，很可能会出现一些过激的行为。在这关键时刻，切忌犯极端民族主义的错误，当群众的尾巴，放纵这种过激行为。那样，就会使群众的愤怒一发不可收拾，破坏改革开放的大局。事件发生后，中央始终走在群众的前面，积极加以引导。一方面肯定中国公众的愤怒是正当的，通过有组织的示威游行，让公众的愤怒得以表达；另一方面，又及时提醒大家，防止过激行为被别有用心的人利用，损害大局。

---

① "CIA Punishes 7 in Airstrike on Embassy", The *Los Angeles Times*, April 9, 2000.

1999 年 5 月 13 日，中共中央和国务院在人民大会堂举行的大会上，江主席讲话指出：

“中国不会因为这次事件而偏离发展经济、进行改革开放的政策，中国要坚定不移地以经济建设为中心，集中力量发展生产力，增强综合国力……以美国为首的北约袭击驻南使馆的暴行不能阻挡改革开放的步伐，中国要一如既往地在平等互利基础上开展对外经济技术交流和合作……坚定不移地保持社会稳定，保证改革开放和经济建设的持续健康发展。”

江主席还指出：“我们既要反对霸权主义，也要同美国发展关系。不能因为反对霸权主义而放弃发展关系，也不能因为发展关系而放弃反对霸权主义。”①

（二）有理、有利、有节，最需要把握的是“节”

有理、有利、有节，是我对外进行斗争时必须遵循的一条重要原则。具体到这次炸馆事件，有理、有利相对比较容易做到，最难把握的是“节”。如果“节”把握不好，一味地、无休止地斗下去，损害了大局，有理、有利也站不住。

要把握好“节”，一是要关注大局，二是要考虑效果，三是要横向比较。

客观地讲，中国对炸馆事件的处理是成功的，克林顿总统亲自多次道歉，我们维护了国家利益和民族尊严。

发生炸馆事件时，我正在法国工作。法国外交部告诉我，越南战争期间，1970 年美国飞机轰炸河内，炸死了法国驻越南使馆的代办，他是法国驻越南最高级别的外交官，美国人一句道歉的话都没有说过。

1988 年 7 月 3 日，两伊战争即将结束之前，伊朗航空公司

---

① 《人民日报》，1999 年 5 月 14 日。

655 号班机被美国海军的导弹巡洋舰“文森斯号”击落，290 名乘客和机组人员全部罹难，当时“文森斯号”在伊朗水域内。美国政府事后声称这是一次误击事件，仅仅发出照会对人命丧失表示遗憾，却从未承认错误，或对事件道歉。当时的美国副总统老布什在一份声明中甚至这样说道：“我绝不会为美国道歉，永远不会！我不关心事件真相是什么！我不管美国干了什么，我不是那种‘为美国道歉’的人。”[①]

（三）危机时刻，驻外人员要尽快向国内报告

美军机对中国使馆袭击后，使馆几乎被全部摧毁，与国内的联系中断。然而，炸馆事件发生后 15 分钟，《人民日报》驻南记者吕岩松第一个向国内发回了我使馆被炸的消息。吕岩松 1967 年出生，此时年仅 32 岁。他从硝烟未散的废墟中走出来，所做的第一件事情就是向国内报告。吕岩松的这一行动表明，他充分理解驻外人员的职责，是一线驻外人员的楷模。

当灾难临头的时候，驻外人员要做的第一件事情就是立刻向国内报告。因为国内要决策不能只靠外媒的报道，一线人员的报告是决策的依据。

---

① Statement as Vice-president, during a presidential campaign function (2 Aug 1988), as quoted in “Perspectives” in *Newsweek* (15 August 1988) p.15.

案例二十

建立中国—东盟自由贸易区

2000 年，朱镕基总理在新加坡举行的第四次中国—东盟领导人会议上，首次提出建立中国—东盟自由贸易区的构想，获得东盟方面的热烈响应。经过 10 年的谈判，至 2010 年，中国—东盟自由贸易区全面建成。自贸区建成后，中国和东盟双边贸易、双向投资和经济合作均取得了显著成效，大大推动了中国与东盟经济的快速发展，巩固和加深了我国同东盟的关系。这一成功案例对我们认识全球化和地区集团化，及处理邻国关系等带来了许多启示。

中国—东盟自由贸易区（China and ASEAN Free Trade Area，CAFTA）是中国与东盟十国组建的自由贸易区，是中国与外国建立的第一个自贸区，也是东盟作为整体对外建立的第一个自贸区。中国—东盟自由贸易区成为一个涵盖 11 个国家、19 亿人口、GDP 达 11 万亿美元（据 2012 年统计数字）的巨大经济体，是目前世界人口最多的自贸区，也是发展中国家间最大的自贸区。

中国—东盟自由贸易区是朱镕基总理倡议建立的。自贸区的建成，对中国和东盟的贸易与投资合作有着强大的推动作用。改革开放以来，我国在对外经贸关系中，被动回应国际上的倡议和主张较多，主动提出倡议很少。建立中国—东盟自由贸易区是中国主动倡议建立的，是一个成功的案例，值得研究和总结。

一、背景

（一）冷战结束后，全球经济和贸易大发展

1991 年 12 月 25 日，苏联正式解体，战后持续了四十多年的冷战和两极体制宣告结束。冷战期间，美苏两大阵营各霸一方，

并没有形成真正意义上的全球统一市场。冷战结束，阻碍建立全球统一市场的障碍消除，全球大市场展现在世界的面前。市场经济，市场是关键，全球统一大市场的出现，推动了全球贸易和经济增长。

1991 年，全球贸易额为 4 万亿美元，全球 GDP 为 23 万亿美元。2001 年世界贸易总额为 12 万亿美元，2011 年全球 GDP 上升到 71 万亿美元。在人类经济发展史上，从来没有出现过在短短的二十年里，全球 GDP 增长如此之快的先例。

（二）亚洲金融危机重创东盟

1997 年爆发的亚洲金融危机来得十分突然。1997 年 7 月 2 日，泰国宣布实行浮动汇率制，泰铢于当天贬值 18%，外汇及其他金融市场一片混乱。这次危机击垮了泰国 56 家银行，泰铢累计贬值 60%，股票狂泻 70%。危机还持续蔓延，菲律宾比索、印度尼西亚盾、马来西亚吉特相继被迫贬值，一向坚挺的新加坡元也受到冲击。1997 年下半年，韩国、日本也抵挡不住冲击，一系列银行、证券公司相继破产。东南亚金融风暴演变为亚洲金融危机。

其实，亚洲金融危机的爆发也绝非偶然，是内因和外因综合作用的结果。

内因是东盟国家大多为外向型经济，对国际市场依赖很大。它们为了吸引外资，一方面保持固定汇率，一方面又扩大金融自由化，给国际炒家提供了可乘之机。如泰国在 1992 年取消了对资本市场的管制，而此时，泰国本国的金融体系尚未完全理顺，这就使短期资金的流动畅通无阻。同时，为了维持固定汇率制，这些国家长期动用外汇储备来弥补逆差，导致外债的增加。再加上这些国家的外债结构又不合理，长期债务少，中短期债务占多数。一旦外资流出超过外资流入，而本国的外汇储备又不足以弥补其不足，货币贬值便不可避免了。

外因则是随着金融全球化的发展，国际流动资本大大增加。国际炒家在全球四处寻找可图之利，一旦发现哪个国家或地区的金融市场存在漏洞，马上就冲击该国或地区的货币，以在短期内获取暴利。而当时东南亚国家金融体制特别是监管体制的不完善，给了国际炒家可乘之机。

1997 年亚洲金融危机爆发时，我在日内瓦，担任中国常驻联合国日内瓦办事处和瑞士其他国际组织的代表、特命全权大使。那时，联合国内外都弥漫着对亚洲经济的强烈悲观情绪。一些经济学家预言："亚洲经济增长的奇迹，一去不复返了。""亚洲国家从这次金融危机的打击下恢复过来，至少需要 10 年到 15 年的时间。"

（三）中国在亚洲金融危机中表现良好

亚洲金融危机爆发后，亚洲货币贬值的浪潮像一股汹涌澎湃的洪流冲击着许多亚洲国家。当这股洪流冲击到中国时，中国政府坚定地向世界声明：人民币不贬值！

"人民币不贬值"这几个字掷地有声。当时，世界上很多人不相信，认为人民币必定会贬值，否则中国经济将面临灭顶之灾。但是，中国政府说到做到，保持了人民币坚挺。这一点，对于亚洲乃至世界都十分重要。因为如果中国政府从私利出发，贬值人民币，增加中国出口产品的竞争力，那就会引发新的一轮亚洲货币贬值风潮，使正在遭受金融危机煎熬的亚洲国家雪上加霜，后果将不堪设想。人民币顶住贬值压力，为亚洲国家赢得了喘息的时间。

当然，其他亚洲国家货币大幅度贬值而人民币不贬值，其结果就是其他亚洲国家出口的产品竞争力增强，中国出口的产品竞争力下降。怎么办？中国政府当时采取的又一条重要措施，就是扩大内需。中国政府扩大内需的一条重要措施就是修建高速公路网。1997年，中国高速公路通车里程仅4700公里，到2012年，中国高速公路通车总里程达到了9.56万公里。

扩大内需使中国经济保持了增长的势头，也使中国政府有可能增加从东盟国家的进口，帮助他们渡过难关。此外，1997年，中国政府在国际货币基金组织安排的框架内并通过双边渠道，向泰国等国提供了总额超过40亿美元的援助，向印尼等国提供了出口信贷和紧急无偿药品援助。

1997年10月，国际炒家袭击港币，以为在香港可以大捞一把。此时，香港回归还不到三个月，但特区政府投入千亿港元托市，击败了国际炒家。1998年，我在日内瓦会见了香港政务司司长曾荫权和香港金融管理局总裁任志刚。他们向我介绍了击败国际炒家惊心动魄的过程，并自豪地说："国际炒家在亚洲唯一失败的地方就是香港，中央政府对特区政府的支持至关重要。"

二、中国面临的选择

以上情况表明，形势的发展已使建立中国—东盟自由贸易区的条件正在成熟。中国政府面临两种选择：

（一）主动提出建立中国—东盟自由贸易区的建议。

（二）等待东盟提出类似的建议。

中国政府选择了第一条。

三、操作过程

（一）朱镕基提出建立中国—东盟自由贸易区的建议，获得东盟方面的热烈响应

1999 年 11 月 28 日，第三次东盟 – 中国领导人非正式会议在菲律宾首都马尼拉举行，中国国务院总理朱镕基出席。朱镕基总理在会上提出了中方对在新世纪加强与东盟睦邻互信伙伴关系的主张，建议加强中国与东盟自由贸易区的联系，深化双方在金融领域的合作，得到东盟国家的积极回应。东盟国家高度评价中国在亚洲金融危机中给予东盟国家的支持和援助。

2000 年 11 月，朱镕基总理在新加坡举行的第四次中国—东盟领导人会议上首次提出建立中国—东盟自由贸易区的构想，并建议在中国—东盟经济贸易合作联合委员会框架下，成立中国—东盟经济合作专家组，就中国与东盟建立自由贸易关系的可行性进行研究。上述建议得到东盟国家的热烈支持。

2001 年 3 月，中国—东盟经济合作专家组正式成立。专家组认为中国—东盟建立自由贸易区对东盟和中国是双赢的决定，建议中国和东盟用 10 年时间建立自由贸易区。

2001 年 11 月 6 日，第五次中国—东盟领导人会议在文莱举行，朱镕基总理出席。中国和东盟领导人达成在 10 年内建立中国—东盟自由贸易区的意向，并授权各自的经济部长和高官，尽快启动自由贸易区谈判。①

① 参见《中国—东盟自由贸易区谈判进程》，http://www.yfao.gov.cn/show-559.html

（二）中国—东盟自由贸易区谈判

2002年5月14日，中国和东盟80多位经济部门高官和代表齐聚北京，正式启动中国—东盟自由贸易区谈判。

中国外经贸部副部长龙永图在中国—东盟经济高官会议开幕式上致辞。他说，中国与东盟建立自由贸易区是双方在经济全球化和区域经济一体化大背景下作出的明智的政策选择。亚洲金融危机以及亚洲和世界经济增长的下滑，凸显了中国与东盟加强经济联系的必要性和紧迫性。龙永图指出，中国—东盟自由贸易区的建立将使双方更好地实现优势互补，开拓新的发展机遇，共同防范经济全球化带来的风险。他表示相信，双方一定能达成一个最大体现双方利益的双赢协议。[①]

这次北京会议的主要内容包括：1. 审议中国和东盟经济合作的五个重点领域，即农业、信息技术、人力资源开发、投资和湄公河流域开发。2. 对中国—东盟经济合作框架协议进行探讨，认为《框架协议》是未来中国和东盟开展经济合作的法律依据，《框架协议》将涵盖货物、服务、投资及其他相关领域的广泛合作，将确定自由贸易区及其“早期收获（early harvest）”的方针和原则、模式和范围，以及考虑到中国和东盟不同的发展水平，中国给予东盟新成员的特殊差别优惠待遇和灵活性。另外，会议还决定成立中国—东盟自由贸易谈判委员会（TNC），就《框架协议》的制定进行深入讨论。随后，召开第一次中国—东盟谈判委员会会议，正式启动中国—东盟自由贸易区工作级磋商。会议就自由贸易区谈判的原则、模式、内容、时间框架等问题进行讨论，为未来的谈判制订工作计划，并约定在此之后每月

---

① http://www.mofcom.gov.cn/aarticle/resume/n/200207/20020700023977.html.

进行一次谈判，最终将中国—东盟经济合作框架协议提交给当年召开的中国—东盟领导人会议，供领导人审议批准。[①]

2002 年 6 月，中国代表团赴印尼首都雅加达与东盟就中国—东盟自由贸易区进行第二次谈判。此次谈判就中国—东盟自由贸易区框架原则进行磋商，主要涉及关税、货物出口、服务贸易及投资领域的总体原则。[②]

2002 年 11 月，第六次中国—东盟领导人会议在柬埔寨首都金边举行，朱镕基总理和东盟十国领导人签署了《中国与东盟全面经济合作框架协议》，决定到 2010 年建成中国—东盟自由贸易区。这标志着中国—东盟建立自由贸易区的进程正式启动。

2003 年 9 月 3 日，第二次中国—东盟经贸部长会议在金边举行，就中国—东盟自由贸易区框架下的“早期收获”及自由贸易区谈判的进展等进行讨论。会议发表的《联合新闻声明》指出：中国—东盟经贸部长们对自由贸易区谈判进展表示满意，并有信心在《框架协议》规定的时间内如期完成自贸区的谈判。

2004 年 11 月，中国—东盟签署了《货物贸易协议》，规定自 2005 年 7 月起，除 2004 年已实施降税的早期收获产品和少量敏感产品外，双方将对其他约 7000 个税目的产品实施降税。

2007 年 1 月 14 日，中国与东盟在菲律宾宿务市签署了《服务贸易协议》，双方在 60 多个服务部门相互作出了高于世界贸易组织水平的市场开放承诺。

2009 年 4 月 10−12 日，中国总理温家宝出席在泰国帕塔亚举行的第十二次中国与东盟领导人会议。会上与会各方签署了中

---

① http://www.yfao.gov.cn/show-559.html

② http://finance.eastday.com/epublish/gb/paper92/20020614/class009200001/hwz726417.htm.

国—东盟《投资协议》，这标志着中国和东盟自贸区谈判圆满完成。[①]

自2001年11月正式启动建立中国—东盟自由贸易区进程以来，至2009年4月，中国—东盟贸易谈判委员会共举行了31次会议，签署了中国与东盟《货物贸易协议》《服务贸易协议》《投资协议》，这标志着双方圆满完成了中国—东盟自由贸易区的谈判任务。三个协议的签署为中国与东盟各国经贸合作提供了良好的政策支持，随着三个协议的实施，中国—东盟自由贸易区在2010年全面建成。[②]

（三）中国—东盟自由贸易区初见成效

2011年8月12日，在印度尼西亚万鸦老举行第十次中国—东盟（10＋1）经贸部长会议，来自中国和东盟十国的经贸部长参加。会议积极评价中国东盟建立对话关系20年来的经贸合作成果，特别是实施《中国—东盟全面经济合作框架协议》所取得的成效，探讨了进一步加强合作的具体措施。中国商务部部长陈德铭率团与会，并在会上表示：当前国际金融市场出现急剧动荡，世界经济复苏的不确定性、不稳定性上升。中国和东盟应加强经贸合作，保持本地区经济的稳定和发展。中国将坚持扩大对外开放，希望东盟各国抓住机遇，扩大对华贸易和投资合作。陈德铭强调，在中国与东盟各国共同努力下，20年来，特别是自2010年1月1日中国—东盟自由贸易区全面建成以来，中国—东盟双边贸易、双向投资和经济合作取得了显著成效。双边贸易快速增长，中国—东盟贸易额从1991年的80亿美元增长到2010

① http://finance.stockstar.com/JL2009040900000971.shtml.

② http://finance.stockstar.com/JL2009042100001990.shtml.

年的 2928 亿美元，规模扩大了 37 倍。

在这次会议上，部长们一致同意将中国东盟贸易谈判委员会改名为中国—东盟自由贸易区联合委员会。[①]

2010 年 1 月 1 日中国—东盟自由贸易区正式全面启动后，双边贸易发展迅速。2009 年中国东盟贸易额为 1782 亿美元，到 2012 年，中国和东盟的贸易额达到了 4001 亿美元。2013 年 1 至 6 月，中国东盟双边贸易额达到了 2105.6 亿美元。

四、启　示

（一）全球化与地区集团化是齐头并进的

冷战结束后，全球化的势头，随着全球统一市场的出现，大大增强。全球化的推进，促进了全球贸易和经济的增长。然而，事情总有两面，全球化也不例外。全球化带来的不仅是机遇，而且也带来了严峻的挑战。每个国家要抓住机遇，应对挑战，规避风险，单靠自身的力量是不够的，需要有一个强大的地区依托。欧洲有欧洲联盟，北美有包括美国、加拿大和墨西哥的自由贸易区，在原苏联有独立国家联合体，在南美有南美共同市场，在非洲有非洲联盟，唯独在亚洲，没有一个强大的区域经济一体化的机制。

亚洲金融危机既教育了中国，也教育了东盟国家。朱镕基总理主动倡议建立中国—东盟自由贸易区，这一行动本身就表明中国认识到建立地区依托的必要性。东盟也并非完全没有建立某种地区依托的意识。1991 年 10 月，东盟六国在吉隆坡召开部长级

---

① http://finance.stockstar.com/MS2011081300000120.shtml.

会议，确认了“东盟自由贸易区”计划的可行性，1992 年 1 月第四次东盟首脑会议批准了该计划。但东盟建立地区依托的行动迟缓，无法应对 1997 年国际炒家对东盟国家货币的袭击，炒家赚了大钱。由此，东盟各国认识到，靠单打独斗无法应对全球化的挑战和风险，必须加强各国间的合作，乃至与区外大国的合作，建立必要的地区依托。

从发展的观点来看，全球化与地区集团化，应当是相互促进的，而不是相互排斥的。地区集团化，是为了抓住全球化的机遇和应对全球化挑战所派生出来的。全球化也是一股时代的潮流，它反映出生产力发展的需要。尽管会有些曲折，但它要想往前发展，是阻挡不了的。

（二）当机遇出现时，及时发现，牢牢抓住，至关重要

东盟是中国的近邻，也是中国外交的重点。中国是一个大国，东盟国家虽多，但大部分是小国。在国际关系中，小国对大国总是有一些担心、忧虑乃至恐惧。历史上大国欺负小国的例子太多了，特别是当大国主动提出什么倡议时，小国总是害怕大国别有所图，怕自己上当受骗。因此，提出重要倡议的时机至关重要。

现在回头看，朱镕基提出建立中国—东盟自由贸易区的倡议，时机抓得非常好。这个时机是亚洲金融危机提供的。亚洲金融危机来势迅猛，一些“龙”啊“虎”啊，被冲得人仰马翻。而就在这个时候，中国的表现是值得赞许的。我们决定，人民币不贬值，并扩大内需，这不仅是考虑到了中国自身的需要，也考虑到地区各国的利益。中国的表现使得东盟对于中国的信任度大大加强。在东盟国家处于危难时，中国没有落井下石、从中渔利，而是采取了负责的态度，不仅把自己的事情做好，同时向东盟提

供了及时的帮助。行动是最有说服力的，中国在亚洲金融危机中的表现，证明中国是可以信赖的。

所谓机遇，它是各种因素综合作用的结果。机遇只能存在一段时间，如果你抓不住，它就过去了。这就是我们经常说的“机不可失，失不再来”。朱镕基当时对机遇抓得是非常及时的。如果今天再提，大概为时已晚。就是提出来，也未必能谈成。

（三）处理好同邻国的关系，要重点抓合作，同时要妥善处理分歧

外交是内政的延伸，今天中国是以经济建设为中心，这是1978年十一届三中全会以来我们就坚持的方针。以经济建设为中心，一心一意搞建设，就需要有一个良好的周边环境。

回顾1978—1979年，小平同志在策划中国这艘航船调整航向、实行战略的转折时，在国际上抓了几件大事，这对于今天的中国仍然有很强的启示作用。当时，在外交上，小平同志亲自抓了三件大事：中美建交，访问美国；与日本签订《中日和平友好条约》，并两次访问日本；访问五个邻国——缅甸、尼泊尔、泰国、马来西亚、新加坡。小平同志的战略意图是十分清楚的，要改革开放，必须同美国建交，搞好同美国的关系；同时，要搞好同周边国家的关系。

一心一意搞建设，需要有一个良好的周边环境。处理好同邻居的关系，不是很容易的。我们同邻居靠得很近，抬头不见低头见，出现一些分歧和磕磕碰碰的事情是难免的。要处理好同邻国的关系，第一位是要抓合作，要发现我们同邻国之间的利益汇合点，在利益汇合点的基础上，开展互利合作，在各个领域、各种层次上建立不同的利益共同体。其目的是使我们同邻国的关系，基础越来越牢固，共同利益越来越多，相互依存度越来越高。

另一方面，必须妥善处理我们同邻国的矛盾和分歧。所谓妥善处理，包含三层含义：

一是把分歧放在适当的位置，既不夸大，也不缩小。

二是始终坚持和平解决争端的立场。和平解决国际争端，是联合国宪章和国际法准则所确定的一条重要原则。中国无论在任何时候，不论有多少困难，都要坚持和平解决争端的立场。除非外国将战争强加给中国，那另当别论。

三是当分歧一时解决不了，先把它挂起来。对于领土争端，可以通过搁置争议、共同开发来化解分歧，不能让分歧妨碍国与国之间的合作。

朱镕基总理提出的建立中国—东盟自由贸易区的倡议，与小平同志处理同邻国关系的思想是一脉相承的。中国—东盟自贸区的建立，已经并必将对巩固和发展我国同东盟的关系，营造良好的周边环境发挥关键的作用。

案例二十一

朝核六方会谈

自20世纪90年代以来，朝核问题对东北亚及世界安全与和平发展造成了严重威胁，成为国际社会广泛关注的问题。2002年第二次朝核危机爆发，朝核问题更加棘手。为化解危机，中国政府采取主动，积极促进朝核问题的三方会谈和六方会谈，使其成为长期以来处理朝核问题的对话平台。这是中华人民共和国外交史上的一次“主动式外交”，是中国外交从“反应外交”转向“主动外交”的关键点，具有典范意义。

2002年下半年第二次朝核危机爆发，为化解危机，保持朝鲜半岛的和平与稳定，中国政府采取主动，通过穿梭外交在美朝之间积极斡旋。2003年4月23–25日，中、朝、美三方在北京举行有关朝核问题的三方会谈；8月27–29日，在北京举行中国、朝鲜、美国、韩国、俄罗斯和日本参加的关于朝核问题的六方会谈。此后，朝核六方会谈举行过多次会议，成为处理朝核问题的国际平台。中国在朝鲜半岛问题上采取主动行动，这在中华人民共和国外交史上还是第一次。尽管朝核问题尚未解决，但这仍不失为一个研究中国外交的重要案例。

一、背　景

（一）第一次朝核危机及其化解

20世纪50年代末，朝鲜就开始核技术研究。60年代中期，在苏联的帮助下，朝鲜创建了宁边原子能研究基地，从苏联引进了第一座800千瓦核反应堆，使朝鲜核技术研究初具规模。1974年，朝鲜加入国际原子能机构。1985年12月，朝鲜加入《不扩散核武器条约》。按照该条约规定，成员国必须接受国际原子能机构对其核设施的检查，但朝鲜却一直拒绝接受检查。

20世纪90年代初，美国根据卫星照片，怀疑朝鲜正在进行核开发，提出要对朝鲜的核设施实行检查。朝鲜反复声明它没有制造核武器的打算和能力，同时指责美国在韩国部署核武器威胁它的安全。1991年9月27日，时任美国总统老布什宣布，撤除美国部署在世界各地的主要战术核武器，朝鲜的态度也发生了积极的变化。1991年底，朝韩双方签署了互不侵犯协定，韩国政府宣布其领土上不存在任何核武器。1991年12月31日，朝韩于板门店签署《关于朝鲜半岛无核化共同宣言》，1992年1月21日正式生效。1992年1月，朝鲜与国际原子能机构签署核安全协定，同意该机构对其核设施进行检查，紧张气氛有所缓和。

1992年5月初开始，国际原子能机构对朝先后进行6次核查，未发现朝研究核武器的证据。但是美国提出，根据其间谍卫星的侦察，朝鲜宁边地区有两处军事基地隐藏朝未申报的可疑物，要求朝允许对其进行特别检查，遭朝鲜坚决拒绝。

1993年2月25日，国际原子能机构理事会通过对朝鲜核设施进行强制性"特别检查"的决议，并规定3月25日是朝鲜接受特别检查的最后期限。但朝鲜拒绝了国际原子能机构特别检查的要求，并于3月12日宣布将于3个月之后退出《不扩散核武器条约》。于是，国际原子能机构将朝鲜核问题提交联合国安理会。联合国安理会作出决议，敦促朝鲜重新考虑退约问题并接受检查，否则将给予制裁。但是朝鲜态度强硬，声称如果制裁朝鲜，将使韩国变成"一片火海"，第一次朝鲜核危机爆发。

为了缓和局势，美朝于1993年6月2日在纽约举行自朝鲜战争结束以来首次副外长级会谈。美国在援助朝鲜改造核设施等问题上作出一些许诺，朝鲜则宣布暂不退出《不扩散核武器条约》。同年7月14日，美朝在日内瓦举行第二轮副外长级会谈，但未能取得任何实质性进展。

1994 年 1 月 7 日，朝鲜同国际原子能机构就特查问题进行谈判，不仅未取得任何成果，而且谈判最后以破裂告终。朝方于 6 月 13 日宣布断绝与国际原子能机构的关系。此时，美军方制订计划，准备对朝鲜核设施进行“外科手术式”打击，并通报了韩国，但遭到韩国总统金泳三的反对。

为了化解危机，美国前总统卡特于 1994 年 6 月 16 日前往平壤与金日成会谈，就朝鲜放弃核计划等达成协议。克林顿政府对这一协议持积极态度，于是美朝于同年 7 月 8 日在日内瓦开始第三轮会谈。10 月 21 日，会谈终于取得成果，双方在日内瓦签署了一项《朝美核框架协议》。其主要内容是：

——华盛顿和平壤同意建立由美国领导的国际组织，为朝鲜建设两座轻水反应堆，以取代朝鲜的石墨核反应堆，为朝鲜提供能源。

——在轻水反应堆建设期间，为了缓解朝方的能源危机，美国同意每年向朝鲜提供 50 万吨重油。

——朝鲜同意冻结并最终拆除其石墨反应堆以及其他相关的核设施。

——美国和朝鲜同意在各自的首都为对方设立联络办公室，并最终把双边关系升级为大使级外交关系。

——美国向朝鲜作出正式保证，不对朝鲜使用核武器。

——朝鲜承诺将采取措施，实现朝鲜半岛的无核化。

——朝鲜表示它将不退出《不扩散核武器条约》。

至此，第一次朝核危机化解。

（二）第二次朝核危机

美朝间签订关于解决朝鲜核问题的《朝美核框架协议》后，

双方均未认真执行。究其原因，是美朝双方对框架协议都不满意。美方不满的是发现朝仍在进行核开发，而朝鲜也公开宣称“有权发展核武器”。因此，美韩对于答应帮助朝鲜修建两座轻水核电站感到很后悔，不仅是因为工程花费巨大，更重要的是这两座电站运转后产生的废料棒经后期处理，就可以得到制造原子弹的钚，这无异于在帮朝鲜制造核武器。但是签订的协议又无法悔改，于是美国开始拖延工程进度。

美国的这一做法，使得轻水核电站的建设远远没有达到协议中所要求的进度，这加深了朝鲜对美执行框架协议的疑虑，而且美所承诺提供的重油也没有到位。朝鲜方面还认为，美国如果违反了框架协议，朝鲜也是无法追究的。所以，朝鲜开始秘密恢复核计划。

另外一个重要背景是，2001 年 1 月，美国总统更迭，小布什上台。上台伊始，小布什政府重新评估了对朝政策，认为“克林顿政府的对朝鲜接触政策是软弱的，不可思议地帮助朝鲜走出了即将崩溃的困境，应立即停止对朝鲜的单边援助并控制美朝和解的进程”①。“9 · 11 事件”发生后，小布什把恐怖主义和大规模杀伤性武器扩散视为对美国的最大威胁。因此，美对朝核问题采取了“不妥协、不谈判、不补偿”的强硬立场，并将伊拉克、伊朗、朝鲜三国列为“邪恶轴心国”。美国媒体还披露，美《核态势审议报告》将朝鲜列为 7 个需要实施打击的国家之一。朝鲜对此作出了强烈的反应。

2002 年初，美国情报部门在侦察朝鲜宁边附近设施时发现了一些疑点。这年 10 月，美国负责东亚及太平洋事务的助理国务卿詹姆斯 · 凯利赴平壤谈判，拿出了朝鲜进口用于铀浓缩处理的

① 胡明远：《以朝核问题为视角探悉布什政府的对朝政策》，载《学理论》，2009（14）。

离心机的证据，拟追究朝鲜的违约责任。朝方先是否认，但隔日便改口称“确有此事”，承认其正在推进铀浓缩开发计划。10月16日，美国对全世界公布了朝鲜已恢复核计划的消息，随后便同韩日紧急磋商，商讨对策。11月14日，美国主导的朝鲜半岛能源开发组织通过决议，以朝鲜恢复核计划、违反框架协议为由，自12月起将中止对朝鲜每年50万吨重油供应。11月21日，朝鲜宣布，鉴于美国将中断重油供应，1994年签署的框架协议失效。12月12日，朝鲜宣布启动其核设施，拒绝国际原子能机构的监督。12月22日朝鲜宣布撕去核封条，拆除国际原子能机构监视设备，随后驱逐其监控人员。

2003年1月10日，朝鲜宣布退出《不扩散核武器条约》，危机骤然升级。3月初，美韩开始军事演习，美向日韩增派军舰、重型轰炸机和隐形战机，以威慑朝鲜。第二次朝核危机爆发。

二、中国面临的选择

在第二次朝核危机发生后，中国政府面临三种选择：

（一）静观其变。

（二）促美朝双边谈判。

（三）采取主动，促成多边谈判。

中国政府选择了第三种方案。

三、具体操作过程

（一）我采取主动，促成朝核三方会谈

在朝核危机中，朝鲜和美国是冲突的主角。双方冲突的根本

原因，是美朝对抗了 50 年，双方极度互不信任。冲突的特点是：第一，双方力量对比极不对称；第二，敌对程度高；第三，涉及东北亚诸多国家。以上特点决定，如对危机处理不慎，就会有升级和扩大的危险。

总体上看，朝美双方还是比较克制的，是希望通过谈判和对话解决问题的。朝鲜要求与美进行双边“直接对话”，与美签订互不侵犯条约。而美国则要求朝鲜先行弃核，并坚持认为处理朝核问题的恰当方式是“多边对话”。双方的上述分歧也是导致 1997 年至 1999 年间在日内瓦举行的中美朝韩四方会谈没有进展的根本原因。

不过有过这段尝试，使得中国取得了介入朝核问题的初步经验。各当事方认为，虽然中国在朝鲜半岛问题上有重大利益，但未卷入冲突，是一个既可以在对立双方间进行斡旋又可以对双方政策产生影响的国家。

中国在朝核问题上的立场是明确的，即：一是必须保持朝鲜半岛的和平与稳定；二是朝鲜半岛必须无核化；三是朝核问题只能谈判解决。在第二次朝核危机爆发后，中国在外交上要不要采取主动，以推动谈判解决，这对中国领导人来说，是一个颇费踌躇的大问题。

2003 年，中国领导人换届后，中国现代化建设进入另一个关键时期，需要保持周边环境的和平与稳定。从历史上看，朝鲜半岛形势对中国影响很大。1894 年的中日甲午战争，1950 年的中美朝鲜战争，起因都与朝鲜问题相关。中国方面经过慎重考虑，决定在美朝之间进行斡旋，建议就朝核问题举行中美朝三边会谈。

实现朝核三边会谈的关键是说服朝方。2003 年初，钱其琛副总理进行了任内的最后两次出访：一次是出席韩国总统卢武铉的就职仪式；另一次是率领高级代表团访问朝鲜，说服了朝方同意举行中美朝三方会谈。美国和韩国也相继接受了中国的建议。经过一番准备，2003 年 4 月 23—25 日，中美朝三方在北京举行朝核问题的三方会谈，迈出了通过对话解决朝鲜半岛核问题的重要一步。

（二）从三方会谈到六方会谈

在三方会谈期间，朝鲜代表以非正式的方式明确告诉美国，朝鲜已经拥有核武器。美国迅速作出反应，表示美国决不容忍朝鲜拥有核武器，随即展开广泛的多边外交活动，以期孤立朝鲜。朝鲜也不示弱，以“超强硬对强硬”，继 2003 年 5 月 12 日宣布退出 1992 年朝韩《关于朝鲜半岛无核化共同宣言》后，6 月 18 日朝鲜外务省正式宣布朝已拥有核武器，并称将加快发展进度。美国曾试图推动联合国安理会对朝鲜进行谴责和制裁，但因中俄不同意而作罢。

2003 年 6 月和 7 月，美国先后两次促成召开了有美、澳、日等 11 国参加的会议。为防止大规模杀伤性武器扩散，会议决定对包括朝鲜在内的“无赖国家”的飞机和船只进行拦截。

7 月 8 日，朝鲜驻联合国大使告诉美国，称朝已经完成对 8000 根废燃料棒的再处理。7 月 10 日，美国联合日本、澳大利亚和 8 个欧洲国家宣称要对朝鲜装载生化武器等的飞机和船只实施禁运。同日，朝鲜参加朝韩部长级会谈的官员称朝鲜已做好交战的准备。7 月 18 日，又有报道称朝鲜增加部署了一个可覆盖日本全境的“劳动 1 号”导弹大队。7 月 19 日，美国五角大楼公布了“对朝作战最新计划”。7 月 24 日，朝外务省发言人发表声明称，朝鲜将把美国部署在韩国的任何新型高科技武器看作是战术核武器，并将“以牙还牙”。朝鲜半岛形势再度紧张。

面对朝核问题的紧张局势升级，国际社会意识到，如果任由美朝两国互相威吓，半岛局势只会进一步恶化，并可能引发冲突。国际社会期望外交解决朝核问题的呼声提高。

在上述背景下，中国进行了密集的外交活动。6月1日，中国国家主席胡锦涛在法国出席南北领导人非正式对话会议期间会见了美国总统小布什。两国元首表示，双方将致力于维护朝鲜半岛的和平稳定，支持半岛无核化，通过对话和平解决问题，双方同意就此保持沟通与合作。

中国两位副外长戴秉国和王毅也分别出访朝鲜、美国和俄罗斯等，就朝核有关问题交换了意见。作为中国政府特使，戴秉国在华盛顿向美国副总统切尼转交了中国国家主席胡锦涛给布什总统的信。此后，布什政府表示，中国的努力增加了通过外交途径解决朝核危机的可能性。

8月，中国外交部长李肇星访问韩国时表示，中方将尽最大努力使有关朝鲜核问题的六方会谈取得成功。

(三)六方会谈的召开

从2003年8月到2008年7月，有中、美、俄、日、朝、韩参加的有关朝核问题的六方会谈共举行了六轮正式会议、多次团长会议和工作小组会议，取得了一定进展。

1. 第一轮六方会谈

2003年8月27—29日，第一轮六方会谈在北京钓鱼台国宾馆举行，会谈中各方重申朝鲜半岛无核化是大家的共同目标，核问题应坚持通过外交手段和平解决，与此相关的各种关切也应予以认真对待。

第一轮六方会谈显示，尽管各方仍然存在分歧，但是都愿意朝着对话的方向努力。

2．第二轮六方会谈

第一轮会谈后，中国继续积极斡旋，推动各方采取灵活务实的态度。2004 年 2 月 15−28 日，第二轮六方会谈在北京举行，取得五个方面的进展：一是推进了实质性问题的讨论；二是明确了采取协调一致的步骤解决核问题及其他关切；三是发表了启动六方会谈以来的首份共同文件，即《第二轮六方会谈主席声明》；四是确定了第三轮六方会谈的日期；五是确定成立工作组，使六方会谈机制化。

《主席声明》是六方会谈启动以来首次以书面文件形式确定的会谈成果。这说明各方都表明了积极态度。同时，声明还提出了一些具体目标，这与第一轮相比是一大进步。

3．第三轮六方会谈

2004 年 6 月 23−26 日，第三轮会谈在北京举行。会谈达成了一项包含八点内容的《主席声明》。

第三轮六方会谈的主要成果有：一是各方都提出了解决问题的方案，显示了各方积极推动和谈进程的政治意愿；二是各方均认同实施核冻结并采取相应措施是弃核的第一阶段；三是各方同意以循序渐进的方式，按照口头对口头、行动对行动的原则寻求核问题的和平解决；四是各方审议通过了工作组的概念文件，确定了工作组的职责和运作方式；五是各方原则同意于 2004 年 9 月底在北京举行第四轮六方会谈。

4．第四轮六方会谈

按照第三轮六方会谈的约定，第四轮六方会谈应于 2004 年 9 月底举行，但是因为美国总统大选等各种因素，第四轮六方会谈在相隔 13 个月之后，于 2005 年 7 月才在北京正式举行。

（1）第一阶段会议

7 月 26 日，第四轮六方会谈第一阶段会议在北京举行。会前参与会谈的各方均表示要积极解决朝核问题，但因为美朝分歧依然难以弥合，而日本又提出要解决朝鲜绑架人质事件招致朝方不满，使得第四轮六方会谈第一阶段会议并未达到会前预想的成果。8月7日，中国代表团宣布，朝核问题会谈六方共同决定暂时休会三周。后由于朝鲜方面的拖延，第四轮会谈第二阶段会议一直推迟到了9月中旬。

（2）第二阶段会议

2005年9月13—19日，第四轮六方会谈第二阶段会议在北京举行。在第二阶段会谈中，由于朝美之间的分歧，会谈一度处于停滞状态，但在中国政府的协调和与会各方的共同努力下，与会各方于9月19日通过了《第四轮六方会谈共同声明》（也称"9 · 19共同声明"），在此前三轮会谈基础上达成了以下共识：

第一，六方一致重申，以和平方式可核查地实现朝鲜半岛无核化是六方会谈的目标。朝方承诺，放弃一切核武器及现有核计划，早日重返《不扩散核武器条约》，并回到国际原子能机构保障监督。美方确认，美国在朝鲜半岛没有核武器，无意以核武器或常规武器攻击或入侵朝鲜。韩方重申其依据1992年《关于朝鲜半岛无核化共同宣言》不运入、不部署核武器的承诺，并确认在韩国领土上没有核武器，1992年《关于朝鲜半岛无核化共同宣言》应予遵守和落实。朝方声明拥有和平利用核能的权利。其他各方对此表示尊重，并同意在适当时候讨论向朝提供轻水反应堆问题。

第二，六方承诺，根据《联合国宪章》宗旨和原则以及公认的国际关系准则处理相互关系。朝方和美方承诺，相互尊重主权，和平共存，根据各自双边政策，采取步骤实现关系正常化。朝方和日方承诺，根据《日朝平壤宣言》，在清算不幸历史和妥善处理有关悬案基础上，采取步骤实现关系正常化。

第三，六方承诺，通过双边和多边方式促进能源、贸易及投资领域的经济合作。中、日、韩、俄、美表示，愿向朝提供能源援助。韩方重申其 2005 年 7 月 12 日提出的有关向朝提供 200 万千瓦电力援助的方案。

第四，六方承诺，共同致力于东北亚地区持久和平与稳定。直接有关方将另行谈判建立朝鲜半岛永久和平机制。六方同意探讨加强东北亚安全合作的途径。

第五，六方同意，根据“承诺对承诺，行动对行动”原则，采取协调一致步骤，分阶段落实上述共识。

第六，六方同意于 2005 年 11 月上旬在北京举行第五轮六方会谈，具体时间另行商定。

这个声明具有里程碑意义，这是六方会谈召开以来取得的最重大的阶段性突破。

这次六方会谈获得突破的共同声明是由中国主动起草和推动的，充分表明了中国在会谈中发挥着积极作用，也反映了中国致力于世界和平的诚意。韩国外长潘基文对这次会谈通过的共同声明表示祝贺，高度评价中国作为东道主发挥的建设性作用，表示韩方愿继续与中方密切合作，推进和平解决朝核问题的进程。

5. **第五轮六方会谈**

（1）第一阶段会议

第五轮六方会谈第一阶段会议于 2005 年 11 月 9 日在北京开幕，11 月 11 日结束。会上，各方就如何落实第四轮会谈共同声明进行了“认真、务实、建设性的讨论”，各方同意，本着上述精神制订落实第四轮会谈共同声明的具体方案、措施与步骤。各方在《主席声明》中商定尽快举行第二阶段会议。

（2）第二阶段会议

在第一阶段会议举行之后，由于种种原因，会谈再次陷入僵局。先是2005年12月19日，朝鲜官方媒体重申，如果美国继续采取旨在推翻朝鲜政府的敌对政策，平壤将不会重返朝核问题六方会谈。进入2006年以后，朝美双方围绕“伪造美元”和“金融制裁”问题争执不下，朝鲜强调，美国必须解除“金融制裁”，否则朝鲜不会重返六方会谈。2006年7月5日，朝鲜试射多枚导弹。7月15日，联合国安理会通过第1695号决议，要求朝方重新作出暂停导弹试验的承诺。10月9日，朝鲜宣布进行了一次地下核试验。同日，中国外交部就朝鲜实施核试验发表声明，中方强烈要求朝方信守无核化承诺，停止一切可能导致局势进一步恶化的行动，重新回到六方会谈的轨道上来。

在新的紧张局势下，中国采取了一系列行动，积极推动朝核问题继续在六方会谈框架内和平协商。2006年10月11日至20日，国家主席胡锦涛特别代表、国务委员唐家璇先后访问了美国、俄罗斯和朝鲜，同有关各方就朝鲜半岛局势等问题深入交换了意见。10月31日，根据中方建议，中、朝、美三方的六方会谈代表团团长在北京举行了非正式会晤，三方一致同意在六方方便的近期举行六方会谈。11月19日，在亚太经合组织第十四次领导人非正式会议期间，中国国家主席胡锦涛分别与美国总统布什、俄罗斯总统普京、韩国总统卢武铉和日本首相安倍晋三就朝核问题交换了意见。11月28—29日，中、朝、美三方的六方会谈代表团团长在北京再次举行非正式会晤。

12月18日，第五轮六方会谈第二阶段会议终于在北京钓鱼台国宾馆开幕。会谈重申通过对话和平实现朝鲜半岛无核化是各方的共同目标和意志，同意根据“行动对行动”原则，尽快采取协调一致步骤，分阶段落实2005年9月19日共同声明中作出的承诺。

（3）第三阶段会议

2007年2月13日，第五轮六方会谈继续在北京举行第三阶段会议，通过《落实共同声明起步行动》的共同文件（也称《2·13共同文件》），主要内容包括：

第一，六方就落实2005年9月19日共同声明起步阶段各方应采取的行动进行了认真和富有成效的讨论。六方重申以和平方式早日实现朝鲜半岛无核化是各方的共同目标和意志，重申将认真履行在共同声明中作出的承诺。

第二，六方同意在起步阶段平行采取以下行动：

1）以最终弃核为目标，朝方关闭并封存宁边核设施，包括后处理设施。

2）朝方与其他各方讨论共同声明所述其全部核计划清单，包括从废燃料棒中提取钚。

3）朝方与美方将开始双边谈判，旨在解决悬而未决的双边问题并向全面外交关系迈进。

4）朝方和日方将开始双边对话，旨在根据《日朝平壤宣言》在清算不幸历史和妥善处理有关悬案基础上采取步骤实现邦交正常化。

5）各方同意合作向朝方提供经济、能源及人道主义援助。各方同意在起步阶段向朝方提供紧急能源援助，首批紧急能源援助相当于5万吨重油。

六方同意，上述起步行动将在未来60天内实施。

第三，为实施起步行动，全面落实共同声明，六方同意设立朝鲜半岛无核化工作组、朝美关系正常化工作组、朝日关系正常化工作组、经济与能源合作工作组、东北亚和平与安全机制工作组。工作组的责任是讨论制订各自领域落实共同声明的具体方案。工作组须向六方会谈团长会报告工作进展。六方同意30天内启动所有工作组。

第四，在起步行动阶段和下一阶段期间，朝对其所有核计划进行全面申报，将现有核设施去功能化。同时，有关各方向朝方提供经济、能源及人道主义援助。

第五，上述起步行动落实后，六方将迅速召开外长会，确认履行共同声明，探讨加强东北亚安全合作的途径。

第六，六方重申，将采取积极步骤增进相互信任，共同致力于东北亚地区持久和平与稳定。直接有关方将另行谈判建立朝鲜半岛永久和平机制。

第七，六方同意于2007年3月19日举行第六轮六方会谈，听取工作组报告，研究下一阶段行动。

6. 第六轮六方会谈

（1）第一阶段会议

2007年3月19—22日，第六轮六方会谈第一阶段会议在北京举行。与会各方听取了五个工作组的报告，就落实起步行动和下一阶段行动计划进行了探讨。各方同意继续推动六方会谈进程。各方重申将认真履行在《9 · 19共同声明》和《2 · 13共同文件》中作出的承诺。各方同意暂时休会，尽快复会，继续讨论和制订下一阶段行动计划。

（2）第二阶段会议

2007年9月27—30日，第六轮六方会谈第二阶段会议在北京举行。会议听取并肯定了五个工作组的报告，确认《2 · 13共同文件》规定的起步行动落实情况，同意根据各工作组会议达成的共识继续推进六方会谈进程，并就落实《9 · 19共同声明》第二阶段行动达成共识，旨在以和平方式可验证地实现朝鲜半岛无核化。10月3日发表了《落实共同声明第二阶段行动》的共同文件，主要内容包括：

第一，朝鲜半岛无核化。

1）根据《9 · 19 共同声明》和《2 · 13 共同文件》，朝同意对一切现有核设施进行以废弃为目标的去功能化。2007 年 12 月 31 日以前完成对宁边 5 兆瓦实验性反应堆、后处理厂（放射化学实验室）及核燃料元件制造厂去功能化。

2）朝方同意根据《2 · 13 共同文件》于 2007 年 12 月 31 日前对其全部核计划进行完整、准确的申报。

3）朝方重申其不转移核材料、核技术或核相关知识的承诺。

第二，有关国家关系正常化。

1）朝美继续致力于改善双边关系，向实现全面外交关系迈进。

2）朝日将根据《朝日平壤宣言》在清算不幸历史和妥善处理有关悬案基础上认真努力，迅速实现邦交正常化。

第三，对朝提供经济能源援助。

根据《2 · 13 共同文件》规定，相当于 100 万吨重油的经济、能源与人道主义援助（包括已向朝提供的 10 万吨重油）将向朝方提供。具体援助方式将由经济与能源合作工作组商定。

第四，六方外长会。

各方重申将适时在北京召开六方外长会。各方同意在外长会前召开六方团长会，讨论外长会的议程。

根据这一文件，美国和朝鲜同意继续致力于改善双边关系，向实现建立全面外交关系迈进。11 月，朝鲜开始对宁边 3 个核设施实行去功能化。12 月 3 日至 5 日，美国助理国务卿、朝核问题六方会谈美国代表团团长希尔访问朝鲜，考察宁边核设施去功能化的进展情况，并与朝官员讨论朝申报核计划问题。5 日，希尔转交了美国总统布什给朝鲜最高领导人金正日的亲笔信。布什在信中谈及两国关系正常化是最终目标。

7. 六方会谈团长会

2008年7月10—12日，六方会谈团长会在北京举行。会议高度评价落实第六轮六方会谈共同声明第二阶段行动取得的积极进展，一致认为这些进展有利于维护东北亚地区的和平与稳定。六方就全面均衡落实第二阶段行动达成重要共识。

第一，根据2005年9月19日六方会谈共同声明，六方同意在六方会谈框架内建立验证机制，验证朝鲜半岛无核化。验证机制由六方专家组成，对无核化工作组负责。验证的具体方案和实施，由无核化工作组根据协商一致原则决定。

第二，六方同意在六方会谈框架内建立监督机制。监督机制由六方团长组成。监督机制的职责是确保各方信守并履行各自在六方会谈框架内作出的承诺，包括不扩散和对朝经济与能源援助。

第三，六方制订了完成宁边核设施去功能化和经济能源援助的时间表。

第四，六方一致同意进一步深入探讨“维护东北亚和平与安全的指导原则”。

第五，六方重申适时在北京召开六方外长会。

第六，六方就落实《9·19共同声明》第三阶段行动初步交换了意见。

六方一致同意继续全面推进六方会谈进程，共同致力于东北亚的持久和平与稳定。

（四）六方会谈停滞

从2003年8月到2008年7月，六方会谈六轮正式会议和多次团长会等，取得了达成2005年《9·19共同声明》和2007年《2·13共同文件》以及2007年落实《9·19共同声明》第二阶段行动（“10 · 3 共同声明”）等重要成果。从这些会谈成果的表面看，似乎解决朝核问题指日可待。

然而，正如中国前国务委员唐家璇在会见第四轮六方会谈各方团长时指出的：“朝鲜半岛核问题错综复杂，其范畴远远超出核问题本身，关系到朝鲜半岛乃至整个亚洲地区的和平、稳定与发展，要得到彻底解决需要一个艰苦的过程。”后来情况的发展，证实了唐家璇的预言。

2009 年 4 月 5 日朝鲜成功发射了“光明星 2 号”试验通信卫星，联合国安理会于 4 月 13 日一致通过了一份谴责朝鲜发射问题的主席声明，并要求朝鲜不再进行进一步的发射活动。朝鲜外务省则于 4 月 14 日发表声明，宣布退出朝核问题六方会谈，并将按原状恢复已去功能化的核设施，同时表示朝鲜“绝对不再参加六方会谈”、“不再受六方会谈达成协议的约束”。5 月 25 日，朝鲜在 2006 年 10 月 9 日成功实施第一次地下核试验的基础上，进行了第二次核试验，进一步违背了六方会谈有关朝鲜半岛无核化的声明。6 月 13 日，联合国安理会一致通过制裁朝鲜的 1874 号决议，但几小时后朝鲜便发表了强硬的对抗声明，使制裁效果大打折扣。而美国政府由于国际金融危机牵绊，也很难再有很多精力关注朝鲜半岛事务。而之后朝鲜也开始着手建设第三代领导体制，亦暂缓在朝核问题上过多较劲。

2010 年 3 月 26 日的“天安舰事件”、11 月 23 日的延坪岛炮击事件等，曾打破了朝鲜半岛的平静。中国提出了重启六方会谈的提议，但是各方对此反响不一。

2011 年 12 月 19 日金正日逝世，年轻的金正恩接班则又增添了新的变数。

2012 年 2 月 23—24 日，朝美第三次高级别会谈在北京举行。双方认真深入讨论了旨在改善朝美关系的一系列建立信任的措施，以及保障朝鲜半岛和平与稳定、重启六方会谈的相关问题。双方再次确认履行《9 · 19 共同声明》意志，认为在签订和平协定之前，停战协定是朝鲜半岛和平与稳定的基石。双方同意同时采取一系列建立信任的措施，以改善朝美关系。朝美双方于 2 月 29 日分别对外发表了朝美第三次高级别对话的有关共识。双方同时宣布，朝鲜决定在朝美会谈期间暂停核试验、试射远程导弹和宁边铀浓缩活动，并允许国际原子能机构对朝鲜暂停铀浓缩活动进行核查。美国政府同意向朝鲜提供营养食品，并将逐步改善美朝双边关系。

不过，这个“2 · 29 共识”也没能很好地落实。2012 年 4 月 13 日，朝鲜从西海卫星发射场发射了首颗应用卫星“光明星 3 号”，但这颗地球观测卫星没有进入预定轨道。4 月 16 日，联合国安理会就朝鲜发射卫星通过并发表主席声明，强烈谴责朝鲜进行卫星发射。主席声明痛斥朝鲜进行发射引起的严重地区安全关切，表示朝鲜进行的发射“严重违反了安理会第 1718 号和第 1874 号决议”[①]。安理会要求朝鲜立即全面遵守安理会第 1718 号决议和第 1874 号决议，以“完全、可核查和不可逆”的方式放弃所有核武器和现有核计划，立即停止相关活动，不使用弹道导弹技术进行进一步发射，不进行核试验，也不进行进一步挑衅。安理会最后在主席声明中表示，安理会决心在朝鲜再次进行发射或核试验时采取相应的行动。

中国方面以负责任和建设性态度参与了这次安理会磋商，强调安理会应从推动接触对话、维护朝鲜半岛及东北亚地区和平稳定大局出发，妥善处理此事，避免局势轮番升级。中方认为，继

① 安理会于 2006 年和 2009 年分别通过第 1718 号和第 1874 号决议，要求朝鲜不再进行任何核试验或使用弹道导弹技术进行发射。

续推进六方会谈和半岛无核化进程，维护半岛和东北亚地区和平稳定，符合各方共同利益，也是各方共同责任。中方还强调，朝美“2 · 29 共识”对半岛无核化进程和半岛和平稳定有重要意义，希望各方共同努力，使这一共识得到维系和履行，并通过接触对话妥善处理未决问题。中方表示，愿同各方继续保持密切沟通协调，积极推进六方会谈进程，为实现半岛和东北亚地区长治久安作出不懈努力。

然而，2012 年底至 2013 年初，朝核问题又有进一步恶化与升级的趋向。针对朝鲜 2012 年 12 月 12 日使用弹道导弹技术进行发射的事件，联合国安理会于 2013 年 1 月 23 日一致通过关于朝鲜发射卫星问题的第 2087 号决议，要求其遵守安理会有关决议规定，不得再使用弹道导弹技术进行发射。然而，还不到一个月，朝鲜就不顾国际社会普遍反对，于 2013 年 2 月 12 日再次进行地下核试验。联合国与有关各方对朝鲜此举表示强烈谴责，部分国家对朝鲜采取了严厉的制裁措施。中国政府对朝鲜再次进行核试验也表示坚决反对，强烈敦促朝方信守无核化承诺，不再采取可能恶化局势的行动。同时再次强调，维护半岛及东北亚和平与稳定符合各方共同利益，呼吁各方冷静应对，坚持通过对话协商，在六方会谈框架下解决半岛无核化问题。

四、启　示

（一）变“反应式外交”为“主动式外交”

回顾中华人民共和国成立以来的外交史，我们基本上是“反应式外交”。国际上出现了各种各样的倡议，我们的外交对这些倡议作出回应。这种状况的出现也绝非偶然，因为在很长的一段时间里我们的国力比较弱，我们关注的重点在国内，国际上我们关注的是涉及我重大利益的问题。然而，情况在不断地变化，随着我国现代化建设事业的推进，我国的国力在不断增强，我们正在走向世界舞台的中心。在这种情况下，“反应式外交”已经不能适应中国来到世界舞台中心的大国地位。这不仅是因为我们在海外的利益在扩大，而且还因为国际社会也期待中国发挥更大的作用。从这个意义上说，2003 年，中国倡导的朝核三方会谈和六方会谈可能是中国外交的一个转折点，从“反应式外交”转向“主动式外交”，尽管这个转变是一个较长的过程，但可以预期，中国的“主动式外交”会逐渐增多起来，这是一个趋势。

中国倡导朝核三方会谈和六方会谈，国际上的反应是好的。在中国促成三方会谈后，韩国媒体评论说，北京会谈“将成为朝鲜半岛形势发生巨大转变的分水岭”。美国《基督教科学箴言报》甚至评论称：“这是北京首次主动大胆地采取步骤解决世界上的严重冲突。”

2003 年 4 月 25 日，胡锦涛主席在钓鱼台国宾馆会见并设晚宴欢迎到访的法国总理拉法兰。我当时是中国驻法国大使，出席了这场活动。2003 年 4 月 25 日，朝核三方会谈刚刚结束，胡锦涛主席向拉法兰介绍了中国是如何促成朝核三方会谈的情况。

胡锦涛说：“关于朝核问题，美朝双方都希望和平解决，但朝鲜方面要求与美国举行双边谈判，而美国方面则要求举行多边谈判，双方争执不下。我们则向双方提出了一个折中方案，即举行三边会谈。三边会谈的好处是，三边就是多边，满足了美方的要求；中美朝坐在一起，中方代表有事离开，会议室就剩下美国、朝鲜两家了，也就是双边会谈了。我们的建议满足了双方的要求，三方会议就谈起来了。今天上午关于朝核问题三边会谈刚刚结束。”

拉法兰总理听后，感叹地说：“中国人的智慧真是了不起！”

（二）对话比对抗好

丘吉尔有一句名言：“谈比打好。”（Jaw-jaw is better than war-war）话不长，但很有道理。特别是在时代主题发生变化之后，更是如此。在20世纪很长一段时期里，世界是在战争与革命的时代中度过的。然而，随着世界的进步，时代的主题从战争与革命转变为和平与发展，这是国际关系中最大的变化，影响深远。

进入新世纪后，由于时代主题的变化，国际关系中出现了一个崭新的现象：战争的威力远没有过去那么大了。在人类几千年的文明史上，国与国之间出现了分歧，如果通过外交谈判解决不了，那就打，一战解决一切问题，有关各方也都接受。然而，到了21世纪第一个十年，美国发动了阿富汗战争和伊拉克战争。我问美国人，这两场战争解决了什么问题？他们一脸苦笑，说什么问题也没有解决。战争解决不了国与国之间的问题，这是一个了不起的变化。这两场战争不仅没有解决任何问题，而且据美国人说，这两场战争已经让美国花费了大约6万亿美元，并给美国带来一大堆麻烦。我相信在21世纪很长的时期里，美国人要花费大量的人力、物力和财力来应对这两场战争给美国带来的麻烦。

比较一下伊拉克和朝鲜，情况就更加清楚了。伊拉克和朝鲜都是被小布什列为“邪恶轴心”的国家。一个，美国打了，是什么结果，大家都看到了；一个，没有打，通过谈判来解决。尽管朝核问题迄今尚未解决，但谈毕竟避免了打，保持了朝鲜半岛的和平与稳定，代价比打小多了。

处理热点问题，必须要有一个管控危机的机制，三方会谈、六方会谈就是这样的机制。在三方会谈与六方会谈机制形成之前，从1996年9月至2002年6月，朝鲜半岛南北双方也曾五次发生交火，数十名士兵伤亡，多艘舰艇被击沉。而在有了六方会谈的机制后，尽管2010年出现了“天安舰事件”和炮击延坪岛事件，但朝韩之间毕竟没有爆发大规模的军事冲突。有没有管控危机的机制，差别是很大的。

当前，世界正处于一个走向新秩序的过渡时期，这是一个渐进的过程。而今天世界上对各种重大国际问题的处理往往会构成一定的先例，这些先例对于将要形成的国际新秩序至关重要。在推动朝核问题六方会谈的过程中，坚持通过对话解决国际争端，逐步形成东北亚地区安全合作机制，这不仅有利于东北亚地区的和平、稳定与繁荣，而且会成为未来国际新秩序的一部分。

（三）国与国之间的关系建立在和平共处五项原则基础上是最可靠的

在中华人民共和国的外交史上，我们曾经尝试过结盟，也尝试过与大国对抗。当然，当时的结盟与对抗都是在特定的历史条件下出现的。今天回过头来看，结盟和对抗都是不可取的。在时代主题发生变化的情况下更是如此。国与国之间的关系还是建立在和平共处五项原则的基础上，才最为可靠，最能持久。

1991年10月5日，邓小平最后一次会见外宾，会见了金日成。此时邓小平已经退休了，会见时我在场，照相时邓小平两次伸出手来说：“不供发表。”外交部原来的打算是，考虑到小平同志的健康状况，建议只谈15分钟，属礼节性会见。但是，双方坐下来之后，谈了一个多小时。关于中朝关系，邓小平说："我们两国关系，是建立在和平共处五项原则基础上的，这是最可靠的。什么结盟啊，什么牢不可破啊，都靠不住。还是五项原则靠得住。"邓小平的上述讲话，对于今天的中朝关系仍有很强的指导意义。

案例二十二

应对“非典”危机

2002 年底至 2003 年上半年，“非典”疫情的爆发使新一届中国领导人面临前所未有的考验。疫情初期，由于对疫情的严重性认识不足和公共卫生系统存在的缺陷等，致使防治工作开展不利，政府公信力大为下降。认识到错误后，中国政府采取了一系列措施，有效控制了疫情蔓延。为了消除“非典”疫情对我国外交带来的负面影响，我们采取了一系列行动，赢得了国际社会的支持和赞誉。汲取这场危机带给我们的经验和教训，是非常必要的。

2002年底至2003年上半年，我国经历了“非典”危机。“非典”这种流行疾病，在世界全球化、各国人员往来十分频繁的今天，不仅对我国人民而且对世界人民的健康和生命安全都构成了威胁。“非典”危机的出现是突发的，应对这场危机很不容易。危机既涉及国内，又涉及国外；既涉及双边外交，又涉及多边外交；既涉及民间外交，又涉及首脑外交，是一个十分特殊的外交案例。回顾中国政府应对这场危机的历程，可以从中汲取有益的经验和教训。

一、背　景

（一）我国爆发“非典”疫情

2002年11月16日，广东佛山发现第一例“非典”病例。2003年1至2月间，广西、湖南、四川三省分别有少数输入性病例报告。2月初，广州成为一个恐慌之城，人们抢购白醋和板蓝根。2月下旬，山西省发生1例输入性病例，并引发当地传播。2003年3月初，北京市发现来自山西省、香港特别行政区的输入性病例。3月15日，世界卫生组织正式将非典型肺炎命名为

SARS（Severe Acute Respiratory Syndrome，严重急性呼吸综合征）。3 月 27 日，世界卫生组织宣布北京为“非典”疫区。

（二）由于应对不当，“非典”疫情演变为危机

非典型肺炎是一种尚未被人类完全认识的新型传染病，中国政府缺乏预防和控制经验。而我国的公共卫生系统对流行病的管理和监测存在很多漏洞。特别是受“内外有别”的传统思维和“政绩观”的影响，主管部门一开始隐瞒实情，试图“内部解决”，对外则粉饰太平。

2003 年 4 月 3 日，国务院新闻办召开新闻发布会，时任卫生部部长张文康宣称：“在中国工作、生活、旅游都是安全的！”也许是看到了在新闻发布会现场有一名外国摄影记者戴着口罩，他又补充道：“戴不戴口罩都是安全的！”

2003 年 4 月 10 日，时任北京市市长的孟学农在会见日本东芝株式会社社长冈村正时也非常肯定地说：“对于 1300 多万人口的北京市，22 个病例所占比例并不大，而且已经得到有效控制，完全没有担心的必要。”

然而，疫情在蔓延，上述表态，不仅未能缓解民众中的恐慌情绪，而且也使政府公信力大为下降。

由于我国没有及时、主动、如实地向世界卫生组织（WHO）报告疫情，但开放的中国与世界交往如此之密切，实情逐渐被披露出去，国际组织、各国政府对中国应对危机的能力和中国政府的公信力提出了质疑。世界卫生组织于 2003 年 4 月 9 日召开新闻发布会，对中国隐瞒实情进行了批评。4 月 11 日北京被世界卫生组织重新确定为“非典”疫区。

（三）我国领导人换届，新一届领导人面临严峻考验

2003 年在中国的政治生活中是重要的一年。在 2003 年 3 月全国人民代表大会上，胡锦涛当选为国家主席，温家宝当选为国务院总理，新一届政府成立。“非典”危机是对新的一届领导人执政能力的严峻考验。应对得如何，不仅影响眼前，而且会影响今后十年。

二、中国面临的选择

中国政府面临两种选择：

（一）继续遮遮掩掩，坐待疫情过去。

（二）承认失误，尊重规律，公开透明，加强国际沟通与合作，走出困境。

第一种选择显然是不可取的，这只会使我国面临的困境拖下去。越拖，走出困境的难度就越大。中国政府毅然决然选择了第二条。

三、具体操作过程

（一）应对“非典”危机，关键是抓国内

“非典”危机作为一场突发性危机，涉及国内和国外、内政和外交，要应对好这场危机，关键是要抓好国内。2003 年 4 月 20 日，这是我们应对“非典”危机转折性的一天。新一届中央领导果断地采取了一系列有力措施。

4 月 20 日，原国务院副秘书长、刚刚被任命为卫生部常务副

部长的高强在国务院新闻办举行的新闻发布会上，代表中国政府向公众发出的信息是：党中央、国务院明确提出要以对人民高度负责的态度，及时发现、报告和公布疫情，决不允许缓报、漏报和瞒报。卫生部决定，原来5天公布一次疫情，改为每天公布。

高强第一次承认“非典”有漏报的问题，对卫生部和北京市进行了批评。他说：截止2003年4月18日，北京已经确诊的“非典”患者为339例，比卫生部4月14日宣布的37例飙升了近十倍。

由于防治“非典”不力，卫生部部长张文康、北京市市长孟学农被免职。

4月22日，王岐山出任北京市代市长。

4月26日，国务院副总理吴仪兼任卫生部长。

5月1日，经过8天的紧急筹建，北京市第一家专门治疗“非典”的临时性传染病医院——小汤山医院开始接收病人。军队抽调1200余名医护人员支援北京。

由于中国政府尊重规律，采取的措施得力，“非典”疫情逐渐得到有效控制。6月2日，北京疫情统计首次出现三个零：新收治直接确诊病例为零，疑似转确诊病例为零，死亡人数也是零。6月8日，北京首次迎来新增“非典”病例零纪录。6月13日，世界卫生组织宣布从13日起解除到中国河北省、内蒙古自治区、山西省和天津市的旅游警告。6月24日，世界卫生组织宣布，北京的“非典”疫情明显缓和，已符合世卫组织有关标准，因此解除对北京的旅行警告，同时将北京从“非典”疫区名单中排除。这一决定从宣布当天开始生效。

（二）为了走出国际困境，外交上我们采取了一系列措施

由于我们应对“非典”危机初期的失误，国际上的疑虑在加

深，对我采取的一些措施也相当严厉。2003 年 4 月至 6 月间，共有 19 位国家元首、政府首脑推迟了对中国的访问；许多国家对中国公民出入境采取了不同程度的限制措施，高峰时采取限制措施的国家达到了 127 个；一些原定在中国召开的国际会议被改期或者易地；一些原定邀请中国代表出席的国际活动也都以各种方式要求中国退出。

中国外交再一次陷入了困境，显然，这种状况的延续不利于我国的改革开放，不利于我们从事现代化建设。如何较快地走出困境，是中国外交面临的一大课题。我们经过了周密的研究，外交上采取了一系列的行动。

1.4 月 25 日拉法兰总理访华

法国总理拉法兰是我国在“非典”危机期间，第一个访问中国的外国政府首脑，也是安理会常任理事国中第一个到访的政府首脑。访问十分有利于减少国际社会对中国的疑虑。请看我在《驻法使馆是如何应对“非典”危机的》（见《外交案例》一书）的相关介绍。

2.4 月 29 日温家宝总理出席中国与东盟领导人特别会议

2003 年 4 月的一天，东盟国家代表宴请时任外交部常务副部长戴秉国时，谈起泰国准备邀请东盟各国领导人召开一次关于“非典”问题特别会议的事情。戴秉国敏锐地意识到，这对于中国而言，是一个不可错过的机会，于是问道：“你们就是自己开，不请其他国家参加吗？”

泰国大使也立刻明白了戴秉国的意思，表示：“如果中国想参加，我们马上报告。”

戴秉国回答道：“我只是问一下。如果你们需要中国参加，那要向中国发出正式邀请。”

泰国大使立刻放下手中的餐具，打电话请示国内。请示的结果是，东盟决定邀请中国参加此次会议。

这大概是中国政府首脑出席历次国际会议中，决定最快的一次，同时也是准备时间最短的一次。一般来说，如此重要的出访活动，以往通常需要至少一个月的准备时间，而这次，从决定我国政府代表团出席会议到最终成行只有短短一个星期。为了把握住这一难得的机会，在中国政府和领导人的高度重视下，外交部的工作人员克服困难，全力以赴，在一个星期内成功完成了会议的准备工作。

2003年4月29日，在疫情高峰期，温家宝总理赴泰国出席了旨在合作防治“非典”的中国与东盟领导人特别会议。在这次会议上，温总理本着坦诚、负责、信任、合作的精神，向各国领导人详细通报了中国的疫情发展情况和防治工作中的主要经验教训，强调了中国政府关于加强国际合作，共同抗击“非典”，维护地区稳定与发展的积极意愿和主张。温总理指出，中国政府是勇于面对困难、高度负责的政府，时刻把人民健康和生命安全放在第一位，中国与东盟是好邻居、好伙伴、好朋友，加强与东盟的睦邻互信伙伴关系，是中国外交的重要组成部分。“非典”丝毫不会影响中国与东盟的关系，共同抗击“非典”，会更加增进彼此之间的友谊与合作。①

在发言中，温总理就中国与东盟开展防治合作提出了建立疫病防治通报机制，开展经验交流与合作研究，加快卫生领域合作进程，协调出入境管理措施，努力减低疫情负面影响等五点具体的合作建议。温总理讲话结束后，东盟各国领导人纷纷对中国面临的困难表示高度理解和同情，对中国的防治措施和合作主张表

---

① 温总理讲话主要内容见：http://www.gov.cn/ztzl/content_355352.htm.

示高度赞赏。菲律宾总统阿罗约指出，在当前困难时期，东盟更应与中国保持一个声音。新加坡总理吴作栋、泰国总理他信等表示，东盟与中国不能互相抱怨，而应相互支持，相信中国定能成功控制疫情。泰国和柬埔寨领导人表示，将出资25万美元和10万美元，支持建立抗“非典”基金。菲律宾、印尼决定派团交流防治经验。会议发表了联合声明，确定了共同抗击“非典”的方针和合作项目。

温总理参加会议时间虽然不到24小时，但成果显著，会上的讲话和会下举行的记者招待会效果都很好。这是一次十分成功的多边外交。

3.5月20日吴仪副总理出席世界卫生大会

5月16日，国务院副总理兼卫生部部长吴仪率中国代表团出席在日内瓦举行的第五十六届世界卫生大会。作为继温家宝总理出访泰国后第二个出访的新一届政府高层官员，吴仪此行要继续争取改变国际社会对中国抗击“非典”疫情的怀疑眼光，进一步消除“非典”疫情为中国政府带来的负面影响。

20日上午，吴仪以中国代表团团长的身份在大会上发言。发言一开始，她就坦率地承认，在“非典”疫情发生初期，中国政府对这场疫情的严重性认识不足，公共卫生系统存在缺陷，防治工作在一段时间内有些被动。但她同时强调，作为敢于面对困难、高度负责的政府，中国政府很快意识到这一疫情的挑战性，迅速果断地采取了一系列措施，防治工作逐步走上了有序的轨道。吴仪代表中国政府和人民，向从道义、资金、物质和技术等方面理解、支持和援助中国的所有国家和国际组织致以诚挚的谢意。当时，她稍稍离开讲台，向192个成员国代表深深地鞠了一躬，全场报以热烈的掌声。

吴仪在发言中，还向大会提出三项建议：充分发挥世界卫生组织在全球卫生事务中的作用，加强国际合作；建立和完善全球应急机制，提高应对重大疾病灾害的能力；经济发展与社会发展必须同步协调，互相促进。①

世界卫生组织官员和各国与会代表高度评价中国政府派吴仪参加世界卫生大会。世界卫生组织候任总干事李钟郁说，吴仪率中国代表团出席本届世界卫生大会，显示了中国政府对与世界卫生组织合作以及与国际社会携手抗击非典型肺炎工作的重视。中国政府的坦诚态度和采取的积极措施也赢得了国际社会的尊重和赞誉。不少国家和地区转变了态度，对中国抗击“非典”表示同情、支持和慰问，并纷纷向中国提供各种形式的援助。

4.6月1日胡锦涛主席出席南北领导人非正式对话会议

胡锦涛主席赴法国埃维昂参加发展中国家与八国集团对话，这是中国第一次参加与八国集团的对话，也是胡锦涛主席担任中国国家元首后，在国际舞台上第一次正式亮相。请看我写的《胡锦涛主席出席埃维昂南北领导人对话峰会》(见《外交案例》一书)。

事实证明，胡锦涛出席南北领导人非正式对话会议，取得了很好的效果。中国国内的“非典”疫情，不仅没有成为我与国际社会进行沟通和交流的障碍，恰恰相反，它成为中国新领导向世界展示开放形象的一个良好契机。

此后，胡锦涛主席还对俄罗斯联邦、哈萨克斯坦共和国和蒙古国进行了国事访问，并参加了在莫斯科举行的上海合作组织成员国元首第三次会晤、在圣彼得堡举行的建市300周年庆典等活动。在短短11天中，胡锦涛主席繁忙的外事活动既有双边，又

① 吴仪：《中国愿在应对全球疾病灾害方面发挥作用》，新华网，2003年5月21日。

有多边，总共会见了来自美、欧、亚、非四大洲 50 多位外国领导人。

时任外交部常务副部长戴秉国在谈及这次访问时指出：“胡主席作为我国新一届最高领导人的首次出访很有成果，也很有特色，意义重大，影响深远，非常有利于国际社会在当时的特殊情况下更好地了解中国。”

四、启　示

（一）要发展、要进步，必须吸收和借鉴人类文明的优秀成果

传染病是人类面临的共同挑战，人类几千年的文明史就是不断同疾病作斗争的历史。20 世纪初，西班牙型流行性感冒是人类历史上最致命的传染病，在 1918—1919 年曾经造成全世界约 10 亿人感染，2500 万到 4000 万人死亡（当时世界人口约 17 亿人）。人类在与传染病长期斗争的过程中，积累了丰富的经验和一整套应对的办法，这也是人类文明优秀成果的一部分。

然而，中国长期的封闭，使我们无法接受人类文明优秀的成果。改革开放后，我们首先在经济领域实现了突破，大量吸收人类文明的优秀成果，中国快速地发展起来。可是，在中国的公共卫生领域，传统的、封闭的思想仍居主导地位，强调所谓“内外有别”。在当时的公共卫生的体制下，视疫情为“绝密”情况，只能让少数领导知道，不得公之于众。

在全球化、信息化时代，对待流行疾病采取“内外有别”的办法是完全错误的，也是根本行不通的。流行疾病的发生和传播有其自身的规律，不是“内外有别”所能管得住的。国内民众的

情绪和国际社会的舆论往往是交织在一起的，想“对内一套，对外一套”其实已经是不可能的了。越是想严加控制、封锁消息，越是谣言满天飞，群众越恐慌，国际影响越坏。

回顾“非典”危机的历程，可以看出“非典”之所以演变为如此严重的危机，那是因为我们没有尊重客观规律，没有接受人类文明的优秀成果，坚持封闭、僵化的公共卫生体制所造成的。我们是如何走出危机的？关键是中央决定打破僵化、封闭的公共卫生体制，坚持公开透明，采取一系列符合科学规律的措施，疫情很快就得到了控制。这个教训，是付出血的代价才取得的，值得我们今后汲取。

（二）对于工作中的失误，实事求是，老实承认，是最明智的

世界卫生组织对于中国内地的“非典”疫情一直非常关注，多次派专家赴华实地考察。但由于2003年4月20日前，中国“非典”疫情的防控体系还没有完全建立起来，很多疫情信息不够透明，难以全面掌握。当时世界卫生组织网站上公布的专家组考察报告指出：“（北京）只有少数医院每日汇报病例，接触跟踪体系存在问题，无法系统执行。这将导致疾病的扩散。”世界卫生组织专家组还多次表示“没有收到来自中国的报告”，“北京的军队医院没有向北京市卫生部门公布其非典型肺炎死亡病例”，“北京SARS病例的实际数字会超过官方公布的数字”，并建议“中国政府向国际社会和国内公布所有的确诊病例、疑似病例和观察对象。这样有助于建立信任，减少谣言”。

对于世界卫生组织中肯的批评和建议，中国领导人采取的态度是，虚心接受，承认失误，立即改正。实践证明，这是最理性也是最明智的做法。

吴仪副总理早在4月初的一次讲话中就强调：“在全球化进

程中，对重大疫情的透明度不提高，只会起到相反的作用，应允许宣传机构如实而客观报道非典型肺炎疫情，对前一段时间政府与传媒沟通不够，应作出道歉。”4 月 20 日之后，中国方面与世界卫生组织密切合作，如实地通报全部情况。世界卫生组织也在各方面向中国提供了支持和援助，双方的密切合作，对有效地控制“非典”疫情发挥了积极的作用。

（三）应对流行疾病，是人类面临的共同挑战

今天的世界与 19 世纪和 20 世纪上半叶乃至冷战时期的世界有了很大的不同。根本原因是，世界各国之间从来没有像今天这样相互依存度如此之高，人类面临的共同挑战，从来没有像今天这样如此之严峻。

“非典”是一种流行疾病，在“非典”面前人类是一个整体。当中国人民在同“非典”进行抗争的时候，国际主流社会对我们是同情的，支持的，而不是幸灾乐祸。世界各国、世界卫生组织以及各种国际组织，都向中国提供了不同形式的援助和支持。

东盟要开应对“非典”的首脑会议，戴秉国试探中国能否参加，东盟很快就发出了正式邀请。这是因为中国和东盟在应对“非典”方面存在着共同利益，东盟想单独应对“非典”也不可能，必须同中国和其他国家合作。

2003 年 6 月 1 日，在埃维昂南北领导人对话峰会期间，胡锦涛主席会见美国总统布什的时候，布什以赞美的口气主动对胡主席说：“‘非典’对你们是一个考验，你们成功地应对了这个考验。”英国首相布莱尔也祝贺胡主席成功地应对了“非典”的挑战，他还说：“媒体总喜欢夸张。当年英国闹‘疯牛病’的时候，媒体的报道也很让人恐慌，好像到英国吸口气就会得‘疯牛病’一样。”

案例二十三

我国利用外空技术推动国际防灾减灾合作的重要倡议

2000 年，在联合国外空委科技小组委员会第三十七届会议上，中国代表团团长罗格提出了利用外空技术开展国际防灾减灾合作的倡议，并获得各国支持。历经十年努力，联合国空间技术减灾和灾害管理国际支持项目办公室正式建成，一个利用空间技术支撑的全球减灾防灾网络和机制正式建立起来，为各国抗击自然灾害提供了有利的支援。这一成功案例及罗格团长本人发挥的积极作用，值得参与中国多边外交的人士学习和借鉴。

2000年2月7–18日，在维也纳举行了联合国外空委员会科技小组委员会第三十七届会议。中国代表团团长罗格在会上提出了利用外空技术开展国际防灾减灾合作的倡议。委员会经过讨论，通过了中国提出、法国和加拿大参加作为提案国的三国提案。

2001年6月，联合国外空委员会第四十四届会议决定，将2000年科技小组委员会提出建立“全球灾害管理系统专家组”的意见并入“全球灾害管理系统行动组”。该行动组经过三年的工作，于2004年6月由联合国外空委员会向第五十九届联合国大会提出了工作报告。正式建议在联合国框架下，建立国际空间技术减灾协调机制。

2006年12月，第六十一届联合国大会通过决议，决定建立“联合国灾害管理和应急反应天基信息平台”。后来，经过联合国外空委员会特设专家组进一步论证，决定将上述机构更名为“联合国空间技术减灾和灾害管理国际支持项目办公室（UN-SPIDER)”。该办公室总部设在联合国外空司，并在中国北京和德国波恩分别建立两个支撑办公室。这一机制，对于利用外空技术促进国际合作，正在发挥越来越重要的作用。中国和国际社会其他成员均从中受益。

上述倡议，是中国在联合国外空领域第一次提出的促进国际合作的重大倡议，并取得了良好的效果，是一个成功的案例。

一、背　景

（一）联合国和平利用外层空间委员会成立的背景，以及中国的加入

1957 年 10 月 4 日，苏联第一颗人造地球卫星的成功发射，使人类进入了和平利用外层空间的新纪元。1958 年 12 月 23 日，联合国大会决定设立由 18 个成员国组成的和平利用外层空间特设委员会。1959 年 12 月联合国大会通过第 1472（XIV）号决议，将特设委员会转为常设委员会，改称和平利用外层空间委员会（简称“外空委员会”或“外空委”），其宗旨是制订和平利用外层空间的原则和规章，促进各国在和平利用外层空间方面的合作，研究、探索和利用外层空间有关的科技问题及可能产生的法律问题。

外空委下设科学技术小组委员会和法律小组委员会，由外空委全体成员国组成。委员会及两个小组委员会每年各举行一届会议。科技小组委员会主要审议和研究和平利用外空的科技问题，以及促进空间技术的国际合作和应用问题；法律小组委员会主要审议和研究和平利用外空活动中产生的法律问题，拟订有关的法律文件和公约草案。外空委主要审议两个小组委员会的工作报告及不由小组委员会审议的一般性外空问题，就委员会的工作作出决定，并向联合国大会提出报告和建议。联合国大会根据外空委的建议，分别于 1968 年 8 月、1982 年 8 月、1999 年 7 月在维也纳召开了三次联合国探索及和平利用外层空间会议。

在维也纳召开第一次和平利用外层空间会议时，我国尚未恢复在联合国的合法席位，不可能派代表出席会议。1971 年，我国恢复联合国合法席位后，由于对联合国的情况不了解，我们采取了逐步地、有选择地参加联合国大会的有关机构的方针。1980 年 6 月，中国派出观察员代表团参加了外空委员会第二十三届会议。1980 年 11 月 3 日，联合国正式接纳中国为该委员会成员国①。此后，中国参加了历届外空委员会及其下属的科技和法律小组委员会届会，并于 1983 年 12 月加入了《外空条约》，1988 年 12 月加入了《营救协定》《责任公约》和《登记公约》。

（二）中国航天事业发展卓有成效，国际合作逐步展开

中国航天事业始于 1956 年，几十年来以较少的投入，在较短的时间里走出了一条适合本国国情和具有中国特色的发展道路。中国依靠自己的力量建立了集科研、试验、生产、测控、发射、运行、应用于一体的完整的航天工业体系。在若干重要技术领域跻身世界先进行列，在空间技术、空间科学、空间应用等方面取得了举世瞩目的成就：在卫星回收、一箭多星、低温燃料火箭技术、捆绑火箭技术以及静止轨道卫星发射与测控等许多重要技术领域已达到世界先进水平；在遥感卫星研制及其应用、通信卫星研制及其应用、载人飞船试验以及空间微重力实验等方面均取得重大成果。②中国于 1970 年 4 月 24 日成功地研制并发射了第一颗人造地球卫星“东方红一号”，成为世界上第五个独立自主研制和发射人造地球卫星的国家。截至 2000 年 10 月，中国共研制并发射了 47 颗不同类型的人造地球卫星，发射成功率达

① 贺其治、黄惠康主编：《外层空间法》，218 页，青岛出版社，2000。

② 《中国的航天》白皮书，2000。

90%以上。目前，中国已初步形成了四个卫星系列——返回式遥感卫星系列、“东方红”通信广播卫星系列、“风云”气象卫星系列和“实践”科学探测与技术试验卫星系列，“资源”地球资源卫星系列也即将形成。中国是世界上第三个掌握卫星回收技术的国家，卫星回收成功率达到国际先进水平；中国是世界上第五个独立研制和发射地球静止轨道通信卫星的国家。1999年，中国成功地发射并回收了第一艘“神舟”号无人试验飞船，标志着中国在载人航天领域迈出了重要步伐。

改革开放以来，特别是进入90年代后，随着中国航天技术突飞猛进，航天的国际合作也逐渐展开。中国在空间技术、空间应用和空间科学等领域积极开展双边合作、区域合作、多边合作以及对外商业发射服务等多种形式的国际空间合作，国际影响日益扩大，并取得了积极的成果。

作为外空委成员国，中国政府一贯支持和平利用外层空间的各项活动，主张在平等互利、取长补短、共同发展的基础上，增进和加强空间领域的国际合作。中国支持和参与了联合国空间应用方案的实施。1988年以来，中国每年都向发展中国家提供一定数额、为期一年的长期培训奖学金。1994年，中国政府与联合国亚太地区经济社会委员会（简称“亚太经社会”）合作在北京召开了首届亚太区域“空间应用促进可持续发展部长级会议”，并发表了具有深远影响的《北京宣言》。1999年9月，中国政府与联合国和欧洲太空局合作，在北京举办了“空间应用促进农业可持续发展研讨会”。2000年7月至8月，中国政府有关部门与联合国外空司和亚太经社会合作，在北京举办了“亚太地区空间技术与应用卫星技术短期培训班”，来自亚太地区十个发展中国家的学员参加了培训。自2000年以来，中国国家航天局与联合国外空司、亚太经社会等联合国机构合作，共同举办了多期亚太地区空间技术与应用短期培训班、讲习班和研讨会，宣传联合国和平利用外层空间的宗旨。

中国代表团积极参加每次会议的各项活动，尤其是从 1999 年 7 月第三次外空大会开始，中国代表团利用一般性辩论、议题审议、航天展览等各种机会积极宣传我国政府和平利用外层空间的政策以及我国在空间科技及空间应用方面的发展状况和成就，扩大了中国在外空领域的影响。在维护中国作为空间国家利益的同时，积极支持了发展中国家的合理要求和主张，取得了较好的效果。

（三）应对自然灾害，中国和世界都需要开展在外空领域的国际合作

我国是世界上受自然灾害影响最严重的少数国家之一，灾害种类多，发生频率高，分布地域广，造成损失大。特别是进入 20 世纪 90 年代以来，自然灾害造成的经济损失呈明显上升趋势，已经成为影响经济发展和社会安定的重要因素[①]。1991—2002 年，共有 84 次台风登陆我国大陆，直接经济损失约 3440 亿元，平均每次台风造成的直接经济损失约 41 亿元。我国西北地区是沙尘暴多发区。沙尘暴不仅严重影响当地人民的生产生活，而且对下游广大地区天气和环境造成严重危害。仅 1993 年“5 · 5 黑风”一次沙尘暴过程就导致 67 人死亡、20 人失踪，直接经济损失达 2.45 亿元。我国森林面积 15 894 万公顷，平均每年发生森林火灾上千次，火场面积数十万公顷，死亡上百人，经济损失达 10 亿元以上。我国经济虽然发展迅速，但减灾措施不能满足经济快速发展的需要，造成自然灾害损失呈上升趋势。为此，我国一方

① 《中华人民共和国减灾规划（1998—2010）》，1998 年 4 月。

面加速国内各项减灾措施的落实，另一方面对于国际合作的需求上升，以共同应对自然灾害。

从国际范围内看，发生自然灾害的频率在上升。1999 年以来，全球共发生了 755 起诸如地震和飓风等重大自然灾害，创战后最高纪录。2000 年全球自然灾害事件的总次数达 851 起，超过了以往各年份的灾害事件频次，造成的经济损失超过 1000 亿美元以上。据世界银行的灾害管理机构的统计，由于灾害而遭受的损失，发展中国家所占比例最大。在发展中国家中，由于灾害而死亡的人数大约占了全世界灾害死亡人数的 95%。自然灾害对发展中国家造成的损失（所占 GDP 的百分比）是发达国家的 20 多倍。

空间技术的不断进步，能够向人类提供越来越多的抗灾和减灾手段。随着冷战的结束，两大阵营对峙的局面一去不复返，利用空间技术开展国际合作的可能性上升。

（四）中国代表团出席联合国外空委科技小组委员会第三十七届会议，讨论如何利用空间技术减灾问题

联合国外空委科技小组委员会于 2000 年 2 月 7–18 日在维也纳举行了第三十七届会议。中国代表团由国家航天局外事司司长罗格率团出席会议，代表团由国防科工委（国家航天局）、外交部、中科院等部委组成。本届会议的主题是贯彻联合国第三次外空大会的决议，讨论如何利用空间技术减灾问题。会上就此问题讨论得十分热烈，反映出大家对于利用空间技术防灾减灾的兴趣，但会上没有人提出如何加强国际合作的具体建议。此时，罗格团长考虑到，中国的空间技术已经取得了明显的进展，有条件参与国际合作；另一方面，通过开展国际合作，利用空间技术来减灾防灾是全人类的需要。但是，是否要在会上提出开展国际合

作的具体建议，事先没有请示国内。

二、中国面临的选择

在上述情况下，中国代表团面临两种选择：

（一）不提建议。

（二）提出加强国际合作的具体建议。

中国代表团选择了第二种。

三、具体操作过程

在联合国外空委科技小组委员会上，罗格团长发言，重点讲了两条：

一是利用空间技术救灾、减灾意义重大，适宜在联合国框架下建立必要的机制。为此，建议成立专家组进行详细论证，提出报告交科技委员会审议。

二是简要介绍了中国拟定中的减灾卫星星座及相应计划。这个星座建成，不但能满足中国减灾防灾的需要，还可以为全球减灾防灾提供支援与帮助。中国对这一系统建设持开放的态度。

罗格的发言立即得到南美洲、非洲等一些国家代表的积极响应，但印度代表提出了异议。此外，美国代表团没有表态。会议主席在当天上午会议小结时基本肯定了中国代表的提议，同时宣布下午的会议继续讨论。

休会后，中国代表团立即向大使馆报告了罗格团长上午的建议，并请示国内有关部门，争取国内的批准。

与此同时，中国代表团会后召开内部会议，商量分头做各代表团的工作。根据联合国外空委员会“协商一致”的规则，只要有一个成员国反对，提案就不能通过。

为使提案顺利通过，当天中午，代表团指定专人去做印度代表团的工作。鉴于美国是最重要的航天大国，美方的态度对于中国的建议能否顺利通过至关重要，罗格团长与国家航天局外事处处长刘小红邀请美国代表团团长、美航天局外事司司长克莱因（Lynn F.H.Cline）等共进午餐。席间，罗格向美方详细介绍了他上午提出建议的考虑，强调，防灾减灾是国际社会面临的共同挑战，空间技术的进步为人类应对这一共同挑战提供了更有效的手段，但在这方面缺乏一个机制来推动国际合作。罗格相信，在国际合作的过程中，美国和中国都可以发挥积极作用，而这种合作是有利于全人类的。克莱因认为罗格讲得有道理，他的建议是积极的。

下午开会前，中国代表团分头与各国代表团进行接触，争取支持。法国、加拿大代表主动找到中方代表团，希望与中国代表团一道共同提出利用空间技术减灾防灾的提案。中方感谢法国、加拿大代表团的支持，同意与他们一道提出联合提案。

下午复会后，法国、加拿大代表发言，提出愿与中国一道作为中方建议的共同提案国。许多成员国发言，对罗格团长的建议予以肯定；印度代表团也改变了上午发言的态度，对中国的提案表示了支持。美国代表团没有发言，实际上默许了中国代表团的建议。

联合国外空委员会第三十七届科技小组委员会全会闭幕时，一致通过了中国、法国、加拿大关于利用空间技术减灾防灾的提案，并根据这一提案建立专家组。专家组的任务是从 2001 年起，用三年的时间研究上述提案的可行性，并提出建议。2001

年提交的报告是有关自然灾害的类型和利用空间技术减轻灾害影响的情况；2002 年的报告是有关现有的和拟议中的可实际用于灾害管理的卫星和数据传播系统，并查明这些系统存在的漏洞；2003 年的报告是有关如何建立一个便于操作的全球机制，以便最大限度地利用现有及计划中的空间系统减灾防灾①。

回国后，代表团经报请外交部同意，中国政府决定推荐中科院李传荣教授担任专家组主席，唐伶俐教授作为专家加入这项活动。此后，李传荣、唐伶俐二人作为联合国外空委项目的专家进行了长达 10 年的工作。

外空委科技小组委员会第三十七次会议后，外空委法律小组委员会以及外空委全会对中、法、加三国提案从法律、技术方面进行了深入研究，基本认可了三国提案。

2001 年 6 月，联合国外空委第四十四届会议确定，将 2000 年科技小组委员会提议建立的“全球灾害管理系统专家组”并入“全球灾害管理系统行动组”，即第七行动组（Action Team 7），并确定中国、加拿大、法国为该行动组临时协调国。中国作为该行动组的首轮轮值主席国，与加拿大、法国一道带领由 40 多个外空委成员国和 14 个国际组织的代表组成了第七行动组专家组，这是外空委行动组中响应成员国最多的一个专家组，也是后来外空委评价最高的专家组。专家组首先开展了历时三年的项目论证工作。

2001 年 10 月，李传荣教授作为首轮主席在法国图卢兹主持召开了第七行动组的第一次专家组会议。此后，在中加法三国专家的领导下，专家组进行了卓有成效的工作。2004 年专家组终于

① 《2000 年 2 月 7 日至 18 日在维也纳举行的科学和技术小组委员会第三十七届会议的报告》（A/AC.105/736）。

完成了为期三年的工作计划，于 2004 年 6 月向第五十九届联合国大会第三十七次全体会议提交了工作报告，正式提出了在联合国框架下建立国际空间技术减灾协调机制的建议。

2006 年 12 月，联合国大会第六十一届会议特别政治和非殖民化委员会（第四委员会）一致通过了联合国外空委关于建立“联合国灾害管理和应急反应天基信息平台”（DMISCO）的决议草案。联合国大会第六十一届会议第七十九次全体会议一致通过了上述决议草案，决议草案成为联大的决议。这是中国人在联合国提出的关于外空领域国际合作的第一个倡议。

根据决议，“联合国灾害管理和应急反应天基信息平台”项目由联合国外空司负责，其宗旨就是确保所有国家一级国际组织和区域组织可以获取各类天基信息并提高利用这类信息支助整个灾害管理周期的能力。联合国天基信息平台通过以下途径来实现这一目标：作为获取可用于支助灾害管理的天基信息的门径，充当灾害管理界与空间界联系的桥梁，并作为国家能力建设和机构加强的促进者。后经外空委特设专家组进一步论证，将该机构更名为“联合国空间技术减灾和灾害管理国际支持项目办公室”，即现在大家习惯用英文表述的 UN-SPIDER。

在各有关国家政府支持下，历时 10 年，联合国空间技术减灾和灾害管理国际支持项目办公室（UN-SPIDER）正式建成，以联合国外空司为办公室总部，由中国北京、德国波恩两个支撑办公室共 16 名国际工作人员所组成。43 个成员国已指定各自有关部门作为国家协调中心，一个利用空间技术支撑的全球减灾防灾网络和机制就这样建立起来了。

2008 年，这一尚在筹办的机制就 12 次启动了应急机制，使用数十颗卫星分别为尼日利亚、安哥拉、纳米比亚、巴西、湄公河流域洪水灾害，中国、巴基斯坦地震灾害提供了及时的技术支持和咨询服务；2009年20次启用应急机制；2010年29次启用应急机制为海地等29个国家的洪水、地震等灾害提供技术支撑和帮助；2011年向23个国家提供了技术咨询和支持。此外，该机制还举办了各种培训班，为成员国培养了众多专家和学者，还通过该办公室门户网站，专刊宣传减灾防灾科普知识。

中国是一个自然灾害频发的国家，上述国际机制建立后，中国也是受益国。2008年5月12日，汶川发生了里氏8级的大地震，地震后两小时，上述机制就及时向中国提供了大量的信息，为中国人民抗震救灾工作提供了有力的支援。

四、启　示

（一）人类在应对自然灾害方面存在着巨大的合作空间

人类在自然灾害面前是一个整体。自然灾害是人类所面临的共同挑战，也是能够把人类联合起来的重要因素。中国代表提出的这个倡议之所以能够较为顺利地通过，根本原因是：开展国际合作，减灾防灾，是人类的共同需要。

人类所面临的共同挑战从来没有像今天这样如此严峻。这些挑战，诸如气候变化、自然灾害、流行疾病、恐怖主义、跨国犯罪等，没有一个国家——不论其如何强大——能够单独应对这些挑战。人类只有联合起来，才能妥善地应对这些挑战，生存下去。在这方面开展国际合作的空间是巨大的。

联合国系统、各种国际组织为开展国际合作，建立必要机制，应对自然灾害的挑战，提供了良好的框架。中国已经全面参加了联合国系统的各种活动，并加入了全球几百个政府间的国际组织以及部分非政府组织。本篇所讲述的成功案例，值得参与中国多边外交的各条战线上的人士思考和借鉴。推动世界各国在共同利益的基础上开展合作，这不仅会给世界各国带来实实在在的利益，而且会壮大和平、发展、合作这股时代潮流。这股潮流越壮大，世界和平越持久，国际合作就会越发展。人类的共同利益越扩大，人类就会更加接近持久和平和共同繁荣这个理想的目标。

（二）把握全局，当机立断，敢于担当

正因为出席2000年联合国外空委员会第三十七届科技委员会的中国代表团团长罗格，根据会议讨论的现场情况，提出了建议，才会有本篇介绍的成果。罗格的上述表现绝非偶然，这与他丰富的阅历和他本人长期以来勤于思考和学习，注意观察和积累密切相关。

罗格，现任国防科技工业局三司司长，高级工程师，北京航空航天大学、哈尔滨工业大学兼职教授。他在中国航天领域工作了三十多年，曾先后在原航天工业部第二十五研究所、中国长城工业总公司、中国航天工业总公司（国家航天局）、国防科工委（国家航天局）、国防科工局等单位从事科研技术工作并在外事部门任职。他曾以国家航天局副局长、外事司司长的名义数十次率团遍访三十多个国家和地区，推动航天技术合作、引进、产品出口等工作，共完成三十多份政府协议、政府部门协议谈判，多次受到外国领导人和政要的接见。鉴于其在航天领域的杰出贡献，罗格多次获国防科工委成果奖，荣立二等功、三等功，2008年荣获中共中央、国务院、中央军委授予的全国抗震救灾模范称号。

作为前线主帅（中国代表团团长），仅凭知识、阅历和能力还不足以使他在关键时刻，当机遇出现的时候，在事先没有获得国内有关部门批准的情况下，敢于当机立断，抓住机遇，提出建议。

我本人多次出席各种各样的国际会议，深知国际会议不论事先做的准备如何周密，都不可能完全预料会议的进展情况，总会出现一些新情况，发现新的机遇。这个时候就需要前线主帅排除各种各样患得患失的私心杂念，对形势作出客观的、符合实际的判断，敢于担当，抓住机会，提出自己的主张。罗格团长的表现就是一个很好的例子。如果当时他不提出建议，也能完成国内交代的任务，不会有任何人批评他。但是，那样他就失去了一次为中国航天事业争取主动权的机会，失去了一次为人类作出贡献的机会。机不可失，失不再来，他会为此而终身遗憾。在这里，对祖国的忠诚，对人类的关爱，是推动前线主帅敢于担当、提出建议的动力。

（三）研究办事之道

有了好的点子，不一定能把事情办成，掌握办事之道，至关重要。罗格团长不仅有扎实的专业技术功底、丰富的国际合作经验，而且懂得办事之道。

在多边外交中，你有好的主张、好的建议，必须得到大家的理解和支持，才能被会议所接受。为此，必须对你所参加的国际组织及其议事规则、成员国的情况有比较充分的了解。罗格团长懂得这一点。在联合国和平利用外层空间委员会里，美国的作用很重要，所以，他一开头就亲自去做美国的工作。印度开始表示了反对意见，如印坚持反对，也不好办。中国代表团对印度的工作很及时，也很有成效。外空委员会以协商一致的方式作出决定，有一家反对事情就办不成。所以，中国代表团做了每一个成员国的工作，效果是好的。

外交是国家行为，搞外交的人必须懂得本国的利益、方针和政策，要贯彻政府的政策。罗格团长很了解这一点，他在提出建议的时候，深知这个建议符合中国的利益，也符合世界的利益；他懂得政府的政策，知道这个建议符合中国的政策，能够得到政府的批准。他提的这个建议，事先没有报告政府，但他提出之后立即报告了大使馆和国内有关部门，得到国内的批准和认可。没有这一条，事情是办不成的。

后记

如果没有他们，
我无法想象这本书的出版

吴建民

自2007年出版《外交案例》以来，迄今已有七个春秋。因为此书发行量甚大，在这七年里，来自政界、学界、企业界，乃至许多普通读者的反映，让我感觉到，外交，尤其是中国外交，不仅仅是外交官的工作，也是各行各业普遍关注的事情。

在这些关注中，有来自对国家利益国际诉求与本行业本单位乃至本人利益关系的关注；有来自国际关系、国际政治的变动不居，给国家行为和国家决策带来影响的关注；有来自企业走向世界、对外交往过程中遭遇一些普遍问题的关注。

更多的关注则来自各级政府的发言人、公共外交机构，以及外事业务相对集中的政府部门和企业。发言人制度的设立在今天高速发展的中国方兴未艾；以上海、天津和广东为前驱的公共外交协会亦在渐次成立之中；随着世界大变化以及国际关系重心从大西洋向太平洋转移，亚洲在国际关系中的地位在上升；中国经济出于结构转型和参与国际资源再分配的需要，一大批中国企业走出去业已成为共识和必然选择。外交与中国各行业的相关性日渐增强。

《外交案例》出版后，读者们的反映是积极的。受此鼓舞并应众多有识之士建议，我在2009年担任上海国际问题研究中心

的主席后，即提出续写外交案例的想法。上海国际问题研究中心隶属于上海社会科学院，王荣华院长和黄仁伟副院长十分支持我的想法。他们让上海社科院的吴雪明、赵国军、夏雪、杨璇四位青年人协助我来工作。由此，我们组成了一个写作小组。选题确定之后，我们进行了分工，本书23个外交案例分别由以下人员写出初稿：

（一）吴雪明（上海社科院世界经济研究所副研究员）：

1. 1954年日内瓦会议

2. 周恩来总理访问非洲十国

3. 中国援建坦赞铁路

4. 朝核六方会谈

5. 应对“非典”危机

（二）赵国军（上海社科院上海国际问题研究中心助理研究员）：

1. 尼克松访华

2. 中美建交

3. 中美8·17联合公报

4. 打破制裁，开创外交新局面

5. 中国加入世界贸易组织

6. 中国驻南斯拉夫使馆被炸事件

（三）夏雪（上海社科院上海国际问题研究中心助理研究员）：

1. 中国恢复在联合国的合法席位

2. 中美大使级会谈

3. 乒乓外交

4. 日本天皇访华

5. 中国参与联合国维和行动

6. 建立中国—东盟自由贸易区

（四）杨璇（上海社科院上海国际问题研究中心初级研究助理）：

1. 朝鲜停战谈判

2. 中法建交

3. 周恩来与柯西金北京机场会晤

4. 中日邦交正常化

5. 中苏关系正常化

（五）丁之翔（原亚太空间多边合作秘书处助理）

我国利用外空技术推动国际防灾减灾合作的重要倡议

他们的工作态度十分认真、严谨，查阅了大量档案和资料。在初稿的基础上，我和他们对逐个案例进行了讨论，先后开了20多次会议，对初稿如何修改提出意见。我还请外交学院参与第一本外交案例的高飞老师，对本书初稿进行了修改。我对大家修改的初稿再修改后，又请他们仔细阅读，提出意见，最后由我定稿。

有心的读者也许会发现，在本书行文中，有些背景介绍和外交观点在不同的案例中，有重复出现的情况。概因为了使每一篇外交案例能够独立成篇，不影响读者的阅读和理解，作者有意为之。

本书的写作与成稿，可谓旷日持久。自2009年动议迄今有五个年头。我的夫人施燕华大使，始终不渝地支持我这份艰苦而乐在其中的工作，并提出了一些有价值的意见；在我身边工作的赵婷婷、葛震、胡佳裕、白岩松等人，无数个昼夜，与我一起加班加点，没有怨言。

我特别要感谢北京朗朗书房出版顾问公司的总经理呼延华先生，他不仅是第一本《外交案例》的出版人，也是本书的责任编辑，他为此付出的辛勤劳动，令人感动和钦佩。

这本书是集体劳动的结果。没有以上众多人士的帮助，以及无数热心读者的鼓励和支持，我很难想象，能够在今天再次出版这样一部外交案例作品。谨向大家表示深深的谢意。

二〇一四年八月八日

写于北京

图书在版编目(CIP)数据

外交案例Ⅱ/吴建民著.—北京:中国人民大学出版社,2014.8(2016.7 重印)
(吴建民外交作品纪念版)
ISBN 978-7-300-19879-8

Ⅰ.①外…　Ⅱ.①吴…　Ⅲ.①外交史—史料—中国　Ⅳ.①D829

中国版本图书馆 CIP 数据核字(2014)第 192949 号

朗朗书房

吴建民外交作品纪念版

外交案例Ⅱ

吴建民　著

Waijiao Anli Ⅱ

出版发行	中国人民大学出版社		
社　　址	北京中关村大街 31 号	**邮政编码**	100080
电　　话	发行热线:010 - 62515195		
	编辑热线:010 - 51906345		
网　　址	http://www.longlongbook.com(朗朗书房网)		
	http://www.crup.com.cn(人大出版社网)		
	http://www.ttrnet.com(人大教研网)		
经　　销	新华书店		
印　　刷	涿州市星河印刷有限公司		
规　　格	160 mm×230 mm　16 开本	**版　　次**	2014 年 9 月第 1 版
印　　张	30　插页 2	**印　　次**	2016 年 7 月第 2 次印刷
字　　数	369 000	**定　　价**	69.80 元